教育部语信司—南京大学中国语言战略研究中心主办

● 主　编：沈　阳　徐大明
● 副主编：方小兵　张璟玮

中国语言战略

2015.2

Volume 3
Number 2 (2015)

CHINA LANGUAGE STRATEGIES

南京大学"985工程"三期项目
江苏高校优势学科建设工程专项资金
南京大学"中国文学与东亚文明协同创新中心"
资助出版

南京大学出版社

编 辑 委 员 会

出版说明

《中国语言战略》以语言规划为主题,由教育部语信司指导,教育部语信司—南京大学中国语言战略研究中心主办。中国语言战略研究中心成立于 2007 年,以推动和发展中国的语言规划研究为宗旨。

语言规划有助于引导语言生活向健康、和谐的方向发展,有助于保障个人或群体语言使用权益的充分实现,有助于促进国家统一、民族团结、社会稳定、经济发展和文化进步,对于像我国这样的多民族、多语言国家来说,意义尤其重大。

语言规划学是一门新学科,但语言规划的实践活动却历史悠久。在我国,语言规划的实践可以追溯到秦始皇的"书同文"政策,其后各朝各代在社会语言文字使用方面也不断进行着引导或干预。新中国成立后,语言文字工作成为政府工作的一个重要组成部分。改革开放以来,特别是新世纪以来,语言文字工作进入了一个新的阶段。与此同时,我国的语言规划研究也逐步开展起来。

世界范围内,现代科学意义上的语言规划研究始于第二次世界大战以后,我国学者紧跟时代步伐、顺应社会需要,开展了一系列具有划时代意义的语言文字工作。老一辈语言学家罗常培、王力、吕叔湘、周有光等,肩负起知识分子的历史使命和社会责任,在推动、促进文字改革,推广普通话和现代汉语规范化方面发挥了重要的作用,为我们树立了优秀的榜样。通过几代人的不断努力,语言规划研究已经初步形成了一个学科体系。

语言规划学是一门学术性和政策性、理论性和应用性兼重的学科,它的研究融语言本体研究成果与国家、民族和社会的发展需要于一体,不仅进行理论研究,而且力图影响国家和政府的语言政策及语言文字工作。目前,国际上语言规划的研究已有重要的发展,也创办了一些有影响的专业期刊,如 1977 年创刊的《语言问题和语言规划》(*Language Problems and Language Planning*),2000 年创刊的《语言规划的当前问题》(*Current Issues in Language Planning*)和 2002 年创刊的《语言政策》(*Language Policy*)等。随着中国社会的发展,创办一种以中国语言规划为主要研究对象、以中文读者为主要读者群的专业集刊也成为迫切的需求,《中国语言战略》就是对这一需求做出的反应。

《中国语言战略》主要关注中国社会所面临的种种具体的语言问题,以及这些语言问题与政治、经济、教育、文化等的相互影响,关注中国社会所发生的剧烈变化所引起的语言使用、语言认同、语言教育、语言保护、语言规范等方面的一系列变化。《中国语言战略》提倡实地考察和个案研究,强调运用科学的方法,对中国社会复杂而丰富的语言生活及相关问题进行描写、分析和解释,鼓励引进和借鉴国外的理论与经验,同时以中国语言规划的研究和实践丰富语言规划学的理论与方法。《中国语言战略》将遵循中国语言战略研究中心的宗旨,积极推动语言规划和语言政策的理论研究,促进适应中国国情的语言规划理论和语言规划学科的产生。

《中国语言战略》2012 年卷由上海译文出版社出版,中国语言战略研究中心在此对上海译文出版社表示感谢。《中国语言战略》2015 年卷本的出版工作由南京大学出版社承担,在组稿和审稿过程中得到了海内外学者的热情支持与帮助,在此表示诚挚的谢意。中国语言战略研究中心希望能够聚合国内外学者的智慧和力量,通过《中国语言战略》,为语言规划、语言政策的理论和实践研究提供一个新的交流平台,我们热切地邀请海内外的学界同仁一起投身于这项事业,让我们一起为建设中国和世界的语言新环境努力。

目　录

1

Contents ……………………………………………………………………… （212）

Long-term Accommodation and Language Planning Strategies: Network Density, Dialect Vitality, and the Restructuring of the Shanghai Speech Community

Marinus van den Berg

Abstract: In a society, citizens are exposed to measures taken at the national level, and adjust to these measures over time. This process is called long-term accommodation toward a national norm or norms. One of these norms set by the government is the standard language, and national level support for education will push students with knowledge of the standard language into the job market, which in the ideal case is matched by a pull factor from various services and industries. The results of this process were monitored in Shanghai via a questionnaire study and direct observations of language use. The results are interpreted in the light of speech community theory and vitality theory. A central concept in the latter framework is "network density", and it is argued that this concept allows predictions of accommodation processes within the wider society. This model is offered to language planners as a point of orientation on which to base their language strategy decisions. The recommendations offered are wider media support for dialects and the establishment of dialect academies.

Key words: long-term accommodation; standard language; push and pull forces; speech community theory; vitality theory; network density; language planning strategies

Introduction

When citizens grow up in a certain country, it is taken for granted that they will follow the norms set by that society. The implications of such a matter-of-fact principle, however, are far-reaching and not immediately understood by lay-people and scholars alike. The first is the relation between planning at the national level and language interactions in local speech communities. Traditional speech communities may see themselves as autonomous, and find themselves mainly independent of planning at the national level, but that

perceptiond changes when industrialization attracts large numbers of migrants to the urban areas in search of jobs and a better way of life. In what way will migrants adjust to the local situation and what influence will their presence have on the structure of the (traditional) speech community? The second implication is the relation between industrial planning at the national level and the language requirements of the job market. Migration from all parts of China creates demand for a national lingua franca in the work place as well as in the retail and service industries. A lingua franca is needed in order to make communication across dialect boundaries possible. There remains, however, a substantial number of settings in which the local vernacular is needed. Examples are administration, transportation, and the health and service industries, all of which cater to the needs of members of the local speech community. The general question that follows is how members of the local speech community will react to network changes, which sometimes force them to use a language variety which is not their customary mother tongue, but also gives them access to the opportunities of national level contacts and a national job market? What attitudes will the parent generation develop toward the national language and in what way will they translate that attitude into action toward their children?

In the following, we will first introduce the concept of long-term accommodation and relate that to the push and pull forces of education and the job market. Thereafter we will analyze language use in Shanghai and relate that to the city's social hierarchy. After introducing the main tenets of speech community theory and network density, we will use these concepts to construct a dialect vitality model that can handle the restructuring of the Shanghai speech community, as well as predicting attitude formation, maintenance of dialect features and language choice behaviour by native Shanghai residents. We finally will reflect on the implications these findings can have on language planning efforts and we will recommend two measures in particular, wider media access for dialects, and the establishment of dialect academies.

Long-term accommodation

The concept "long-term accommodation toward a societal language norm" asks attention for the national level setting of a nation and the implications this setting has for the behaviour of that nation's residents (van den Berg, 1988, 1992). In the quoted papers, it was shown that given a certain political configuration, citizens adjust overtime to the language norms as defined by that society. The data showed that in each period Taiwanese residents adjusted their language behavior toward the cultural and political setting of that time. At the end of the Qing empire, the cultural setting determining which language variety should be acquired for reading and writing was Wenyan 文言, "classical Chinese", and that language variety and the associated imperial class structure determined education targets and expectations for employment. When power over Taiwan came in the hands of the Japanese Empire, they did not immediately discontinue that tradition, but set an alternative in the form of modern education, introducing modern subjects as well as the Japanese language, and after a number of years made the Japanese language the education target, and the Japanese society the orientation point for job selection (Tsurumi, 1977). When after the Second World War Taiwan returned as a province to the Republic of China, measures were taken for the immediate replacement of Japanese and the introduction of the national language, Putonghua 普通话(He Rong,1971).

When studying the language repertoire of grandparents and parents of undergraduate students at Taiwan University in 1977, the effect of these three consecutive governmental phases were reflected in the language repertoires of the three generations, grandparents, parents, and students, growing up under these different national level configurations (cf. van den Berg, 1986, 1988, 1992). Among the oldest generation, born between 1888 and 1898, who received schooling between 1895 and 1918, one-out-of-five of the grandmothers and 50% of the grandfathers acquired a working knowledge of Japanese during the Japanese period (table 1). After the retrocession of Taiwan, one-out-of-seven of the grandfathers also acquired a working knowledge of Putonghua in addition to that of Japanese. Grandmothers, however, were not reported as having acquired Putonghua. These data reflect the social priorities among the older generation and are in agreement with what would be expected in a traditional, but modernizing Chinese society. Nevertheless, these developments were still more advanced than in most places in the Chinese mainland at the time.

Table 1 Language repertoire of three generations of Taiwanese residents, who grew up
under consecutive political constellations; 1977/78 data (%)

Generation	Language repertoire				
	Mi	MiJa	MiMaJa	MiMa	T
Maternal					
—Grandmothers	71	22	0		93
—Grandfathers	52	27	14	—	93
Paternal					
—Grandmothers	74	21	0	—	95
—Grandfathers	48	35	14	—	97
Parents					
—Mother	20	18	46	—	84
—Father	9	12	57	—	78
Students					
—Male/Female	7	—	—	90	97

The parent generation, born between 1918 and 1928, who received schooling between 1925 and 1948, grew up under two consecutive governments, and this is reflected in their language repertoire, which for half of them (a little less for the mothers, and a little more for the fathers) contained both Japanese and Mandarin. Monolingual Minnan 閩南 speakers were in comparison with the older generation strongly reduced, as was the group of Minnan/Japanese bilinguals (table 1).

The third generation students, growing up under the Republic, as expected, did not acquire Japanese, and in a wide majority claimed to be bilingual in Minnanhua 闽南话 and Putonghua. A small minority among these students reported to see themselves mainly as Minnanhua speakers. Each generation then, as the data show, accommodated to the norms set by the respective authorities, and for the two older generations, this meant adjusting to both Japanese and Putonghua.

The previous data show that a shift in government is not free, it has consequences. And it is those consequences we need to look at when we consider the next governmental shift, that to the PRC, the People's Republic of China, a long term-process of adjustment to the language standards set at the national level. This accommodation is not simple and linear, moving in a straight line from the dialects to Putonghua. In the beginning years of the PRC, standardization of the national language was completed, but this was not followed-up by consistent and cohesive implementation of modern knowledge based education. Education was ideology based, and did not address the various issues of job creation, which need to accompany education planning. As a result, after 1980, when jobs were created, a rush toward Shenzhen, the first Special Economic Zone, and the first job creation center in the South, followed. When thereafter the city of Guanghzou and the wider Pearl River Delta joint the melee, the language that spread North was Cantonese and it was not

Putonghua that spread South (Guo Xi, 2004; Zhang Bohui, 1993). That is, until the mid-nineties, when planning at the national level had become consistent, supporting a modern market economy with successful Putonghua based education that could provide the kind of technical knowledge and expertise that was required by a fast-growing, modern economy, in which China had become one of the main players.

A long-term accommodation model for Mainland China

After 1980 and the establishment of the SEZs, the Chinese government set new targets for the spread of Putonghua (Chen Ping, 1999). The effects were first of all visible at the various Normal Universities, from which they spread to the various schools in the education system (Chen Ping, 1999). At the same time, success of industrial planning pushed China increasingly in the direction of a market economy, and with that success Putonghua spread as well. The question that begs many researchers is the exact way in which Putonghua spreads in large urban centers, and the effects of that spread in these urban speech communities. The latter issue, we will address later in this contribution in more detail. The model underlying the push and pull mechanism is represented in figure 1. The model indicates that the education system pushes people with various levels of education into the market, from where state organizations and increasing numbers of private enterprises attract their work force. This pull, however, is not one-sided. For administration, transportation, building industry, health and service industries, knowledge of the local language remains crucial, especially in an aging population, and availability of bilingual personnel remains a serious issue.

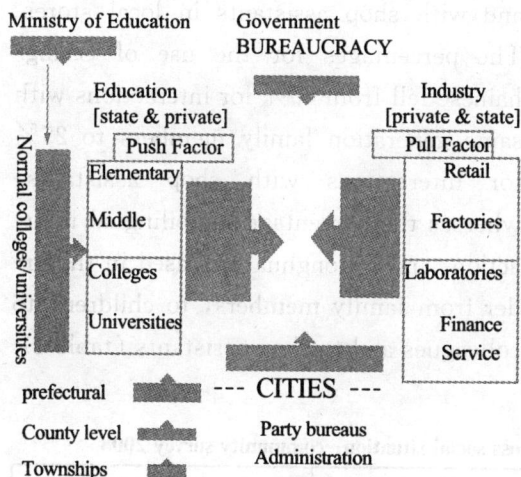

Fig. 1   **National level planning and the push and pull forces regulating the job market**

It is important to observe that the Normal Universities not only provide better-and-better trained teachers, but that this also translates into better-and-better educated students, especially so since the education system allows participation by private schools, which are supported by private investment and help to diversify market forces. Given this diversification,

we can observe that each following generation is somewhat more sophisticated when it enters the job market and has skills that more closely match the continuously rising demands by knowledge based industries. It is this latter effect that makes us expect an increase in acquisition, proficiency and use of Putonghua when an older generation and a younger generation are compared, and that is what we will look at now first, using data from Shanghai.

The Putonghua push factor: acquisition shift

In Shanghai in 2007 and 2008, data were collected about language behavior of students, their parents, their parents' co-workers, relatives and friends (Xue Caide, 2010). Two-third of the community members consisted of persons older than forty years, leaving one-third (36%) for the younger community members (see table 2 for the details of age group composition). Comparison of the language acquisition data shows a strong reduction (27%) in the acquisition of Shanghainese and a corresponding increase in the direction of bilingual (Putonghua / Shanghainese) and Putonghua only language acquisition by the student generation (table 3).

Table 2   **Age group distribution of Shanghai University home community survey: 2008**

Respondents	Age group					
	20—29	30—39	40—49	50—59	60+	T
N	157	124	213	175	113	782
%	20	16	27	22	15	100

Table 3   Language acquisition by students and community members; Shanghai survey 2007/2008

Generation	Language variety		
	SHN	SHN/PTH	PTH
Community members	63	12	6
Students	36	23	24
Generation shift	−27	+11	+18

Variation in language use across social situations

Data on language behavior of the community members further revealed that (self-reported) language use varied considerably across situations. The situations listed in the questionnaire were talking with same age-group members, with children, with colleagues at the work-unit, and with shop assistants in local stores. The percentages for the use of Shanghainese fell from 60% for interactions with same generation family members to 25% for interactions with shop assistants, whereas the percentage for bilingual interactions and Putonghua increased in the order from family members, to children, to colleagues and to shop assistants (table 4).

Table 4   Shift in use of Shanghainese (SHN) across social situation; community survey 2008

Interaction	N	SHN	SHN PTH	PTH	T	OTH
Family members	634	60	13	8	81	19
Children	662	46	34	10	90	
Colleagues	760	31	42	21	94	
Shop assistants	781	25	48	24	97	

Before interpreting these data further two comments are necessary. The first relates to the category "Other" in table 4. This shows that one-in-five of the family members used a not further specified Chinese dialect at home. This data is not unexpected and confirms earlier reports by among others Chu Xiaoquan (2001). The important thing to note is that these dialect speakers helped to increase the percentage of Putonghua use with children, as well as with colleagues and shop assistants. These dialects, as will be clear, can hardly be used outside the protection of the home.

They can be used with their children and with some of their colleagues, but only in very few instances with shop assistants, as the data in table 4 confirm.

The second comment concerns the education background of the community members. Data provided in the paper show that 12% of the respondents received a college degree education or higher, whereas the figure of educational attainment of college level and higher for Shanghai for 2005 was 17%. A wide majority of the respondents had a High School or lower education, which is in agreement with the 2005 statistics (Xue Caide, 2010). It is on the basis of the data in table 4 that we like to make a comparison with direct observations of language use in various department stores in Shanghai in order to see to what extent these reports can be corroborated by actual observations, which were made by the present author and his observation team of Shanghainese students in 2007, the same time period in which the questionnaire data were collected.

When we now take a closer look at the use of Shanghainese in table 4, we first of all must make a division into two groups. The first two present data within-family interactions, which in sociology are referred to as communication between in-group members. What these data reveal is the push force of families toward the language behavior of their children, which according to these data show that one of every seven families (14%) lowered the level of Shanghainese only, when talking to children, while increasing the level of bilingual, Shanghainese and Putonghua, interactions. As said, we consider this confirmation of the presence of a push factor in support of Putonghua among certain Shanghainese families. What kind of families these are, would be the next question, but the paper quoted did not provide that level of detail. We can guess, however, that these are the families with a higher education background, and the percentage quoted indeed supports that view.

The work unit interactions show a different picture. Interactions with colleagues in the work unit show language adjustment motivated by either the nature of the job, or by the presence of other dialect speakers. In the first case, we see the influence of the standard language through speech practices, Putonghua terms and expressions take over certain sections of dialect discourse (Qian Nairong, 2010; You Rujie, 2010). The second case brings to the surface the role of Putonghua as the national lingua franca when there are dialect speakers among the colleagues, and a shared lingua franca is needed (Brosnahan, 1963).

The last case, interactions with shop assistants, brings in the language repertoire of shop assistants as a variable, and in order to clarify the nature of such interactions, we will now first look at data collected in two Shanghai shopping centers, in order to see how these data can best be interpreted, by establishing the extent to which these self-report data are in agreement with direct observations. In the next section, we will present data, which were collected in Nanjing East Road 南京东路, Shanghai's most famous shopping area, and in Xujiahui 徐家汇, a more recently established shopping area, located in a new city district (cf. van den Berg, f.c.).

Language use in Nanjing East Road

In order to set a base line for the use of Shanghainese, we will present language use in the original Mecca of shopping, Nanjing East Road. In this street, we selected the four most ancient shopping environments Xianshi 先施, Yong'an 永安, Diyi Shipin 第一食品, and Diyi Baihuo 第一百货. The first of these, the Xianshi Company (Sincere in English), was established in 1917, and since 1956 functions under the name Shanghai Shizhuang Shangdian 上海时装商店, "Shanghai Fashion Store". Opposite this store, we find the building of the Yong'an Department Store, which was established in 1918, by the Guo brothers, who had opened the Wing On (same characters) store in Hong Kong n 1907, where it still can be visited in one its five outlets. The third store in our list is the Sun Sun Department Store, established in 1925, and at that time attracting customers by providing radio broadcast of popular programs. It is now the Diyi Shipin, "the Shanghai First Provision Store". This store's principal activities are production, processing and sale of food related items. Our fourth department store is the Sun, established in 1936, the first department store in Shanghai having escalators, which attracted great crowds. It is now known as Shanghaishi Diyi Baihuo Shangdian 上海市第一百货商店, or in English, "Shanghai No. 1 Department Store", as it announces above its entrance. The store, to give an indication, is located at the entrance of Nanjing East Road, just on top of the escalator when entering through the Renmin Guangchang Subway Station 人民广场地铁站.

Observations on language use in these four stores in 2007 were collected by four students from Shanghai University, all fluent in Shanghainese. The data showed that the level of Shanghainese was around 60% in three of the four stores, whereas the level of Putonghua use in the fourth store, Shizhuang 时装, was at a comparatively high level of 53% (table 5). This on first sight is striking, since at the time Shizhuang was one of the stores that had not modernized and therefore was unlikely to have attracted large numbers of Putonghua speaking customers. However, this at the same time is the explanation, being a relatively cheap store, using a traditional Chinese display technique of goods, it attracted large numbers of migrant workers, and it are precisely these workers, who during the business transaction are forced to use their linguistically nearest lingua franca, Putonghua, and by doing so disturb the expected much higher level of Shanghainese, for use with local Shanghainese salespeople. It seems safe therefore to establish a base line for the use of Shanghainese, as demonstrated by these four well-established Nanjing Road stores of 60%.

Table 5 Language use in four traditional Nanjing East Road stores; customers interacting with shop assistants; 2007 observations (%)

Language	Department Store			
	一百	永安	一食	时装
Putonghua	30	36	38	53
Shanghainese	63	61	60	47
2LGS/code-switching	1	0	1	0

Continued

Language	Department Store			
	一百	永安	一食	时装
Mandarin Dialects	3	1	1	0
Wu Dialects	3	2	0	0
TOTAL	100	100	100	100

Having set this benchmark of 60% and explained most likely reasons for deviation of this level, we can now move to the relatively recently established Xujiahui shopping area. That area was researched by a more extensive group of enumerators, which included the four who did the Nanjing East Road observations, all students from Shanghai University. These students observed the language use in four department stores. These stores were selected on the basis of a quite different principle, social stratification. The stores selected were different as regards the kind of goods on offer, the price level, and their general appearance.

The first two of these stores both offered Chinese brand name goods and could be easily ranked according to price level and type of goods on offer. The first of these, Huilian 汇联, was a popular but low priced establishment, having features of a traditional Chinese outlet, also selling food from an outside window. The second department store Liubai 六百, had a more impressive appearance, but also offered mainly goods with local Chinese brand names, and prices therefore were relatively low. Low at least in comparison to the two remaining stores, which mainly or only had foreign brand names on sale. On entering these stores, one could immediately see

that these were more upscale shopping environments. Of the two stores, Huijin 汇金 obviously distinguished itself from the two previously introduced stores, but also was far less luxurious than its across street neighbor Ganghui 港汇, a genuine shopping Plaza.

Listing of the percentages for Shanghainese and Putonghua used by customers for the business transaction shows that use of the two languages developed in opposite direction ($r = -.989$). In Huilian 汇联 the figure was 70% for Shanghainese, and fell to 29% for Ganghui, whereas Putonghua started at a low of 21% and increased to 63% (table 6). The age composition of the customers further shows that the use of Shanghainese is related to the higher age groups, and that of Putonghua in contrast, to customers representing the younger age groups. The details are given in table 7.

Table 6　Language use in four modern Xujiahui stores; customers interacting with shop assistants; 2007 observations (%)

Store	Language variety		
	SHN	PTH	TOT
Huilian(汇联)	70	21	91
Liubai(六百)	62	34	96
Huijin(汇金)	47	49	96
Ganghui(港汇)	29	63	92

Table 7 Age group composition of customers in Xujiahui department stores; 2007 observations（%）

Store	Age group customers				
	20—29	30—39	40—49	50—59	T
Huilian(汇联)	7	14	27	39	87
Liubai(六百)	22	27	20	21	90
Huijin(汇金)	32	29	18	14	93
Ganghui(港汇)	45	29	10	7	91

Note: Customers under 20 and over 60 not counted.

When we now compare the level we found for the four old stores in Nanjing East Road and look at the Xujiahui data, it becomes clear that Liubai matches most closely the findings for the traditional Nanjing East Road stores with 62% for Shanghainese and 34% for Putonghua. This finding is in agreement with the fact that Liubai is the store selling the typical Chinese brand goods, and in that sense matches the Nanjing Road stores best. We therefore can conclude that Shanghainese is strongly supported by people with High School and related education levels, representing working class and upper working class people in Shanghai.

The data also suggest that, at the time of the research, Shanghai harbored a Putonghua speaking minority of more than one-third, a figure based on the total number of Putonghua speaking customers in both Nanjing East Road and Xujiahui. We take the position that the Putonghua speaking group was hierarchically organized, in the same way as found for Shanghainese customers. In Huilian, for instance, Putonghua speaking customers formed a group of one-in-every-five customers. During the business transaction, the group of

Mandarin dialect speaking customers in majority continued to use their home dialect when interacting with salespeople, which supports our analysis of (lower) working class backgrounds for the Putonghua customers in this store. In Liubai, just as we argued for the Shanghainese speaking customers, we find upper working class people, with a High School education. In that store, they represented one-third of the customers observed as participating in a business transaction, demonstrating that in the (upper) working class, Shanghainese speakers are the majority group.

In the middle class Huijin store, we find people with on the average higher education levels and increased spending power. In that store, the number of Putonghua speaking customers, who were observed participating in a business transaction, increased to one-in-every-two customers, indicating that in the new Shanghai middle class, half of the population is Putonghua speaking migrants. In Ganghui, we find that the Putonghua speaking group became the majority in terms of actual spending. They formed two-third of the customers observed during a business transaction. Given their age group of in majority around thirty and lower, these are the young urban professionals (yuppies), who have a university education and higher, and acquired jobs, which gave them strong purchasing power.

One of the interesting findings for the Ganghui data was the clear indication that a group of 17% of the Shanghainese speaking customers, decided to use Putonghua for the business transaction (van den Berg, f.c., table 4). When we questioned ourselves as to the background of these customers, we could think of members of the reported yuppie-group, who would be inclined to do so, given their educational background and familiarity with the use of Putonghua in their work environment. A similar percentage 17% was given by Xue Caide in his 2008 study of community members, as the group of people who had acquired Shanghainese as first language, but reported to consider Putonghua currently their best language (Xue Caide, 2010: 182). The matching of these numbers is impressive but might be coincidental. It at least confirms the direction in which we should look for finding an answer to this question, most likely we observed the language behavior of people with a Shanghainese background, who received higher education and experienced a proficiency shift in the direction of Putonghua.

We have sketched now the composition of the Shanghai community both in terms of Shanghainese speakers and Putonghua speakers, and will relate these findings to speech community theory and network density, in that order.

Speech community theory

In a real-time analysis of the developing speech community in Baotou, it was shown that over-time linguistic features and social distinctions worked together in creating a structured speech community (Xu Daming, 2010). The four social constraints in this process were identified as "occupation", "speech style", "place-of-origin", and "social network". This model was developed in the context of a study of language contact between various Mandarin dialects brought to Baotou by the first wave of migrants, who established a new community in a newly set-up city district, and adjusted their speech characteristics to each other while at the same time establishing a social hierarchy, which diversified linguistic features across a developing social hierarchy.

A directly related question is the extent to which this model can be applied to an established speech community, like that of Shanghai, which already developed its own internal structure, and, in the context of urbanization, is exposed to large groups of migrants with a variety of language backgrounds positioning themselves along them at all social levels. Following the findings of speech community theory, we would expect the development of a social hierarchy within the city reflecting the norms set at the national level. The Xujiahui data presented in the previous section corroborate that assumption, and showed not only that such a hierarchy can be attested, but also that market forces already anticipated this development and created shopping areas for different segments of the population, each with complimentary spending power.

A crucial question that follows from this is how the new Shanghai community, seen as the original speech community to which a whole segment of immigrants is added, can function as a speech community. That question we will address shortly, but before we can do so we need to introduce a new concept that is crucial for an understanding of dialect maintenance and shift, "network density".

Network density

Recent research in Beijing (2011—2013) addressing maintenance of dialect features, dialect selection (dialect use) and code-switching by Beijing-born Beijinghua speaking respondents, found that these features are in a statistically significant way related to "network density" (Song & Zhu, f. c.). This density is defined as the number of speakers one communicates with most frequently on a daily basis. People with a large number of dialect contacts maintain dialect features better than people with a reduced number of dialect contacts. Changes in network density create a situation in which speakers become uncertain, loose the maintenance of features, and slowly shift in a different direction, which is the language variety that has taken over the dominant position in the network, which in many cases will be the language of education, Putonghua.

Supplementary to "dialect density", but with a statistically lower loading, are two factors, "place-of-origin", and

"occupation". The former is specified as having parents born and grown up in an inner city district, and having a locally born spouse. The second factor "occupation" combines level of education and job type, where the latter opposes manual labor to professional jobs for which higher education is needed.

This model, "network density", "place-of-origin", and "occupation", we claim is also applicable to the language use situation in Xujiahui, Shanghai. We can see a dominantly Shanghainese based network density at the bottom of the social hierarchy exemplified by the Huilian and Liubai stores. Customers in these two stores are in majority around thirty and older and interact with salespeople in the local dialect. For communication among themselves, they rely on Shanghainese, whereas their education level is at the high school level or lower.

Non-local customers at this lower level of the social hierarchy participate in networks, which, apart from Putonghua, include Wu dialects and Mandarin dialects. Many of the latter two groups are the people providing the cheap labor in the building industry and other relatively lowly paid jobs of a manual nature, like moving goods in the vegetable market or in warehouses. The position of members of the relatively larger network of Putonghua speakers is not immediately clear. We assume these too to be migrants with a high school or lower education and a job in the production or service industry. In Liubai, customers in addition to manual labor jobs also are active in lower management.

At the level of Huijin, a majority of the customers belongs to the new middle class, and at this level we find that the two groups of Shanghainese speakers and Putonghua speakers are well matched, both as regards customer conversations and business transactions (van den Berg, f.c., table 4). We expect the majority of these customers to have found jobs of a technical and professional nature, and having a background in higher education. From here to the clientele in Ganghui is a further step up to upper middle class and elite groups, relatively young customers active in a variety of well-paid professional jobs, which reflects the economically center position of Shanghai. Customers at this level combine knowledge of Putonghua and international languages with professional and technical jobs.

At Ganghui, we also observed a 17% shift in the direction of the use of Putonghua for business transactions (van den Berg, f.c., Table 4). We expect these respondents to be highly educated Shanghainese speakers for who Putonghua has become the dominant language. We can conclude therefore that in Shanghai one-in-six of the highly educated Shanghai speaking residents switched to Putonghua as the commonly used language variety for everyday between-group interactions. Following social identity theory (Tajfel & Turner, 1979), we need to admit that for these upper middle class people, the use of Putonghua not only is the dominant language in the work environment, but that they also use that variety to stress their social identity when interacting with salespeople in a luxurious shopping environment (LePage & Tabouret-Keller, 1985). They do this in order to make clear that they belong to the social elite group and have sufficient purchasing power.

Restructuring of the Shanghai speech community

Speech community theory predicted the development of a social hierarchy when a community is under pressure to fulfill the various functions and roles society requires. The four social constraints documented by Xu Daming (2010), "occupation", "speech style", "place-of-origin", and "social network", need a redefinition, when confronted with the notion "network density"(Song & Zhu f.c.). "Social network" we need to move to the first place and redefine it as "network density", and since this notion is based on a comparison with alternative "speech styles", the latter too are part of the "network density" definition. The complementary factors in this new configuration were "place-of-origin" and "occupation". The first of these can be further detailed for Shanghai as "locally born parents", "inner district habitat" and "local spouse", whereas "occupation" apart from a specification of job type ("professional and technical" versus "manual labor and service oriented") involves level of education.

Now what are the implications of this model for the structure of the Shanghai speech community? We will start with Wu dialect and Mandarin dialect speakers at the lowest social level and then for that same social level look at Putonghua speakers. Wu dialect speakers can relate relatively easily to the Shanghainese speech community, even though their accents will place them outside the core group of that community. Marginalization is particularly evident for speakers of a Mandarin dialect especially at this relatively low social level. They will find it problematic to function effectively as a member of the Shanghai (speech) community, and will rely strongly on contacts with their home community. Putonghua speakers who function at this level will find it easier to participate in a Putonghua network, but they themselves will feel marginalized as well. They do have the option of relating to other Putonghua speakers, but we must assume that members of middle class networks will not easily accept the lower educated Putonghua speakers into their own networks. It will only be a relatively small number of managerial workers who will find it easy to break through barriers of language and social status.

We therefore need to conclude, pending further research into these networks, that at the lower level of the social hierarchy members of the Shanghai speech community maintain their dominant position, and other dialect speakers are kept at a distance, and as a consequence will perceive themselves as outsiders, as non-participants in local networks. With the exception of the Wu dialect speakers, the aspirations of Mandarin oriented migrants will be to find support among each other or look upward to participation in more highly placed Putonghua networks.

Middle class Shanghainese speakers, we see as the first group that is well placed to make contact with Putonghua speaking migrants. At this level, the bilingual Shanghainese are the people who can extend their networks with Putonghua speaking friends. If the number of Putonghua contacts remains modest, that will not affect maintenance of dialect features and use of Shanghainese in the network. Increase in the number of network participants with whom one interacts in Putonghua, will eventually erode dialect features and lead to dominance of Putonghua in that person's network.

Dominance of Putonghua in one's personal network is more common among the young and highly educated members of the new elite groups. They can still speak Shanghainese, but Putonghua is the dominant variety in most of their contacts. Both the middle class and elite group members of the Shanghai speech community form the link between the Putonghua speaking migrants and the Shanghainese speech community. Their bilingualism accommodates the newcomers and these bilingual networks help to integrate the Putonghua speakers into the Shanghainese speech community. Putonghua speakers however are not dependent on participation in bilingual networks. They can build separate Putonghua networks themselves. Such networks can only exist at the highest social levels, and will remain national and international in orientation, while missing a local flavor. This flavor can be established through local friendships, especially when those friendships develop into marriages and the bilingual spouse opens access to the traditions of the local community. Without local contacts migrants will remain strangers in their new urban environment for quite a while.

We conclude that bilingual speakers in Shanghai form the buffer zone in the community that helps Putonghua speakers to adjust to local circumstances and become involved in local culture and understanding of Shanghainese identity. Friendship with local people and intermarriages are the two ways in which the Shanghai speech community is reconstructed. This reconstruction takes the form of changing network densities, and the expectation is that the elite groups will bring Shanghainese closer to Putonghua, whereas dialect features are maintained more strongly by the majority group of high school graduates.

Language planning strategies

Level of education brings the discussion back to the idea of "long-term accommodation", we introduced at the beginning of this paper. "Long-term accommodation" toward the national language norm pushes the language of education into the market, as we have seen, and this creates a generation effect in language acquisition, proficiency, and use. Each generation finds itself in unique circumstances, which as a rule, given increased economic development, provide a somewhat higher level of education than experienced by the previous generation. Factors supporting this effect, apart from economic development, are higher levels at the normal universities, providing better-trained teachers, as well as a more advanced learning environment, which in recent years is supported by access

to the internet and social media. Education targets further encourage a certain number of parents to support a shift in language acquisition from Shanghainese only to a bilingual Shanghainese / Putonghua upbringing. The motive behind this is respectable, creating better chances for children to be successful in education, but the unintended effect is that it increases the push force of Putonghua.

For language planners it seems crucial that they understand the forces that shape the job market and those that are reconstructing the speech community. For the job market to function properly, the pull for Shanghainese and Putonghua needs to be in balance with the push forces. For Putonghua the push force comes from education and certain better educated families. The Shanghainese push force is mother tongue education, and as we observed, that force is loosing steam. It is therefore essential that the vitality of Shanghainese is supported. This can best be done by providing institutional support for Shanghainese at the local level. Vitality theory (Bourhis et al., 1981) suggests that this can best take the form of media support, which is relatively easy to implement and will have a strong impact. Since the push for Putonghua is very strong there is an urgent need to maintain the push force of Shanghainese. This is necessary in order to allow the local job market in which both language varieties are operational to remain intact and flourish.

A second form of institutional support we would like to recommend is the establishment of a Shanghainese language academy. Qualified scholars can be assigned the task of monitoring the composition of language repertoires of various dialect groups that are functioning within the boundaries of Shanghai society, monitor changes in network density, shifts in acquisition, proficiency, attitude, and use of the various language varieties practiced in Shanghai, among which of course Shanghainese and Putonghua. Study of the history and composition of dialect areas, as well as mutual intelligibility between dialect varieties also are part of this task, and most likely are already being done by various scholars and institutions (cf. Qian Nairong, 2010).

After an exploratory period, a further step would be the establishment of similar academies in other dialect areas. For the Wu dialects, we can think of the establishment of such research institutes in Suzhou, Wuxi, and Nanjing. The data provided by these academies will allow relevant authorities to rethink current policies and design measures to remove unbalances in the job market and in society when they occur. Both the local dialect and the national langue have their function in society, and it is the market forces that try to balance the two, given the various demands of a modern society, which involves among others transportation, hospital care, social and retail services as well as industrial development for which local language abilities are required. Establishing language research academies now will be pro-active and will help China to avoid minority language issues as they are now visible everywhere in Europe. Early industrialization has a price and it would be a great asset of China's

language policy, when the recommended measures will be implemented in order to avoid large-scale social unrest in certain parts of the country and the necessity for much larger investments later in time.

References

Bourhis, R. H., Giles, H., & Rosenthal, D. 1981. Notes on the construction of a "subjective vitality questionnaire". *Journal of Multilingual and Multicultural Development*, 2 (2): 145 – 155.

Brosnahan, L. F. 1963. Some historical cases of language imposition. In, John F. Spencer (ed.), *Language in Africa*, pp. 7 – 24. Cambridge: Cambridge University Press.

Chen, Ping. 1999. *Modern Chinese: History and Sociolinguistics*. Cambridge: Cambridge University Press.

Chu, Xiao-Quan. 2001. Linguistic diversity in Shanghai. *Journal of Asian Pacific Communication*, 11 (1): 17 – 24.

Guo, Xi. 2004. *Zhongguo Shehui Yuyanxue (Chinese Sociolinguistics)*. Hangzhou: Zhejiang University Press.

He, Rong. 1971. Taiwan tuixing Guoyu gongzuo de huigu yu zhanwang [Prospects and retrospects of the task of spreading Mandarin in Taiwan]. In, *He Rong Wenji*, 1975, pp. 25 – 28. Taibei: Mandarin Daily Press.

Jing, Song, & Zhu, Yingmei. (f. c.). Attitude, maintenance, and use of Beijing dialect and Putonghua among younger generation Beijing-born residents. *Journal of Asian Pacific Communication*.

LePage, R., & Tabouret-Keller, A. 1985. *Acts of Identity*. London: Cambridge University Press.

Qian, Nairong. 2010. The spread of Shanghainese to Nanqiao Fengxian District. In, M. E. van den Berg, & Xu Daming (eds.), *Industrialization and the Restructuring of Speech Communities in China and Europe*, pp. 35 – 62. Newcastle upon Tyne: Cambridge Scholars Publishing.

Tajfel, H., & Turner, J. 1979. An integrative theory of intergroup conflict. In, W. G. Austin, & S. Worchel (eds.), *The Social Psychology of Intergroup Conflict*, pp. 33 – 47. Monterey, Cal.: Brooks, Cole.

Tsurumi, P. 1977. *Japanese Colonial Education in Taiwan*, 1890—1945. Cambridge, Mass.: Harvard University Press.

Van den Berg, M. 1986. Language planning and language use in Taiwan: Social identity, language accommodation, and language choice behavior. *International Journal of the Sociology of Language*, 59/97 - 116.

Van den Berg, M. 1988. Long-term accommodation of (ethno) linguistic groups toward a societal language norm. *Language and Communication*, 8/3,4: 251 - 270.

Van den Berg, M.1992. Ethnolinguistic identities and accommodation across generations in Taiwan. *Journal of Asian Pacific Communication*, 3/1:145 - 164.

Van den Berg, M. (f.c.). Modernization and the restructuring of the Shanghai speech community. *Journal of Asian Pacific Communication*.

Xu, Daming. 2010. The development of the Baotou speech community: A quantitative study of nasal variation in Mandarin Chinese. In, M.E. van den Berg, & Xu Daming (eds.), *Industrialization and the Restructuring of Speech Communities in China and Europe*, pp. 120 - 140. Newcastle upon Tyne: Cambridge Scholars Publishing.

Xue, Caide. 2010. A study of the language behaviour of Shanghai residents. In, M.E. van den Berg, & Xu Daming (eds.), *Industrialization and the Restructuring of Speech Communities in China and Europe*, pp.

164 - 183. Newcastle upon Tyne: Cambridge Scholars Publishing.

You, Rujie. 2010. Language competition in Shanghai. In, M.E. van den Berg, & Xu Daming (eds.), *Industrialization and the Restructuring of Speech Communities in China and Europe*, pp. 141 - 163. Newcastle upon Tyne: Cambridge Scholars Publishing.

Zhan, Bohui. 1993. Putonghua "nanxia" yu Yue fangyan "beishang" ["Southbound" Putonghua and "Northbound" Cantonese]. *Xueshu Yanjiu*[学术研究], 4:67 - 72.

Notes on contributor

Marinus van den Berg (Email: me. vdberg@hotmail.com), professor at Leiden University, the Netherlands, research fellow at the International Institute for Asian Studies (IIAS). He was responsible for organization of the international research project: Industrialization, Language Contact, and Identity Formation in China and Europe. His research interests include interactional sociolinguistics, language planning, and the sociology of language. He also published a full volume study on the Chinese particle *le* in 2006.

长期顺应、网络密度、方言活力与语言规划策略
——上海言语社区的重构

范德博

莱顿大学

　　提　要:在国家政策的影响下,公民的言语行为会随着时间的推移而调整,这一过程被称为向国家标准或规范的长期顺应。政府的规划策略是在公立教育中使用其制定的标准语言作为教学媒介语,通过毕业生把标准语带到就业市场。在理想情况下,这一"推力"会与各种服务业和其他行业所形成的"拉力"相匹配。本研究通过在上海使用问卷调查法和直接观察法,监测了"推入—拉动"的过程,并采用言语社区理论和语言活力理论来解释这一现象,其核心概念是"网络密度",这一概念可以预测更广泛的社会范围内的顺应过程。此理论模式可以为语言规划者提供一种制定语言政策的思路。本研究建议对方言进行更广泛的媒体支持,并在公立院校实施方言教育。

　　关键词:长期顺应　标准语　推拉力量　言语社区理论　活力理论　网络密度　语言规划策略

简论"一带一路"核心区西北少数民族语言使用状况的研究

提 要：一带一路战略构想在中国西北形成了一个发展核心区，该区域不仅是连接中亚、南亚、西亚的重要基地，也是我国少数民族聚集、多语人才培养的重要区域。因此西北少数民族语言使用状况的研究具有重要的社会价值。西北少数民族语言使用存在显著特点：一是不同民族之间的差异较大，二是同一民族在不同地域使用状况显著不同。影响西北少数民族语言使用的因素除主观因素外，受客观因素影响较大。其中地理环境，人文环境包括宗教、民族文化，语言环境等外部因素的影响是非常重要的因素，而现代化的进程和语言教育等社会因素也是重要影响因素。

关键词：一带一路战略 西北少数民族 少数民族语言 语言使用 语言环境

一 "一带一路"战略构想及核心区的形成

中国政府提出的"一带一路"战略设想，发端于中国，贯通中亚、东南亚、南亚、西亚乃至欧洲部分区域，东牵亚太经济圈，西系欧洲经济圈，覆盖44亿人口，是世界上跨度最长的经济大走廊，也是世界上最具发展潜力的经济合作带。这一战略构想，是构建全方位开放新格局的要求，也是促进亚欧国家共同发展繁荣的一种选择。它不仅可以加强相关区域国家间的**经济合作**，带动区域国家的经济发展，还可以促进一带一路国家间的**人文交流**，增强不同国家间的信任与深层合作，有利于地区的和平与发展。

在中国，不少省份制定了实施方案，逐渐形成两个核心区域：

其一，西部的**陕西**作为古丝绸之路的起点成为"一带"的新起点和桥头堡；地处西部的新疆以自己的区位优势和向西开放的窗口功能，成为深化与西亚、中亚、南亚在交通、商贸、文化科教上的核心区，而与之相连

的甘肃、宁夏、青海则是连接中亚、南亚、西亚的重要基地。

其二，地处南沿海的福建，以其沟通中外航运与海上交流的历史作用，成为21世纪连接亚太和欧洲的海上丝绸之路核心区。

如何发挥陕西、新疆等西北地区的核心区以及福建、广东等东南部核心区的带动作用，对国外不同国家的有效影响，这不仅是经济学家关心的事情，也是社会语言学家关心的大问题。

二 研究"一带一路"沿线国及中国少数民族语言的意义

1. "一带一路"沿线上国家的国家有二十多个，是世界上语言最多样化的地区之一。"一带一路"国家大战略的布局，将核心区及相关地区的语言战略问题进一步凸现出来，成为我们当下必须进行研究的重要内容。

北京语言大学2013年秋发起建立"中国周边语言文化协同创新语言中心"，积极研究周边国家和中国边疆地区民族语言，旨

在培养能掌握"关键语言"的人才,建立"语言互联网"。目前与四十多个国家建立联系,进行语言状况的调查工作。中国社科院民族学与人类学研究所、解放军外国语学院等多个单位参与到这项工程当中。据悉,北京语言大学即将出版《中国周边国家语言状况丛书》《中国边疆数边境语言状况丛书》,这都为研究"一带一路"有关国家语言提供有力的支持。

我国 55 个少数民族中,蒙古、藏、维吾尔、苗、彝、壮、布依、朝鲜、瑶、哈尼、哈萨克、傣、傈僳、佤、拉祜、景颇、柯尔克孜、布朗、塔吉克、怒、乌孜别克、俄罗斯、鄂温克、德昂、京、塔塔尔、独龙、赫哲、门巴、珞三十个民族语言是跨境语言,而跨境语言的研究是一个新课题,还有很多尚属空白。

2. 目前,精通汉语及非通用语的多语人才数量少,进行深入广泛的沟通与交流尚存在困难。

西北少数民族数量众多,与一路一带有关国家的民族存在各种关系,所用语言也存在各种关系。因此,了解并研究西北少数民族语言使用状况具有重要的意义:

第一,便于国家制定有关的国家语言战略,制定有关语言政策;

第二,便于培养有关语言人才,与国内外进行各种交流;

第三,便于少数民族进行更广泛的文化交流与传播。

三、西北少数民族语言使用状况差异巨大

西北地区不仅民族数量多,且语言资源十分丰富。从社会语言学角度研究西北地区少数民族语言使用,其语言使用呈现出显著的差异:

1. 不同民族语言呈现出不同的使用状况。如孙丽莉调查显示,维吾尔族中能使用其他民族的语言比例明显低于哈萨克族、柯尔克孜族以及蒙古族中使用维吾尔族的比例。主要是因为新疆是维吾尔自治区,维吾尔族在少数民族中属于主体民族,其他少数民族为了生活、交流的需要学习维吾尔语。

2. 同一民族语言使用状况也存在显著差异。蒙古族在西北不同地域多有分布。新疆巴音郭楞蒙古自治州蒙古族人语言使用状况与内蒙古存在差异。据韩建岗调查,新疆巴州 88.6% 的蒙古族人可使用蒙古语熟练交流;77.2% 的蒙古族人可以使用汉语流利交流;20.7% 的蒙古族人可熟练使用维吾尔语交流。也有 26.4% 的人不懂维吾尔语。

又如青海土族人的土语分三个方言区,其土语使用存在差异。互助县土族母语保持较好,绝大多数土族操本民族语;民和县土族多为土、汉双语人。大通县土语使用者数量极少(杨静 2015)。

四、影响西北少数民族语言使用状况的外部因素

语言的使用状况受到多种因素的影响,既有主观方面的因素,又有客观方面的因素;既有宏观因素的影响,又有微观因素起作用;既有自然因素,又有社会因素。就西北地区而言,影响民族语言使用的外部因素包括以下几个方面。

1. 环境对语言使用状况的影响

环境的影响,主要包括地理环境、人文环境、语言环境等不同方面。

(1)地理环境对语言使用的影响。不同地理环境使得某一地域的少数民族开放程度存在显著差异,在语言的使用上不同。以少数民族外语学习来看,来自于北疆社会经济相对发达地区的少数民族学生英语学习态度更为开放,而来自于南疆欠发达地区的少数民族学生英语学习态度较为保守。

通过城乡母语外首选语言及原因调查,可以看到,农村居民更多地将汉语作为首选,占82.2%,而城镇居民虽然选择汉语的也很多,但同时选择英语的占30.2%,明显要高于农村的15.3%。通过在不同场合使用语言情况调查,在家中或遇见亲朋好友时,农村孩子更多的是使用母语60.2%,而城市孩子使用母语的比例为52.1%(孙丽莉、王海蓉,2011)。

(2)人文环境对语言使用的影响。这主要包括:

① 文化氛围。民族文化强弱情况不同,掌握语言情况存在差异。以新疆为例,新疆有13个世居民族,除汉族与回族共用汉语汉文外,其他民族都有自己的语言,大多数民族有自己的文字。但文化氛围不同,带来语言上的差异。如维吾尔族属次强势文化,维吾尔族人讲汉语、维吾尔语;哈萨克族属弱势文化,他们讲汉语、维吾尔语、哈萨克语;柯尔克孜族也是弱势文化,他们讲汉语、维吾尔语、柯尔克孜语(孙丽莉、王海蓉,2010)。

② 宗教信仰。在西北少数民族地区,宗教对其生活产生重要影响,也影响到其语言使用。宗教的这种作用往往与民族认同发生关系,反映在语言上,汉语和维语两种语言,特别是在日常交际语中,维语使用的具有宗教色彩的交际语的频率要高于汉语。又如维语中的问候语却带有浓厚的宗教色彩,如维吾尔族在回答其他问候时,特别是问到家里平安、身体健康等问题时要回答"感谢真主"等。

(3)语言环境对语言使用的影响。如西北地区的土族,由于居住在不同地方,其人口构成存在一定差异,致使其语言使用环境形成了差异,带来语言使用上的巨大差异。如青海省互助土族自治县,逐步形成土语村(80%以上用土语)、土语汉语双语村(40%—60%使用双语)、土族失语村(90%以上不说土语)等(杨静,2015)。

2. 现代化进程对语言使用的影响

(1)城市化进程的影响。城市化的进程在西北不同地区不同程度地展开。一是农村人口不断进入大都市;一是小城镇受到现代化的影响。这对语言的使用有一定的影响。

其一,在城市化进程中少数民族都广泛兼用国家交际共同语——汉语,在语言的选择和使用上表现出对国家共通语——汉语的广泛认同。从兼用汉语的人数和规模上看,城市少数民族兼用汉语的人口众多,使用范围广泛,远远超过农牧区的少数民族。

其二,从城市少数民族兼用语言的变化上来看,新中国成立后,汉语在城市社区兼用语的主导地位不断增强。如新疆的伊宁市,在新中国成立前,是由哈萨克、维吾尔、乌孜别克、塔塔尔、蒙古族等民族构成的多民族城市,维吾尔语在各民族交际活动中起着地区共通语的作用。但随着新中国新型的民族关系的确立,在人口数量上亚于维吾尔语的汉语成为伊宁市各民族交际的主要共通语。(戴庆厦、邓佑玲,2001)如流入全国各大中小城市经商的维吾尔族、东乡族等民族的商人,他们在进入城市社区以前,大多还是民族语单语人,但进入城市后大多都兼用汉语。总之,少数民族为了更快地融入城市社区,对汉语的选择和使用显得尤为迫切。

(2)媒介技术与少数民族语言使用。在新闻出版领域,我国使用民族文字出版图书、杂志、报纸种类多,涉及的语种多,现有出版民族文字图书的各类出版社32家,占全国出版社总数的6%左右,分布在13个省、自治区、直辖市,涵盖了全国大部分民族地区,分别用蒙古、藏、维吾尔、哈萨克、朝鲜、壮等27种民族文字出版图书,年出版图书 4000 多种,印数 5000 万册,数量约占全国报纸总数的 5％左右,10 种民族文字出版 223 种民族文字期刊,数量约占全国期刊总数的 2.5％左右。

在广播影视领域,目前中央人民广播电台和地方广播电台每天用 21 种少数民族语言播音。新疆、青海省区级电视台分别播放蒙古语、维吾尔语、藏语少数民族语言节目。随着这些电视台的卫星电视节目的传播,全国各地都可以收到这些民族语言播出的节目。这直接影响到少数民族语言的传播度及权威性。

在信息化领域,我国制定了蒙古文、维吾尔文、哈萨克文、柯尔克孜文、朝鲜文、彝文和傣文编码字符集、键盘、字模等国家标准,出现新网络载体,这对少数民族语言传播起重要作用。

3. 教育与语言政策

教育对少数民族的语言使用具有重要的影响,无论是家庭或学校的母语教育,还是国家通用语言教育,都直接影响到语言使用状态。如青海省黄南、海南、玉树、果洛等藏族自治州人大常委会上世纪 90 年代通过的各州《藏语文工作条例》一般规定:(1993 年《果洛藏族自治州藏语文工作条例》第 20 条为例)自治州藏族中、小学,以藏语文教学为主,开设汉语文课。到 2010 年 9 月,青海省教育厅发布《青海省中长期教育改革和发展规划纲要》,其中计划:到 2015 年,小学实现以国家通用语言文字为主、本民族语言文

字为辅的"双语"教学,并加快对少数民族中学生实行国家通用语言文字教学、加授本民族语言文字的"双语"教育步伐。这种语言政策的变化,影响着少数民族的语言教育状况,而语言教育的状况,又直接影响着学生的语言使用状况(黄行,2013)。

总之,西北少数民族语言使用状况的研究,不仅具有现实的紧迫要求,也有重大的学术价值、社会价值,甚至经济价值,正引起越来越多学者的关注,也必将产生越来越多的研究成果。

参考文献

孙丽莉、王海蓉.2010.多民族语言态度分析——以新疆少数民族地区为视角.求索(1).

孙丽莉.2009.多元文化背景下新疆少数民族语言使用情况调查研究.华中农业大学学报(社会科学版)(4).

韩建岗.新疆巴州城市蒙古族语言使用状况.第十三届城市语言调查国际学术研讨会论文集.陕西师范大学.2015 年 8 月 13 日.

杨静.青海撒拉族和土族语言使用调查研究综述.第十三届城市语言调查国际学术研讨会论文集.陕西师范大学.2015 年 8 月 13 日.

戴庆厦、邓佑玲.2001.城市化:中国少数民族语言使用功能的变化.陕西师范大学学报(2).

黄行.2013.少数民族语言文字使用情况调查述要.民族翻译(3).

贺群.2002.试论汉维宗教文化观对语言和民族文化的影响.甘肃社会科学(1).

作者介绍

杜敏,博士,陕西师范大学文学院教授,《陕西师范大学学报》主编,主要研究方向为社会语言学。

A Brief Analysis of Language Use among Ethnic Minority Groups in the Core Regions of One Belt One Road

Du Min

Shaanxi Normal University

Abstract: The strategic conception of "one belt one road" involves forming core regions of development. One of the core regions, Northwest China, is not only the important transportation hub for connetion to middle Asia, south Asia and west Asia, but also the important place to train multilingual personel. Studying the use of the minority languages in Northwest China has thus become important. The use of minority languages in Northwest China has the following characteristics: firstly, the language use patterns among different ethnic groups are very different.; secondly, the same ethnic group which are located in different areas has different usages. The factors that affect the use of language of ethnic minority groups in Northwest China include geography, culture, religion, and many other factors. Meanwhile, the process of modernization, language education and other social forces are seen to play a role.

Key words: One Belt One Road, ethnic minority, northwest China, language use

The Theory of Speech Community

Xu Daming

Translated by Yan Xi

Abstract: The Theory of Speech Community (TSC) is important because its development promises further integration of different strands of linguistics and sociolinguistics studies. TSC focuses on the dialectic unity of a language and its components. It facilitates empirical verification of uniformity while gauging the amount of variation. Insisting on the principle of "community being primary and language being secondary", we can overcome the tautological errors in defining such concepts as "language" and "community". The essential components of a speech community can be operationalized into measurable indices. These will in turn be used in the determination and demarcation of a speech community. TSC complements the studies of sound-meaning systems of language with the system of language users.

Key words: the Theory of Speech Community (TSC), differences and uniformity, the community-primacy principle, components of speech community, system of language users, definitions of language and community, demarcation of speech communities

Introduction

The Theory of Speech Community (TSC) is an important theory in contemporary sociolinguistics; however, this theory has not been fully developed (see Patrick, 2001). This article explores TSC's content, significance, and functions, in the hope of making some contributions to this theory. The second section discusses the significance of TSC for the development of linguistics from a macro perspective, the third one points out that a speech community plays an important role in defining a language, the fourth one focuses on the basic components of a speech community, the fifth one introduces some studies applying TSC, and the last section gives a prospect of the further development of TSC.

The dialectic unity in linguistics

Once TSC is developed in a comprehensive and mature way, this theory will surely become the core theory of sociolinguistics and would occupy an important position in theories of general linguistics.

The above views are based on two considerations. First of all, although the sociolinguistic field features different strands with different research subjects and methods, many sociolinguists share one common view. That is, the speech community is the primary research subject of linguistic inquiry and the basic unit of language survey (see Gao, 2003). Second, although divergent views exist between sociolinguists and formal linguists on the aspects of language philosophy and others, both take a speech community as the unit of language description. Sociolinguists put more emphasis on the internal structural complexity of a speech community and point out the necessity of scientific sampling, whereas formal linguists usually regard an individual speaker as the representative of a speech community. To some extent, all linguists, consciously or unconsciously, study the speech community, but some adopt a more refined method with an emphasis on the structure and content of a speech community, whereas others employ a simpler and more convenient method in order to quickly obtain an overall impression.

A review of previous sociolinguistic research shows that, to some extent, all of the sociolinguistic studies, including studies of language variation and change, language contact, and the speech community, are based on the research results of structural linguistics, traditional dialectology, phonology, and syntax. From this perspective, sociolinguistics to a large extent shares much common ground with other strands of linguistics. Take sociolinguistics and formal linguistics for example, the major difference between the two is that the former emphasizes language differences, whereas the latter takes the uniformity hypothesis as the premise of its studies. Therefore, sociolinguistics and formal linguistics differ not by the recognition of language uniformity, but by the degree of emphasis on uniformity or differences, and different research focuses.

The uniformity and differences are dialectic, and a language includes both two properties. The special function of sociolinguistics lies in that it compensates for the neglect of the internal variation of a speech community by traditional linguistics. Sociolinguistics, especially its speech community studies, intends to measure and verify the uniformity of a speech community, and takes it as its research topic, rather than regarding it as a belief or a shield to avoid the phenomenon of language variation.

One simple definition of speech community is a group of speakers who distinguishes itself from other similar groups by its internal uniformity (see Gumperz, 1968). This definition may be too abstract, and we will make some additions to this definition in the following text. However, this definition points out the essence of a speech community on the aspects of uniformity and difference. The special function of a speech community is that it directs research towards linguistic uniformity and differences, avoids subjective and arbitrary judgment, and bases research on a scientific analysis of objective data.

To summarize, TSC of sociolinguistics can better integrate language variation studies and formal linguistics. At the same time, based on objective research of the linguistic uniformity and differences, TSC could further integrate all strands of sociolinguistics and linguistics on the same theoretical ground.

Overcoming the tautological errors

The early definition of a speech community is "the totality of the speakers of a particular language". Therefore, a language is associated with a speech community and a speech is associated with a language (cf. Patrick, 2001). However, there is circularity in the argumentation. A language is used to define a speech community (e.g., an English community is made up of English-speaking people), and a speech community is used when defining a language (e. g., the language used by an English-speaking community is English). Then, which one is primary, community or language?

Bloomfield (1933) was the first to give an appropriate definition of speech community without falling into the circularity. In his opinion, the basis of a speech community is the frequent communicative activities among speakers and the boundary of a speech community is naturally formed by differences in density of communication. Gumperz (1968, 1982) further develops Bloomfield's density of communication. He points out that a speech community is a speech interactive arena where its community members do not necessarily speak the same language, the community "repertoire" includes more than one codes; however, each speech community has its own shared set of social norms, including the norms of language choice. The important sign of being a community member is his familiarity and compliance with the social norms of this community. In his New York

English survey and the subsequent language variation and change studies, Labov (1966, 1972, 1994) pushes the studies of speech community to a new stage. The theoretical contribution of Labov is that the uniformity of a speech community is mainly reflected in the orderedness of its community members' speech behaviour and their speech evaluation. Another important contribution of Labov is that he combines speech community studies with sampling methods and quantitative analysis.

Reviewing the results of previous sociolinguistic research, we are certain that community is primary and language, secondary. A language exists in a community. A speech community does not necessarily correspond to a language, but frequent speech interaction is a basic condition for the emergence and maintenance of a language variety. Therefore, a speech community with a long history usually possesses a representative language. At the same time, stable bilingual communities exist pervasively. However, which kinds of speech interaction can constitute a speech community, which kinds of speech community components can produce a new language variety, and all of these are questions that need further research.

In the current language studies, linguists often follow the socially prevailing judgements. Just like formal linguists who often rely on the grammatical judgement of native speakers, anthropology linguists, dialectologists, and even sociolinguists often do the same. If local people say there are a community and a "language", we often take this as the starting point of our research. The starting point of research should not become the constraint of research. Linguists have their own tools and criteria to identify languages, and should also have their own criteria to divide speech communities. A "community" can be identified on sociological criteria, and a "speech community" should be measured on sociolinguistic norms. We should not blindly follow folk views. Even for a community defined sociologically, we need to redefine this community linguistically. We are concerned with *speech community*, an organization that possesses the properties of a community *linguistically*. If we want to avoid the mistake of defining a "speech community" without a "language", we must define the community first, and then define the language variety used in the community. Our recognition of a language will not involve much controversy in some communities with a long history, a literary tradition, and an authoritative organization of language planning. However, in some communities with a short history, although new varieties may be formed, they may not receive recognition because of historical, political, cultural and other reasons. At this moment, linguists need to employ scientific methods to discover and describe these language varieties.

We cannot define a community by a language, because the folk view of "speaking the same language" is a concept hard to measure. Strictly speaking, no two speakers speak the same way, but usually people can recognize whether other people are "speaking the same language". However, identification with a language variety is not equal to the corresponding communicative competence. For Chinese, a "big" language with a wide variety of dialects, people often lack sufficient communicative experience to handle possible variations. A major problem sociolinguists face is how to measure the objective components from the folk's judgement and avoid the prevailing prejudice.

The components of a speech community

A "community" in a sociological sense includes the following components: a group of people gathered in a certain geographical area, long-term interactive relations among them, and a psychological identification. In addition to the three most important components, community members usually have common ways of life, and there are some public facilities in the community (X. Xu, 2000). We find that these components have linguistic correspondents. Therefore, a "speech community" is a community that not only agrees with the sociological definition, but also possesses linguistic properties. In addition, people gathered in a certain geographical area also form a socio-economic unit, and all people engaged in relevant socio-economic activities also maintain frequent interactions with each other. Among these interactions, speech interactions are the most important. Therefore, as expected, a speech community to a large extent overlaps with a community in a general sense.

According to the principle of "community

being primary and language being secondary", we cannot simply define a community by a language. Instead, we should look for a language in a community. For linguists who study the structural system of a language, it is a headache to decide which language facts belong to which language system. When a "native speaker" stands out and uses his language intuition to refute a grammatical theory, a linguist cannot deny such language facts just because they do not conform to his or her theory. At the same time, the linguist also suffers from a lack of other methods to determine whether the folk statements are relevant language facts or not. It is a common phenomenon in studies of Chinese grammar, and the major reason is that data of different sources are frequently used to verify a structural system, while those data are from different communities and different language varieties and do not make up a close grammatical system. Sometimes, grammarians who think they study the same phenomenon often examine raw materials from different systems and with different systematic values. Chomsky has no alternatives but to use " performance errors " to neglect some linguistic materials; however, there lacks objective and unified criteria to define which as " competence " and which " errors ". Saussure's distinction between langue and parole is significant. Although he does not make further explanation of the two terms in *Course in General Linguistics*, he points out that langue belongs to a community whereas parole is an individual phenomenon

(Saussure, 1966). Therefore, we must "find" the language from the community, and need some scientific "discovery procedures". Only those language facts obtained from these discovery procedures can have the privileged status of "langue" (to be different from "parole"). Grammatical theories based on these facts can stand the test and do not need to be bothered by the unclear boundaries of language facts.

TSC has realistic significance from the perspective of grammar studies. However, in order to solve the questions raised, we need to take two steps: first of all, identify a speech community with an empirical method; second, use objective criteria to measure and discover language varieties existing in the community. The role of TSC is to list the basic requirements for the existence of a speech community and language varieties, and further operationalize these requirements into verifiable objective indices.

"Community components" in the sociological sense have linguistic correspondents, and these correspondents enable a speech community to differ from other communities. First of all, the criterion "population having interactions with each other in a certain territory" basically conforms to sociolinguists' definition of " speech community ", although " speech community " is a group with *speech interaction*, different from other groups with different ways of interaction. Although speech interaction is the main form of social interaction, other groups characterized by nonverbal social interaction also exist. A "non-verbal community" is a possibility that cannot be excluded theoretically. In addition to "territory", "population", and "interaction", a "speech community" also possesses other community properties, such as "identification and sense of belonging". This property is one of the most important properties of a speech community, with statements of Gumperz's and Labov's psychological basis of a speech community as its theoretical basis. However, this property may be exaggerated sometimes without limits or used to replace other community properties without constraints. One task sociolinguists face is how to objectify, quantify, and standardize this property, and empirical studies of language attitudes can make some contribution to this aspect.

Linguistic correspondents of "common ways of life", "common community facilities and properties" and other components of community can also be found. Studies by Gumperz and Labov enable us to combine together language use norms, language variation, and the organization structure of a speech community. Shared norms on language use and similar language life therefrom can be one part of "common ways of life". In terms of "common community facilities", although a speech community is more abstract than a residential community, we cannot say that a speech community does not have common community facilities. First of all, as a sound-meaning semiotic system, a language is possessed by a community (see Saussure's argument in the above text), and can be regarded as a

part of public facilities. A community often has some approaches and methods to solve some speech problems, and these can also be regarded as public facilities. Like clubs and other facilities that an urban middle- and small-size community possess, facilities such as authoritative language organizations, language canons, codified norms, the influence of public opinion, etc. naturally become public possessions and facilities of a speech community, if community members to some extent have some access to them.

If we are certain that a speech community possesses such components as population, space, interaction, identification, and facilitation, then the discovery and verification of a speech community needs to be approached from these components.

Language verification is based on community verification, and we should establish some objective criteria. In this sense, sociolinguists may have a different map of world languages. From the perspective of TSC, a language is a "community language". Therefore, there may be a community without a representative language, but a language cannot exist without a community. The basic unit for the existence of a language is a speech community, and a living language should be incorporated into a community. Perhaps it is time that linguists say farewell to the practice of relying on the folk to define research subjects. Linguistics needs its own explicit criteria to decide which variety is a language, which is not, and how to divide language varieties. Trees are classified and referred to in botany differently from in natural languages, why do linguists have to follow the language names used in the natural language? Names are not the essential problem. The problem is that it disguises a series of conceptual problems. Which language phenomena can be identified and named and which cannot? For these problems, are we always following historical, cultural, and political concepts, or an arbitrary combination of these concepts? It seems that terms such as "English", "Chinese", and "Arabic" are just loosely-defined concepts, and "ethnic language" may be more appropriate. In addition to their function of cultural identification, to what extent can these labels tell us about the uniformity of the structural system of the language phenomenon these labels index? To what extent can they tell us about the degree of communication between speakers? What linguists need is linguistic categorization. Although topologists and dialectologists have done much fruitful research, their raw materials are still confined by the prevailing social consciousness. Therefore, terms such as "English", "Chinese" and "Arabic" should be the subject of nomenclature, rather than terms of linguists. As linguistic terms, they can be called "explicit reference" or "cognitive reference" of language varieties, and they can be "ethnic language", "national language", "geographical language", "political language" or "language in the historical category", but they cannot be called "linguistic language". "Linguistic language" should be a self-contained and internally and structurally

homogenous semiotic system described by de Saussure. One existing proposition of sociolinguistics is that such self-contained systems do not exist in languages. However, it is apparent that these systems exist psychologically and in the past century linguists have been describing and explaining these "psychological reality". Another proposition sociolinguistics is considering is that whether this psychological reality has a social basis and whether it is the result of certain social activities. It is understandable that linguistics as a branch of humanities emphasizes the description of human's feelings and folk cultures and traditions. However, linguistics as a sub-field of social sciences should view a language as a social phenomenon and cannot confine itself to the pre-given configuration of common sense, traditions, histories, and cultures.

Based on several-decade sociolinguistic studies, our present hypothesis is as follows: it is most likely that the self-contained phonetic, grammatical, and lexical structural system described by structural linguistics and its subsequent formal linguistics exists in a closed small community. In other words, we support the hypothesis that a language is an open system. In that case, problems have not been solved but become more complex, and we need to answer a series of questions concerning the degree of openness of this system and its ways of openness. The age has gone when the emphasis is only on language as an open or closed, static or dynamic system. It is time to solve the questions on how the language system is open, how it moves, develops, or in what situations it is near static, and to what extent it is static. Empirical and quantitative studies are effective approaches to these problems.

Speech community and community

As mentioned above, a speech community can overlap with other kinds of communities, but not necessarily so. The Chinese community of Singapore (henceforth CCS) is an ethnic community. Is it a speech community? Some people think that this community is a bilingual or multilingual one (in the following text "bilingual" includes "multilingual"). If a bilingual community is a type of speech communities, this belief entails a proposition that "CCS is a speech community". Then how can we verify this proposition? According to TSC, one speech community is a social group with a definite population, a definite activity location, and frequent speech interactions. CCS basically conforms to these conditions. The Singapore Chinese are a definite group, their lives and activities basically center around Singapore. There are nearly three million people on the island of six hundred square kilometers, and it is natural that there are frequent interactions among people. However, we find that norms and identification, two criteria of a speech community based on previous sociolinguistic research, cannot be met in the case of CCS.

Our survey of language use and language attitudes of CCS finds that the uniformity of language is not high in CCS, and two contradictory trends of language attitudes and language use exist in this community.

Table 1 The percentage of language use of the Singapore Chinese in different communicative contexts (%)

	English	Mandarin	Chinese dialects	English and Chinese
government organizations	45	31	3	16
shopping centers	31	39	4	17
peddler centers	2	50	17	5
Bhasa	5	39	24	6

Table 1 lists the percentage of language use by the Singapore Chinese in different communicative contexts. As can be seen from this table, excluding the peddler center where the use of Mandarin exceeds 50%, the use of every language in each context is below 50%. In other words, the uniformity rate of language use is less than 50%.

The diglossia theory originated from studies of bilingual societies (Ferguson, 1959). According to this theory, in stable bilingual societies, several language varieties have their own applicable domains and are generally divided into the High variety applicable to high-end socio-economic domains and the Low variety applicable to low-end domains. The whole society has shared views and practices for the two varieties, and violation of these practices may invite criticism or even the whole communicative activity fails or stops. This totally conforms to Gumperz's view of community members' shared knowledge of norms of use and interpretation of language. However, the case of CCS is different from those of typical diglossia and violates the rules of a speech community.

If we look at the use of English and Chinese dialects separately in Table 1, it seems that CCS is a diglossic situation, with English being the High variety and the Chinese dialects as the Low varieties[1]. English is more used in high-end contexts whereas the Chinese dialects are more spoken in low-end contexts. However, we cannot neglect that the percentage of people using English or Chinese dialects, if added up, only makes up twenty or fifty percents of the whole population (see Table 2).

Table 2 The percentage of the Singapore Chinese using English and Chinese dialects in different communicative context (%)

	English	Chinese dialects	Total
Government organizations	45	3	48
Shopping centers	31	4	35
Peddler centers	2	17	19
Bhasa	5	24	29

If we add up the percentage of people speaking Mandarin and English, the total percentage is higher, making up 50% to 70% of the whole population. However, the trend of disproportionate language use in Table 2 disappears in domains such as government organizations and shopping centers, and the difference is small (76 : 70), which is different from diglossia (see Table 3).

Table 3 The percentage of the Singapore Chinese using English and Mandarin in government organizations and shopping centers (%)

	English	Mandarin	Total
Government organizations	45	31	76
Shopping centers	31	39	70

If we add up the number of people speaking " English and Mandarin " (including the bilingual use) to the whole population, its representativeness becomes stronger, reaching more than 90%. However, the difference between the percentage of using English and Mandarin in the above two high-end domains is still minor (61 : 47; 48 : 56), different from the prototype of diglossia in which the High variety dominates the high domain (see Table 4).

31

Table 4 The percentage of the Singapore Chinese using English and Mandarin in government organizations and shopping centers（including the bilingual use）（%）

	English	Mandarin	Total
Government organizations	61 (45+16)	47 (31+16)	92
Shopping centers	48 (31+17)	56 (39+17)	87

The above situation shows that there lacks a dominant trend in CCS in terms of the language use, which brings doubt to the formation of a speech community. Other data from our survey also brings the same doubt. In terms of language acquisition and language proficiency, we also find that the distance between English and Mandarin is rather small. For "language acquired from the early age", 34% choose English and 42% report Mandarin; for "the most fluently used language", 52% choose English and 59% report Mandarin (Chen, Xu, & Tham, 1999, p. 85).

Our survey of language attitudes raises similar questions. Table 5 lists the percentage of people holding different attitudes towards English and Mandarin. The left column lists the percentage of people who believe English is more useful, prestigious, powerful, friendly, kind, and pleasant, and the right column lists the percentage of people who think Mandarin is more useful, prestigious, powerful, friendly, kind, and pleasant. As can be seen from this table, more than 10% or a higher percent of people in each column hold contrasted attitudes.

Table 5 The five indices of the language attitudes of the Singapore Chinese towards English and Mandarin（%）

	English>Mandarin	Mandarin>English	Total
More useful	14	19	33
More prestigious	32	13	45
More powerful	39	12	51
More friendly	10	43	53
More kind	10	51	61
More pleasant	12	33	45

It must be acknowledged that around 50% of the population does not hold contrasted attitudes towards English and Mandarin, but a look at the "total" item in Table 5 reveals that 30% to 60% of the population holds such contrasted attitudes. In Table 5, the first three indices measure people's evaluation of the instrumental value of the languages, and the last three serve as indices of people's affection. With such a high percentage of population holding different evaluations and identifications towards languages, we should not regard them as belonging to the same speech community.

The case of Singapore can be compared

with the bilingual contexts of other societies, and there are many bilingual communities among the overseas Chinese (see Tsou & You, 2003). According to Gumperz's notion of "shared knowledge of norms of use and interpretation of language", the norms of language choice in a speech community should be consistent; therefore typical bilingual communities should be diglossic. The Chinese community of Cherrywood in California is made up of three groups of people: Chinese-only speakers, English-only speakers, and bilingual speakers of English and Chinese, and there is a clear-cut distinction between languages in terms of their status. Cantonese is the community language, English is the language for external use, and Siyi dialect, once a community language before 1965, has become a family language among a small number of people (Tsang, 1985). In terms of language use, the dominant trend is clear: around 70% of the community activities are conducted in Cantonese as the trade language, the remaining 30% in other Chinese dialects, and it is difficult for English-only speakers to engage in the community activities (Tsang, 1985, p. 430). From this perspective, this community is qualified as a speech community. The language attitudes survey shows similar features: regardless of one's English proficiency, all of the Chinese subjects of Cherrywood believe that English is more important than Chinese (Tsang, 1985, pp. 430 - 431).

There are no 100% clear-cut distinctions in diglossic contexts, but there must

be a dominant trend with statistical significance. In his study of Dai community of Yunnan Dehong, Zhou (2003) finds that Chinese is the major working language (the percentage of using Chinese is around 80% in seven contexts), whereas in the domestic domain, Dai language is the main language in face-to-face communications (the percentage of using Dai language is 80% in families and 80% in temples).

Through comparison and contrast, we can find that CCS is different from typical bilingual communities in terms of language use norms and language attitudes. With TSC, we can differentiate speech communities from racially or ethnically defined communities. The case of Singapore is an unstable bilingualism (D. Xu, Tham, & Tan, 1997), and further research is needed to investigate Singapore's sociolinguistic situation after 1995. In addition, is it possible to divide Singapore population into two speech communities? If possible, how is their internal uniformity? How does their psychological basis of identification come about? All of these need further research (see D. Xu, 1999; D. Xu, Tao, & Xie, 1997; D. Xu, Chew, & Chen, 1998). We do not think that TSC is near perfection, neither do we think that 70% or 80% of uniformity is the quantitative criterion for the uniformity of community language norms and language attitudes. What we emphasize is that norms and attitudes should become the necessary components of a speech community, and quantitative criteria should be established on an empirical basis. Further research is needed in order to decide the accuracy or the numerical range of these criteria.

TSC is applicable not only to bilingual communities, but also to monolingual communities. Labov's (1966) study shows that one characteristic of a speech community is its members' shared evaluative mechanism of language variation, referred to as language attitudes in later studies. In fact, we can regard language choice in multilingual contexts as language variation at a macro level (see D. Xu, 1999). In doing so, the above analysis of attitudes to language choice is applicable to language variation at a micro level. Micro-level language variation is examined as "linguistic variants" (see D. Xu, Tao, & Xie, 1997, pp. 100 – 130), such as /r/ in New York English (Labov, 1966), and rhotacization in Beijing dialect (D. Xu & Gao, 2001), etc. The uniformity of a speech community is reflected in the social evaluation of these linguistic variants. According to Labov's New York survey, although different social classes differ in their pronunciation of post-vocalic /r/, they share similar attitudes, i.e., a higher percentage of post-vocalic /r/ pronunciation possesses a higher social value. The rhotacization and other phonetic features were not linguistic markers of social evaluation, according to Barale's (1981) investigation. However, such features received rather negative evaluations in D. Xu and Gao's (2001) survey in 2000, which also find style shifting, similar to that of /r/ in New York survey. Different from the pronunciation of post-vocalic /r/ which is assigned a higher social

significance, non-rhotacization receives a higher social evaluation in Beijing (D. Xu & Gao, 2001).

In addition to the uniformity of language use norms and language attitudes, another important component of a speech community is its internal structural orderedness. Since a speech community is not a cloned aggregate of speakers, then what is its uniformity? In addition to norms, attitudes and identification, is there uniformity in terms of its behavior? Are there limits in the heterogeneity of a speech community? The answer is yes. As has been mentioned, in the case of New York English, rhotacization in every case or non-rhotacization in speaking may exclude you from the speech community (D. Xu, Tao, & Xie, 1997, p. 70). However, if you participate in the mechanism of rhotacization variation, you will acquire a symbolic social status from the mechanism. The speech community is structured internally, and every community member has a status relative to other members. A community is a social organization, and its members have certain social relations with each other. Reflected in languages, these social relations are social stratification of language variation and its social evaluation. Similar to the New York case, without rhotacization in Beijing, you will not receive the recognition from Beijing local people. The over-rhotacization will easily invite negative remarks from Beijing local people. However, even if in the recognition range of Beijing local people, different percentages of rhotacization still have different social significances. Despite the fact that this is a new research area, at least we have found the function of rhotacization in marking registers (see D. Xu & Gao, 2001; Peng, 2003).

The stratification of language use in bilingual societies can also produce socially stratified structures in New York English (D. Xu, 1996; D. Xu, Tham, & Tan, 1998; D. Xu, 1999), different social environments of a monolingual community can also bring about different structures (D. Xu, 2001a). In the survey of the social stratification of Mandarin nasal variation in Baotou Kundulun community, the results show that without the social conditions of significant socio-economic stratifications, community members are mainly organized by social networks. Some linguists think that social networks are aggregates of social networks (Gumperz, 1997; Chen, 1999). At the present stage, it is too early to exclude the stratified structural model and at least empirical research is needed (D. Xu, 2001a).

Further research directions

The complexity of a language can be observed and researched from different perspectives. From the semiotic perspective, a language can be divided into two systems: form and meaning. Formally a language can be further divided into sub-systems such as sound, vocabulary, grammar, etc. In the study of language system, the most neglected system is the language user's system. If we do not have further studies on this system, it is certain that the research

on other systems will be influenced and impeded, because different systems of a language is interconnected and interactive, the system of speaker being one important component of this system.

TSC is an explanation of the organizational system of language users. A speech community is the product of socialized speech interaction. Humankinds' social communicative activities are practices, displaying a high degree of coordinateness and organization. Therefore, a speech community is an observable and measurable entity, rather than a virtual analytical framework which is easily subject to distortion. From the perspective of quantitative research, a speech community, as a social group with its visible range of material activities and a socio-psychological basis, can be defined by a series of quantitative indices. These indices, in addition to the above mentioned uniformity of language use norms and language attitudes, also include density of communication, degree of communication (see D. Xu, Tao, & Xie, 1997, pp. 192 - 193). Relevant research includes the type of community structure (social stratification of variation) and structure of communicative networks connected with density of communication (see D. Xu, 2001b), etc. The operationalization of these indices will be another challenging research topic.

TSC measures and identifies a speech community from such aspects as the scope, strength, way, and results (quality) of social communication. Once a community is identified, we can, through actual language use, determine whether a corresponding language variety has been produced and whether more than one language varieties are differentiated and used in the community. The last step is the identification of the boundaries of these varieties. The essence of this process is to start from the speakers and find out who speaks with whom and what the quality of speaking is.

Conversation is a cooperative process, and the tacit agreement out of long-term cooperation combine people together. These groups are speech communities. A speech community, when developed to a certain level, will consciously name its shared sound-meaning system, and this semiotic system will be naturally strengthened through habitual use. This process has its starting and ending points. The complication of a speech community is due to the addition of linguistic trace of previous speech communities brought about by new comers to the new community. A new speech community can inherit the old community in different ways, and learn from other speech communities. Sometimes, such inheritance and reference may involve the inheritance and borrowing of the language name. Because of nonverbal reasons, the explicit identification of speakers may differ from their actual language use. At this moment, linguists should keep a clear mind. It is not easy to fight against social pressures, and TSC can provide a scientific tool to accomplish this task.

Notes

1. Singapore society in the colonial period was a typi-

cal "diglossic" society (see Xu & Li, 2003).

References

Barale, C. A. 1982. *A Quantitative Analysis of the Loss of Final Consonants in Beijing Mandarin* (Doctoral dissertation). Retrieved from ProQuest Dissertations and Theses database.

Bloomfield, L. 1933. *Language*. New York: Holt, Rinehart and Winston.

Chen, S.-C. 1999. *Yuyan bianyi yanjiu* [Language Variation Studies]. Guangzhou: Guangdong Education Press.

Chen, S.-C., Xu, D., & Tham, W.-M. 1999. Xinjiapo huaren de yuyan taidu he yuyan shiyong qingkuang de yanjiu baogao [A study report of language attitudes and language use of the Singapore Chinese]. In, R.-L. Li (ed.), *Dongnanya huaren yuyan yanjiu* [A Study of Languages of the Overseas Chinese in Southeast Asia], pp. 48 – 90. Beijing: Beijing Language and Culture University Press.

Ferguson, C. A. 1959. Diglossia. *Word*, 15:325 – 340.

Gao, H.-Y. 2003. Ganbozi Jiaoshou tan shehui yuyanxue [A talk with Professor Gumperz on sociolinguistics]. *Yuyan Jiaoxue yu Yanjiu* [Language Teaching and Researching], 2003(1):11 – 16.

Gumperz, J. J. 1968. The speech community. In, D. Sills (ed.), *International Encyclopedia of the Social Sciences*, Vol. 9, pp. 381 – 386. New York: Macmillan.

Gumperz, J. J. 1982. *Discourse Strategies*. Cambridge: Cambridge University Press.

Gumperz, J. J. 1997. On the interactive bases of speech community membership. In, G. R. Guy, C. Feagin, D. Schiffrin, & J. Baugh (eds.), *Towards a Social Science of Language*, Vol. 2, pp. 183 – 203. Amsterdam: John Benjamins.

Labov, W. 1966. *The Social Stratification of English in New York City*. Washington, DC: Center for Applied Linguistics.

Labov, W. 1972. *Sociolinguistic Patterns*. Philadelphia: University of Pennsylvania Press.

Labov, W. 1994. *Principles of Language Change Vol. 1: Internal Factors*. Oxford: Blackwell.

Patrick, P. L. 2002. The speech community. In, J. K. Chambers, P. Trudgill, & N. Schilling-Estes (eds.), *The Handbook of Language Variation and Change*, pp. 573 – 598. Malden, MA: Blackwell.

Peng, Z.-P. 2003. Beijinghua erhuaci zai Beijing diqu zhuyao baozhang zhong shiyong qingkuang diaocha [An investigation of the use of rhotacized words in Beijing main newspapers]. *Zhongguo Shehui Yuyanxue* [*The Journal of Chinese Sociolinguistics*], 2003(1):64 - 71.

Saussure, F. 1966. *Course in General Linguistics*, W. Baskin Trans. New York: McGraw-Hill.

Tsang, S.-L. 1985. Meiguo Cheliwu Huaren shequ de yuyan [Linguistic profile of the Chinese community of Cherrywood in the USA], Y.-D. Zheng Trans. *Zhongguo Yuwen* [*The Chinese Language*], 1985(6):424 - 432.

Tsou, B. J. Y., & You, R.-J. 2001. *Hanyu yu huaren shehui* [*The Chinese Language and the Overseas Chinese Society*]. Shanghai: Fudan University Press.

Xu, D. 1996. *The Social Stratification of Bilingualism in Singapore*. Paper presented at the 5th New Zealand Conference of Language and Society. Christchurch, New Zealand.

Xu, D. 1999. Xinjiapo Huashe shuangyu diaocha—Bianxiang guize fenxifa zai hongguan shehui yuyanxue zhong de yingyong [A study of Singapore Chinese community—An application of Variation Rule Analysis in macro-sociolinguistics]. *Dangdai Yuyanxue* [*Contemporary Linguistics*], 1(3):25 - 35.

Xu, D. 2001a. Beifanghua biyunwei bianyi yanjiu [A study of Mandarin nasal variation]. In, Y.-P. Dong & C.-M. Wang (eds.), *Zhongguo de yuyanxue yanjiu yu yingyong—Qingzhu Guishichun Jiaoshou qishi huadan* [*Studies and Applications of Chinese Linguistics—A Celebration of Professor Gui Shichun's Seventieth Birthday*], pp. 394 - 412. Shanghai: Shanghai Foreign Language Education Press.

Xu, D. 2001b. *From Nanjing to Beijing: The Making-up of a Speech Community*. Paper presented at the 10th Annual Conference of the International Association of Chinese Linguistics, Irvin, California, USA.

Xu, D., &Gao, H.-Y. 2001. *The Inception of Linguistic Insecurity in Beijing*. Paper presented at the 30th Annual Conference on New Ways of Analyzing Variation, Raleigh, North Carolina, USA.

Xu, D., & Li, W. 2003. Duoyu gongcun: Xinjiapo yuyan zhengce yanjiu [Coexistence of multilingualism: A study of Singapore language policy]. In, Q.-S. Zhou (ed.), *Guojia, minzu yu yuyan—Yuyan zhengce guobie yanjiu* [*State, Nation and Language—A Study of Country-specific Language Policy*], pp.186 - 195. Beijing: Language and Culture Press.

Xu, D., Chew, C. H., & Chen, S.-C. 1998. Language use and language attitudes in the Singapore Chinese community. In, S. Gopinathan, A. Pakir, W. K. Ho, & V. Saravanan (eds.), *Language, Society and Education in Singapore: Issues and Trends*, 2nd ed., pp. 133 - 154. Singapore: Times Academic Press.

Xu, D., Tao, H.-Y., & Xie, T.-W. 1997. *Dangdai shehui yuyanxue* [*Contemporary Sociolinguistics*]. Beijing: China Social Sciences Press.

Xu, D., Tham, W. M., & Tan, P. L. 1997. *Post-diglossia in Singapore*. Paper presented at International Symposium on Bilingualism, Newcastle upon Tyne, UK.

Xu, X. 2000. Lun woguo chengshi shequ de jiecenghua qushi [A study of the stratification trend of China's urban communities]. *Shehui Kexue* [*Social Sciences*], 2000(2):52 - 59.

Zhou, Q.-S. 2003. Shequ shuangyu yu shuangyu shequ: Dehong Daizu wenjuan fenxi [Community bilingualism and bilingual community: A questionnaire-based analysis of Dehong Dai Ethnicity]. *Zhongguo Shehui Yuyanxue* [*The Journal of Chinese Sociolinguistics*], 2003(1):140 - 150.

Notes on contributors

Xu Daming (email: damingxu@umac.mo), professor of the University of Macau, the director of the Sociolinguistics Laboratory of Nanjing University. His research are in sociolinguistics and language planning.

Yan Xi (email: yxmax1980@126.com), associate professor in the Faculty of Foreign Languages at Huaqiao University. His research interests focus on language attitudes, language ideologies, language planning and language policy in Mainland China and Macao.

言语社区理论

徐大明　澳门大学

阎　喜［译］　华侨大学

提　要：言语社区理论是社会语言学的重要理论，它的发展将有利于语言学和社会语言学各类研究的有机整合。言语社区理论研究语言内部的差异性和同一性的对立统一关系，确定言语社区的同一性的实证基础及其与差异特征之间的定量关系。坚持社区第一性、语言第二性的原则可以克服"语言"和"社区"概念之间的循环定义错误。言语社区要素可以转换为定量指标，从而用来进行言语社区的实体测定。言语社区理论为语言学的发展提供了一条新途径，即对语言使用者的组织系统的研究。

关键词：言语社区理论　差异性　同一性　言语社区　实体测定　语言使用者　组织系统

乡村言语社区的"城市化"

——以连岛言语社区为例*

李荣刚

提　要：连岛言语社区调查表明，在中国城市化进程中，乡村社区的语言系统和语言使用模式正逐步"城市化"。乡村言语社区的语音系统正向着城市言语社区靠拢并受到城市方言的影响；普通话已经部分地取代了乡村社区方言的功能，乡村言语社区内正在逐步形成当地话和普通话交替使用的"双方言"交际模式。

关键词：乡村言语社区　城市化　双方言

一　问题的提出

当代中国正处在加速推进城市化、工业化和现代化的历史时期。"在过去的三十年中，中国城市化有了快速的发展，已经步入快速城市化阶段"（陆学艺，2010）。据统计，2011 年 12 月我国城市化率达到了 50%。一般来说，城市化会促进农业为主的传统乡村社会逐渐向以工业和服务业为主的现代城市社会转变，包括人口变动、职业转换、产业结构转型、土地和地域空间的变化等（风笑天，2008）。城市化进程中，一个国家或地区的交通设施往往会得到大幅度的改善，人口流动的频繁程度也会大大增加。即便是地处偏远乡村，人们的观念、生活方式和行为方式也难以避开城市化的影响。

城市化使得大量原先居住在农村的人口涌入到城市中来。这一社会变化所产生的语言问题已经引起了社会语言学者的关注。有学者指出，城市化使城乡间的交往更加频繁，必然对语言或方言的使用产生一定的影响，进而会引起语言使用功能的变化和语言关系的变化（徐大明，2010）。城市社区的语言调查已经发现了许多有价值的语言现象，使人们看到了城市化的另一面。比如，调查发现，农民工阶层的语言交际系统和语言态度已经发生了明显的改变。这种变化对城市化进程中某些社会阶层的语言教育、语言服务问题和语言政策等问题提出了新的要求（夏历、力量，2007；谢俊英，2004、2011）。

从某种意义上来说，城市化对乡村社区语言的影响更加深远。因为城市化推进过程中城市的主导地位不会产生改变，而城市对乡村的"拉力"将持续存在。那么，乡村社区居民的言语行为会呈现出怎样的变化呢？换言之，在由乡村型向城市型转化的历史过程中，人们的言语行为是否也顺应了这一历史变迁而成为城市化的一部分了呢？此外，目前关于城市化对乡村社区语言影响的研究还大多集中在微观层面的表现上（曾炜，2007；熊湘华，2013；李荣刚，2012、2014）。

---

* 本文为江苏师范大学博士科研启动资金资助项目（项目编号：13XWR003）、江苏省高校哲学社会科学基金项目（项目编号：2013SJB740010）阶段性成果。

乡村言语社区的变化是否也体现在宏观的语码选择和使用上了呢?

二 乡村言语社区调查

为了考察乡村言语社区的城市化进程,我们选取了两个颇具代表性的社区作为研究对象。一个是乡村社区,一个是城市社区。其中,乡村社区位于江苏东北部一个叫"连岛"的地方。连岛面积7.57平方公里,常住人口约五千人,隶属连云港市连云区;另一个是连岛所属的文化、经济中心连云区墟沟镇,此外,增加了市政府所在地新浦区作为参照。我们曾经于2011年4月至6月采用了简单随机抽样的办法抽取了当地居民93人构成样本,对该岛居民的音系变异与变化展开过深入的社会语言学调查(李荣刚,2012、2014)。对于墟沟镇,则利用了已有的研究成果。通过对城市和乡村的语言变异和变化的比较,希望能够找到乡村社区逐步城市化的语言上的依据。

(一)音系的变化

为了刻画出乡村社区语言语言变异与变化的轨迹,我们选定了两个语音变项作为考察对象。这两个变项的具体特征是:(f)变项的两个变式分别是(f)-1=[f],(f)-2=[x],前者可以称为革新变式,后者为地方变式;(n)变项的两个变式,分别是(n)-1=[n],(n)-2=[l],前者可称为革新变式,后者为地方变式(李荣刚,2012、2014)。这两个变项在全国范围的各个方言区内普遍存在着分歧,具有潜在变化的可能,因而具有代表性。

我们采用百分比计算法描写变项的变异情况,即以被调查者使用革新变式的字数与总的调查字数的百分比作为变异率,代表被调查者语言的变异程度:分值越高,表示方音变异程度越高(李荣刚,2012)。

表1是(f)和(n)两个变项的年龄分布。

数据显示,(f)和(n)具有不同的特点。(f)变项的分布为:年龄越小,变异率越高;反之则越低。各个年龄组的变式存在显著性差异(F=44.739,p=0.000)。这初步显示出,(f)变项已经呈现出变化的趋势。另外,46岁以上的年龄组中变异率和45岁以下年龄组的变异率之间存在"显著分化",45岁以下的年龄组使用革新变式的比率大大提高了,其中10—30岁年龄组中变异率达到了近60%。因此,可以推断,随着时间的推移,(f)变项加快了变化的速度;(f)变项的革新变式和地方变式之间已经处在加速交替进程中,显示了革新变式不断扩大其社会分布的趋势。(f)变项的变化特点在一定程度上反映了连岛话音系的变化特点和规律。

另一个变项(n)的变异率则小得多,只是在最年轻的年龄组中显示出细微的变化,而且这一组中真正能够使用革新变式的只是几位中小学生。据此可以推断,如果(n)变项在未来产生持续变化的话,那么它现在尚处在变化的初始阶段。

表1 连岛话(f)-1和(n)-1变式的年龄分布(n=93)

年龄组	人数	变异率%	
		(f)-1	(n)-1
10—30	26	59.4	8.1
31—45	21	42	0
46—60	32	17.6	0
61—80	14	11.7	0
总计	93	33.9	2.1

对于(f)与(n)两个变项在变化程度上的差异,人们不禁要问:同样是连岛话中极富特色的地方音,为什么一个变化得如此之大,另一个却几乎没有什么变化,是什么因素导致变化程度的差异呢?换言之,同处于方言语音系统中的变项为什么没有表现出

"齐头并进"的变化态势呢？

另一项乡村社区的社会语言学研究表明，普通话虽然开始影响到农村的年轻人，但是整体上看，多数人仍旧保持着农村方言的原有特点；农村的方言受普通话的影响并不是太大（付义荣，2007）。为了解释农村人保持当地方言语音特点，付义荣还进行了语言态度调查。结果表明，无论是在情感上还是在理性上，农村人对普通话的评价都高于当地话。可见，语言态度不能充分解释方言特色语音得以保持的原因。付义荣（2007）进而认为，农村是一个由亲缘关系、地缘关系组织起来的世代相聚的村落，因而是内部关系较为紧密的言语社区，其方言具有"潜在价值"。这种潜在价值类似于特鲁杰（1972）在诺里奇所发现的"潜在声望"。方言的潜在价值在一定程度上抵消了普通话对方言的冲击，使得多数农村人仍然保持农村方言。

按照"潜在价值"，的确可以解释（n）变项为什么变化很小。但是依据同样的理由，（f）变项也应该受到"潜在声望"的约束而保持原有的方音特色，为什么约束了其中的一个，"放任"了另一个呢？

对连岛人语言态度的调查结果和上述付义荣（2007）的结果类似，连岛人也大多认为普通话更有用，也更好听，因此，也难以解释上两个变项的不同表现。为此，我们从更大范围来考察，从城市与乡村的互动关系来对乡村语音的变异与变化不平衡现象作出解释。

（二）向城市社区语言靠拢

一般认为，城市方言将对周边乡村的方言产生不可避免的影响（游汝杰、邹嘉彦，2004）。（f）和（n）两个变项变化程度不平衡现象是否与城市方言的影响有关呢？新浦是连云港市政府所在地；墟沟是连云港连云区政府所在地，距离新浦约80公里；连岛隶属连云区，与墟沟距离约7公里，原本与墟沟隔海相望，现在以大堤相连。单独看待连岛话中（f）、（n）两个变项的变异，似乎无法理解其变异与变化的不平衡性，但是，如果将其置于更大范围，从城市与乡村互动来看待这两个变项的时候，或许可以部分地找到其变异不平衡的具体原因。

在连岛话、市区话（墟沟话和新浦话）和普通话中，虽然都有声母[f]，但是在各自音系中地位并不完全相同。[f]音位在普通话中只有一个变体，而在连岛话中有两个变体，而且是一个正在变化的变项，其中革新变式（f）-1正在扩大其社会分布；而在新浦方言中，（f）则是一个使用频率十分接近普通话的变项，大部分连云港新浦人能够区分（f）的革新和地方变式（朱贵达，2006）。

在连云港城市方言调查中，朱贵达（2006）发现，[x]和[f]的混读，"在青年人这一年龄段里，新浦的青年人几乎都能清楚地区别这两组字"；"新浦的区分率高达95％，墟沟的区分率只有52％"；"[x]、[f]不分的现象以海州青年人最多，墟沟青年人其次，而新浦青年人几乎能辨别这两个音位"。

至于（n）变项，连云港城市方言音系中普遍存在着[n]、[l]相混的情形。朱贵达（2006）的调查显示，连云港市区方言中，n、l不分的现象"基本上比较顽固地保留在方言当中，也就是说，l的变异在方言中只是刚刚才开始，只有极少数人在一些场合中才有变异的发生"。在调查中他还"发现一些学生包括幼儿园小朋友甚至是在说普通话时，都不能区分这两组字，少数n声母的字中还读着非常清晰的l音"。

比较城市社区与乡村社区的语言变化，人们有理由相信，城市社区的变化应要早于乡村社区。因此可以认为，就（f）变项来说，连云港市区（f）的革新变式走在了前面（95％），处于市郊的墟沟也在向市区看齐

41

（52%），处于地域上更远的乡村社区连岛则紧随其后（33.9%）。这一变式的不同变异率，反映出的是音系变化的不同阶段（见图1）。

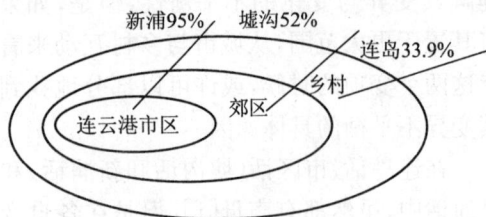

图1 新浦、墟沟、连岛（f）变化示意图

从图1可以看出，（f）变项变化的趋势较为清晰。无论是城市言语社区还是乡村言语社区的音系都在发生着改变。但是连云港城市方言的（f）变异率要远远高于连岛话中（f）的变异率。这表明，城市言语社区与乡村言语社区的变化程度有所不同，城市言语社区走在了乡村言语社区的前头。

由此可见，随着时间的推移，连岛话形成了具有代际差异特点的连岛话。只不过这种代际差异是以数量有限的语言要素或成分的变化表现出来，而非整个音系的改变。在方言学上，这种变化往往被用来作为区分"新派"与"老派"方言的依据。但是，立足于言语社区的语言变化观有着更为广泛的社会含义，而不仅仅是体现在年龄（时间）上的"新派"或"老派"。可以预料的是，未来的连岛话将越来越多地接纳权威语言变体的变式。

总之，乡村方言与城市方言之间的联系，可以从有限的变项的变异与变化反映出来：如果城市方言音系中的某些要素正在发生变化，那么，其周边乡村的方言也将随之改变；如果城市方言音系中的某些要素没有发生变化或变化较小，则周边乡村方言的相应要素也没有发生改变或变化较小。这正是城市方言扩散所导致的周边乡村地区音系变化的表现。这也在一定程度上说明了乡村言语社区中音系变异的不平衡现象。

（三）与城镇方言音系变异机制的比较

城市方言是社会语言学研究的重点领域。一些城市的方言调查数据表明，近年来城市方言已经发生了变化，有的正在向普通话靠拢。例如，鲍明炜（1980）在调查"以出生在南京的青少年为主"的南京话时，就曾发现，在六十多年间，南京话发生了很大变化；一些青少年已经能够区分/n/和/l/、/i/和/y/等原先南京话中未加区分的音位了。再比如，王立（2004）汉口话的调查表明，汉口话中[ŋ]声母字已经发生了变异，显示出了向普通话靠拢的趋势。

此外，小城镇方言的社会语言学研究表明，城镇方言也在经历着变化。郭骏（2007，2009）对江苏溧水方言变异和变化进行系统的调查时，曾经利用溧水"街上话"与普通话和南京话之间的"接近度"指标进行测量。结果显示："街上话"正逐步向普通话靠拢，即向普通话靠拢是街上话的演变方向。郭骏（2009）还从语言态度与语言使用情况方面进一步分析了街上话向普通话靠拢的社会条件。调查的结果表明，无论是溧水县城居民语言态度还是语言使用都支持"街上话向着普通话靠拢的事实"。

郭骏（2007）认为，"街上话"语音系统的变异是"系统内部调整"的结果，即"街上话语音变异要受到自身语音系统的制约，变异只能沿着向普通话靠拢的方向性作系统内部的调整。因此系统内部调整是街上话向普通话靠拢的主要演变模式"。

从连岛话音系的变化来看，乡村方言变化的方向则与城市（镇）方言变化的方向有所不同。很显然，乡村社区的方言音系变异变化受到了城市方言音系的制约。

由此可见，与城市（镇）方言相比，无论是其变异与变化的方向还是变化的机制，乡村社区方言都存在着自身的特点。语音系统的调整是综合因素共同作用的结果，而且总是存在外来力量的推动。就连岛社区的调查来说,(f)变项的变化具有现实的社会条件,而并非内部调整的结果。我们认为,在城市化进程中,乡村方言的变异与变化不能不考虑到城市因素的影响。

（四）双方言的形成

城市化对乡村社区语言的影响不仅体现在微观的音系变异与变化上,而且,也有可能体现在宏观的语码使用和选择上。社会语言学的调查表明,中国境内的城市社区正在日益成为一个双方言的社区,已经普遍形成了"双方言"交流模式,即根据交际的场合选择使用普通话和当地方言的交际模式。城市社区中人们已经由单一的方言使用者逐步过渡为普通话和地方话交替使用的双方言者,在两种"话"中进行选择是一种被广为接受的交际规范。例如,南京的语言调查表明,南京城区已经成为一个"普通话"和"南京话"共用的"双方言言语社区"(王伟超、许晓颖,2010)。一般来说,在城市社区中,作为国家法定通用语的普通话,已经基本确立它在社会生活中的权威地位。对于大多数生活在城市的居民来说,基本上能够在公共场合或与陌生人交流时使用普通话。那么,城市社区的双方言模式是否也扩散到乡村社区中了呢?

调查表明,当外地人以普通话问路时,年轻一代(31岁以下)连岛人能够100%使用普通话回答;而在家庭日常生活中,则主要使用连岛话。由此可见,连岛社区的双方言制正在逐步形成。其形成模式如图2所示。

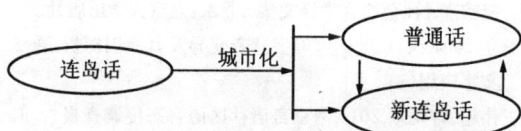

图2　连岛双方言制言语社区模式形成示意图

这样看来,连岛言语社区的变化不仅体现在音系结构的变异与变化,而且,还正在由单一的使用当地话逐步演变为普通话、当地话并用的双方言制格局。这一变化反映了近年来乡村社会结构的变化,而引发乡村社区居民言语行为变化的最主要力量便是城市化。从某种意义上来说,乡村社区的音系结构和语码选择也正在逐步城市化。

乡村的方言有向城镇的方言靠拢,城镇方言有向大中城市或中心城市的方言靠拢,所有方言有向民族共同语靠拢的基本趋势(陈章太,1989)。连岛言语社区在现实中的变化也在一定程度上证实了这一点。

三　乡村言语社区变化的社会动力

可以看到,连岛言语社区的变化不单单是语言自身的变化,它意味着为数众多的社区成员投入到一种较为特殊的集体行动中去。语音变项在不同的次社会群体(不同的年龄、性别、职业和教育群体)中逐步被接受和使用的过程表明,社区语言的变化过程就是社区成员在不同程度上参与其中并推动其变化的过程。言语社区的变化是社区生活日益活跃的结果,它所反映出的是社会关系的改变、谋生手段的改变以及社会价值观念的改变。

连岛言语社区的变化意义在于,为了适应社区、社会的发展,连岛社区的居民在不断调整着自己的言语行为,使社区语言向着有利于自身发展的方向变化;同时,变化中的连岛言语社区仍然保持着原有的某些特性。前者使得社区语言获得了更多的自由,后者则显示了对这一自由的限制和对传统的继承。当乡村社区的居民在接纳和学习城市生活方式、生活观念的同时,语言符号也将作出相应的调整。

乡村言语社区变化的意义还在于,它有力地支持了社会语言学所提倡的语言观:语言不仅是一种交际工具,还对语言的使用者具有标志作用。不同社会阶层、教育程度的语言使用者存在着系统性的差别,尽管这种差别通常不妨碍交流,但是,人们可以通过这种差别大致识别出说话者的某些社会特征。

作为现实社会中不可缺少的交际工具,语言必将随着社会的变化而变化。在城市化的推动下,日益增加的社会交往和社会流动使不同地区的人们相互接触的机会大大地增加了,这就使得整个语言市场日益丰富起来。对于处于乡村社区的普通民众来说,除了具备通行于本地的地方话之外,一种范围更广泛的交际语也日益成为人们交往的必备工具。如此一来,那些社会声望较低的方言在城市化的影响下从权威语言或方言中吸收必要的成分,但同时也作了有限度的改变,以保持社区的认同。从长远来看,促进语言变化的力量将会逐步在"竞争"中取得优势。

总之,为适应城市化所带来的潜在的文化转型,一些乡村居民正在偏离世代沿袭的语言,调整着自己的语言使用。选择与祖辈相同的语言变式,意味着对祖辈生活方式的认同;背离语言传统的做法则反映出对岛上传统生活方式的放弃。更进一步来说,语言的习得并非对祖辈语言系统和规则的简单继承,而是随着社会生活的变化,对原有的语言系统进行相应的改造的过程。

四 结论

连岛言语社区的变化不仅体现在语音层面方面,也体现在语码选择上。面对来自城市化所带来的压力,社区内部成员无论是思想意识还是行为方式都在发生着改变。生活在连岛这样一个言语社区的人们在日常交流中所使用的语言表达方式不可能完全相同。在不同条件下,人们借助这些不同

的表达方式进行恰当而得体的交流。在这个意义上,宏观层面上的标准语和方言的选择与使用,以及微观层面的语言变项(或变式)的选择构成了这些表达方式的主要内容,也构成了言语社区变化的主要内容。

总之,传统的乡村言语社区正在向着城市化方向演变,这一变化不仅体现在语言形式、语言使用的变化上,还体现在语言功能、语言地位的变化上。这种变化虽然是在连岛社区调查获得的,但是它或许代表了整个乡村社区变化的方向。

参考文献

鲍明炜.1980.六十年来南京方音向普通话靠拢情况的考察.中国语文(4).

陈章太.1989.论语言生活的双语制.语言规划研究.北京:商务印书馆.

风笑天.2008.社会学导论(第二版).武汉:华中科技大学出版社.

付义荣.2007.安徽无为傅村方言状况之研究.集美大学学报(4).

付义荣.2011.言语社区和语言变化研究:基于安徽傅村的社会语言学调查.北京:北京大学出版社.

郭骏.2007.语言态度与方言变异:溧水县城居民语言态度与语言使用情况的简要调查.南京社会科学(8).

郭骏.2009.方言变异与变化:溧水街上话的调查研究.北京:北京大学出版社.

陆学艺.2002.当代中国社会阶层研究报告.北京:社会科学文献出版社.

陆学艺.2010.当代中国社会结构.北京:社会科学文献出版社.

李荣刚.2012.城市化对乡村语言变化的影响.重庆社会科学(10).

李荣刚.2014.乡村变迁与方音变化的性别模式.西华大学学报(哲学社会科学版)(1).

特鲁杰.1972.性别、潜在声望和诺里奇市英国英语的变化.祝畹瑾.《社会语言学译文集》.北京:北京大学出版社.

王立.2004.汉口话[ŋ]声母字读音变异及其原因探析.语言文字应用(1).

王伟超、许晓颖.2010.南京言语社区语言态度调查报告.东南大学学报(增刊)(哲学社会科学版)(12).

熊湘华.2013.语言期待:城市化过程中的乡村语言变异.华东师范大学学报(哲学社会科学版)(4).

徐大明.2001.北方话鼻韵尾变异研究.中国的语言学研究
　　与应用:庆祝桂诗春教授七十华诞.上海:上海外语教育
　　出版社.
徐大明.2004.言语社区理论.中国社会语言学(1).
徐大明.2010.城市语言调查.浙江大学学报(哲学社会科学
　　版)(1).
徐大明、陶红印、谢天蔚.1997.当代社会语言学.北京:中国
　　社会科学出版社.
夏历、力量.2007 城市农民工语言学习研究.修辞学习(5).
谢俊英.2004.在京务工人员语言状况调查与分析.语言规
　　划的理论与实践.北京:语文出版社.

谢俊英.2011.城市化进程中的农民工语言问题.云南师范
　　大学学报(哲学社会科学版)(3).
曾炜.2007.农村方言变异个案研究——变异特点与相关研
　　究.云梦学刊(1).
朱贵达.2006.连云港市区方言语音变异考察.徐州师范大
　　学硕士学位论文.

作者简介

　　李荣刚,博士,江苏师范大学文学院讲师,主要研究方
向为社会语言学。

The "Urbanization" of Rural Speech Community: A Case Study of Lian Island in Lianyungang

Li Ronggang
Jiangsu Normal University

Abstract: The results of community investigation in Lian Island show that the phonological system and language communication pattern in the rural speech community are progressively changing in the process of urbanization. The phonological system of the rural speech community is changing towards that of the urban speech community and affected by the urban accent. Putonghua has partially replaced the rural dialects for certain functions in rural speech community. The pattern of the communication in the rural speech community is gradually becoming that of "bidialectalism".

Key words: rural speech community, urbanization, bidialectalism

言语社区理论视角下的普通话与方言关系分析*

吕　娜

提　要：本文在言语社区理论指导下分析普通话与方言关系，认为普通话和方言都属于"华语"变体，然而二者的社会功能有所不同。而且，随着核心华语社区的扩大，次核心华语社区双语者日益增多。最后，本文介绍了历史上华人社区和"华语"的形成过程。

关键词：言语社区理论　华语　普通话　方言　语码转换

一　普通话与方言关系——备受关注的焦点

方言承载了一方水土的历史记忆，也积淀下了当地深厚的文化传统，它也是维系地方民众感情的媒介和纽带。而我国幅员辽阔，方言众多，为了保障交流的便利性，推广国家共同语——普通话则是势在必行。方言与普通话的和谐共存问题，近年来成为一个备受关注的话题。

1982年，《中华人民共和国宪法》第十九条规定："国家推广全国通用的普通话。"从此，普通话具有了明确的法律地位，成为全国通用语。自1998年起，每年9月的第三个星期被定为"全国推广普通话宣传周"。来自国家语言文字工作委员会的数据显示，从1986年推广普通话被列为新时期语言文字工作的首要任务以来，能讲普通话的人已经占全国总人口的53%，这已基本满足了不同地区间人们交际的需要。可见我国对推广普通话的重视，以及收到的良好效果。

然而问题也随之而来，虽然大力推广普通话至今已有六十多年，收获的成果令人欣慰，但这对于地方方言的影响和冲击也显而易见。首先是出现了越来越多的双语人[此处为广义的"双语"，包括标准语和方言，见游汝杰（2009）]，改变了地理上的地区内单一方言占主导地位的局面。其次是人口流动大的地区，尤其以城市为主，年轻人的方言由于受普通话的影响，变得不纯粹，方言代际传承断裂的现象越来越明显。于是，关于推广普通话与保护方言的争论日益升级，政界、学术界和人民群众都积极参与进来。

2005年"两会"期间，上海沪剧院副院长、市政协委员马莉莉递交提案《保护本土文化之一：沪语的规范与推行》，表示方言具有独特的人文价值，应该加以保护。2009年汕头市全国人大代表徐源远向大会提交了关于"将方言列入国家非物质文化遗产名录予以保护和发展"的建议。2008年，教育部正式启动了中国语言资源库有声数据库建设，苏州话、北京话等相继入库。

学术界的反映也十分迅速，通过在中国知网上的搜索，我们发现近年来呼吁保护方言的文章非常多，如金哲坤、马永俊（2011）

---

* 本文系2012年国家社科基金重大招标项目"新时期语言文字规范化问题研究"（项目编号：12&ZD173）阶段性研究成果之一，感谢写作过程中沈阳教授的指导。

的《方言保护与传承的意义浅析》,汪平(2005)的《为方言保留一方绿土》,李巧兰(2006)的《从中国文化的兴亡论方言的捍卫》,耿延宏(2013)的《非物质文化遗产视阈下方言保护的思考——以河北为例》等,赞成保护方言的学者多从文化的角度出发,认为方言是当地文化的载体,是我国重要的非物质文化遗产。就如中央民族大学语言学教授戴庆厦所言:"一个物种的消失,只让我们失去一种动人的风景;一种语言的消失,却让我们永久失去一种美丽的文化。"

另外,方言区居民也自觉走在保护方言队伍的前列。2010 年 7 月 25 日,中国广州举行"保卫粤语"的游行,上万人为了保护方言的地位进行和平示威。这在中国语言生活历史上是一个罕见的案例,引起了国家语委的高度重视。除广州之外,苏州、桂林、山东、河北、北京、重庆、上海等地都有大大小小的保护当地方言的呼声。方言节目也在地方广播电台十分受欢迎,比较著名的有杭州电视台的《阿六头说新闻》、南京电视台的《听我韶韶》、广州电视台的《新闻日日睇》等。

反对保护方言的一方也提出诸多理由。反对保护方言的典型代表是华侨大学文学院教授毛翰,在其《方言存废:一场未竟之辩》中表示以文化论方言这一出发点站不住脚。南京大学文学院教授董健也直言:"方言丧失虽然是一种损失,但人类历史的发展就是在不断地折损中前进,只要'得大于失',就无可厚非。"(见《新华日报》)

二 言语社区理论与华语社区

徐大明(2004)对言语社区理论进行了详细的阐述,并对早期的相关理论进行了修正。社会学认为,判断社区的最重要的三个因素是"地域""人口""互动",即在一定地理范围内聚集的人群,这些人之间长期保持着

互动关系,并且有一种心理认同。除了以上三点主要因素外,社区成员一般还具有相同的生活方式,共同享有社区的一些公共设施。而言语社区理论认为,社会学的"社区要素"在语言上都有相应的表现。"地域""人口""互动"自不必说,言语社区中也包含"设施"和"财产",如共同遵守的语言使用方面的规范,相似的语言生活,以及语言作为音义符号系统为社区所拥有等。而"认同"这一要素在言语社区中更为重要,是判断一个言语社区的最主要标准。

总之,徐大明(2004)修正的言语社区理论克服了"区中找语""以语定区"的循环论证,认为"社区是第一位的,语言是第二位的。语言存在于社区之中。一个言语社区不一定就对应着一种语言;但是频繁的言语互动往往是产生和保持一种语言变体的基本条件。因此,历史悠久的言语社区一般都拥有一个标志性的语言。与此同时,稳定的双语社区也普遍存在"。而判断一个言语社区的最重要的特征之一,就是其成员有语言上的归属和认同感。

李现乐(2010)从言语社区的构成要素的角度论述了言语社区的层次性,其中指出了认同的层次性是造成言语社区层次划分的重要因素。文中转引了沃德华关于"群体"的概念,他认为社会成员所组成的"群体"是一个相对概念,也即面对不同的比较对象时,个人对自身的所属认同是不同的。如博山和淄川是淄博市的两个行政区,在淄博市内,博山人和淄川人有着相当不同的归属感。但当与济南人相提并论时,他们都认同自己是淄博人。相应地,从语言层面上讲,个人可以属于不同的言语社区,在特定环境下,说话人的言语社区认同感也会呈现层次性。如甲和乙是老乡,他们趋向于用家乡话交谈,此时二人的心理认同感在于共同的家乡;而当他们与外国人对话时,或许会

转用普通话,此时二人的心理认同感在于共同的国家。

也就是说,我们认为无论是说普通话的人,还是说不同方言的人,只要他认同所讲的"话"是汉语标准语体或其变体,我们就认为他是华语言语社区的一分子。徐大明(2009)建议将汉语的标准变体统称为华语。这样,即使地区性的规范活动已经造成了不同的标准变体,我们仍然可以在"华语"的范畴内进一步区分"大同小异"的"华语变体",如"普通话""国语""新加坡华语""马来西亚华语",等等。这与音位与音位变体的关系十分相似,我们很难说某一个音位确切的发音部位和发音方法是怎样的,它是一个抽象概念,由不同的音位变体组成,这些音位变体没有区分意义的作用。相比照而言,华语就相当于音位,不同的华语变体就相当于音位变体,华语这一抽象而复杂的概念,正是孕育在各种非标准变体当中的。普通话和方言都相当于华语的变体,只不过从社会功能角度看,普通话作为国家共同语,处于高变体的地位,在通行范围和场合上更具优势。

徐大明、王晓梅(2009)在《全球华语社区》中将全球华语社区划分为呈同心的嵌套型三圈结构(见图1)。

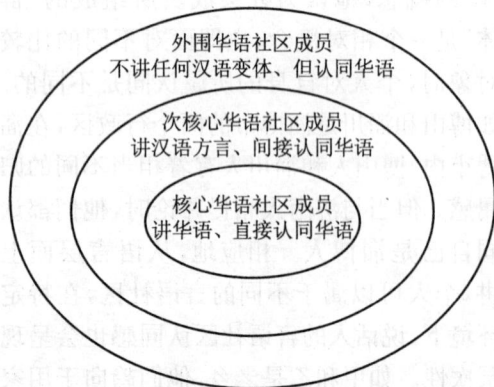

图1 全球华语社区社区内部结构图

其中核心华语社区包括所有讲华语的成员,他们直接认同华语;次核心华语社区包括那些虽然不讲华语,但讲汉语方言的成员,他们间接认同华语。而在华语社区内,随着普通话在国内外的推广和普及,核心华语社区正在逐渐扩大,这自然就会与次核心华语社区产生越来越大的交集。也就是说,在华语社区内部,其层次性不是泾渭分明的,而是有大片的重合地带。进一步讲,就是讲普通话、方言的双语社区和双语人普遍存在。

三 次核心华语社区成员的语码转换

说话人从一种语言转变到另一种语言的现象叫作语码转换(也包括方言间的转换),它普遍存在于双语人和双语社区(也包括多语的情况)。Fishman曾指出,双言和双语是两种需要区别对待的概念。双语,即双重语言现象(bilingualism),是从个人语言使用能力的角度,是个体有能力使用两种或更多的语言;双言,即双层语言现象(diglossia),是一种以上的语体处于不同的分布状态,完成不同的交际任务,属于社会现象,是超出个体的。

如上文所述,随着普通话的推广,讲华语的核心华语社区和讲方言的次核心华语社区的交集正在扩大,中国的广大方言区也可以算作一个双语社区。而对次核心华语社区的双语者来说,双言(方言与普通话)的语码转换是非常常见的现象。

语码转换(code-switching)分为功能性转换和非功能性转换两种。我们先说功能性转换,其中又分为"情境性转换"和"喻义性转换"。"情境性转换"是指说话者根据说话双方的社会关系、说话的场合进行变换,这是功能性转换最主要的表现形式。如两个来自同一地区的讲话者正在用当地方言交谈,这时有外地人用普通话问路,他们都很自然地转用普通话指路。而"喻义性转换"没有"情境性转换"常见,"这种变换不是语言环境造成的,而是与说话的目的有关。往往是说话人想创造另一种气氛,或通过语言的变化来达到一定效果"(徐大明,1997)。我们以陈立平(2009)提供的常州话—普通话语码转换为例。

> XW:CC,你倒用功得蛮!暗之抹煞格佬!(CC,你倒是用功啊!黑咕隆咚的!)
> CC:这里阳光充足。谁说"暗之抹煞"?(谁说"黑咕隆咚"?)

上例中,XW 为 30 多岁的妇女,钢材市场服务员;CC 为其儿子,13 岁,初一学生,正在未开灯的房间里看书。XW 用常州话讽刺其儿子"用功",CC 则转向普通话肯定房间里的采光效果,然后在第二句话中,宾语部分插入其母亲说过的常州话,表示反驳。

可见,功能性转换是一种典型的语言(方言)转换模式。而非功能性转换最早由帕普克拉(Poplack,1993)提出,她将语码转换的研究深入到语言结构的层次,注意到了句内语码转换的现象。根据她对纽约市东哈莱姆区的波多黎各移民言语社区的调查,这些熟练掌握西班牙语和英语的双语人不但会出现功能性转化的情况,也经常会在句内转换语码,如:"Sometimes I'll start a sentence in English Y TEMMINO EN ES-PANOL."意思是"有时候我用英语开始讲一句话却用西班牙语结束"。对他们而言,这是社区双语成员之间一种正常的交际方式,是表达他们独特身份的方法,其间体现着他们对这一双语社区的认同。另外值得提及的是,这种发生语码转化的接口位置,保证了同时符合两种语言语法结构。上例中那句话就是在并列从句结构的后一个从

句之前进行的转换,转换后的句子既不违反英语语法又不违反西班牙语语法,因为这两种语言有相同的并列从句结构。

这很容易让人联想到次核心华语社区的状况,很多讲方言和普通话的双语人也会出现非功能性转化的情况。方言作为华语的非标准变体,其在语法结构上与普通话的差异不大,这也就为句内非功能性语码转化提供了较大的自由。如常州话"我盟朝上早班","盟朝"对应普通话的"明天";东北话"衣服埋汰了","埋汰"对应普通话的"脏";重庆话"牛奶挤得彪出来了","彪"对应普通话的"喷"等。

总之,次核心华语社区目前作为一种双语社区存在,越来越多的生活于其中的双语讲话人正在以一种无标记的方式进行语码转换活动,熟练地掌握方言和普通话正成为一种趋势。

四　华语在历史上的形成和发展

根据言语社区理论,心理认同和共同遵守的语言规范是划分言语社区的最重要标志(徐大明,2004)。而伴随着历史上华人社会的发展,"标准语"(与现在的国家共同语作为标准语稍有不同,可称之为"官话")也在一步步发展。

春秋时期,"雅言"就以共同语的形式出现在华夏族人聚居的黄河流域。"雅言"的出现可以追溯到奴隶制兴盛的商代,商代已经出现了以王都殷墟(今河南安阳一带)为中心的社会,而由于各种社会活动的需要,在王都周围出现了早期的区域共同语。周王朝推翻了商的统治以后,逐渐接受了商王朝遗留下的丰富文化,也就不可避免地开始了两族语言的融合。同时,在黄河流域地缘接近的部落也逐渐融入其中,形成了更加庞大的混合部族,也就是一个新的、混合的"华夏族"。相应的,华夏语也逐渐定型,它主要

是以在民族、语言融合中优胜的商族的语言为基础的,也正是这个"夏语"成为后来的"雅言"。

与春秋时期相比,战国时期社会更为动荡,这也为共同语的进一步发展提供了客观动力。一方面,诸侯割据的局面使当地方言更加巩固,内部一致性增强,与区域外的融合减弱,排他性明显;另一方面,周王室虽然势力逐渐衰微,共同语"雅言"失去政治上强大的支持,但由于各诸侯国之间还没有一种方言能够凌驾于其他方言之上,因此,以河洛一带的语言为代表的雅言仍然发挥重要的交际作用。

秦汉时期,由于封建王朝兴建学校,大批经史著作出现,共同语的影响更加广泛,扬雄《方言》里所记载的"通语"正是当时共同语的反映。书中记载秦晋语最多,语义解释也最细,可见当时共同语是在秦晋方言基础上形成的。晋语更多承袭上文所述"夏语雅言",秦国统一中夏之后,秦晋语开始融合,形成更大的共同语。

魏晋时期,北方战乱频仍,大量北人南迁,带动了北方官话的普及。"永嘉之乱"更促使晋室南渡,晋元帝把京都从洛阳迁至建业(南京),这使北方官话在南方有了更大影响,并开始与当地方言融合。一方面,北人的官话变得不纯;另一方面,当地方言也开始向官话靠拢。

晋代以后,开始了南北朝对峙的时期。北朝少数民族统治区多受中原文化影响,各个方面均与汉人融合,语言上虽也相互影响,但最终为"汉语"同化,北方官话在北朝仍以共同语形式发展着。而南朝历代,则形成了以金陵(南京)话为共同语的江南官话,它在语法、词汇体系上与洛阳话有密切的承传关系,只不过语音上呈现相应的改变。

隋朝结束了南北朝对峙的局面。隋炀帝时也以洛阳为都,此时,我国古代极为重要的韵书《切韵》产生。对于《切韵》音系的考证自古以来诸家争鸣,现在认为《切韵》是陆法言综合南北音系而成的观点得到了大多数学者的支持,而他综合南北方言也必定是以一种具体方言为基础的,这一基础方言是洛阳音的可能性最大。可见,北方官话的地位得到了巩固。

唐宋时期,韵文得到了空前的发展,而文人用韵则多来自《切韵》一系韵书,北方官话的正统地位还是受到学者们的推崇,南宋时期也是如此。也就是说,虽然这一时期南北官话的差异还是存在,但是北方官话的影响力一直不减。

元代开始,北京成为新的政治文化中心,以北京话为基础的共同语影响力逐渐提升。元代周德清根据北曲用韵作《中原音韵》,较为可信地反映了当时的口语实际语音。他明确提出推广"中原之音"即活的口语共同语的思想,并反对"泥古非今,不达时变"的保守语言观,这些都有利于以元大都为中心的北方官话的普及。

明代"官话"盛行,再加上随着小说文艺形式的兴盛,口语共同语也有了书面形式,北方官话地位更加巩固。

清朝政府更是看到了语言不通对行政效率的阻碍,又由于受到日本明治维新的影响,当时被委任为京师大学堂总教习的桐城派古文名家吴汝纶看到日本推行国语(东京话)取得的成绩,主张推行以"京话"(北京话)为标准的国语。清政府的一系列主动推广"官话"的行为开创了我国普及共同语的先河。

但是,直到1912年中华民国成立以后,确立和推行"国语"的工作才真正开始。开始的时候步履艰难,在确定语音标准的时候就经历了多年的辩论。1913年在北京召开读音统一会,来自全国各省区的代表用投票方式议定了"国音"标准,这种标准音后来习惯上称为"老国音"。它是根据韵书汇通南北语音而成,可以说不是一种"自然语言"的语音,不方便在全国推广,因此从 1923 年起,国语统一筹备会成立"国音字典增修委员会",决定以北京话音系为标准音,称为"新国音"。1932 年教育部公布发行《国音常用字汇》,采用了这种"新国音"。

新中国成立以后,中国政府确立新的国家共同语标准,即"普通话",它以北京语音为标准音,以北方话为基础方言,以典范的现代白话文作品为语法规范。随着六十多年的普通话推广工作的进行,现在已经基本消除了全国各民族人民交际困难的问题。而普通话作为华语的高变体,也正在向低变体领域渗透。也正是因此,近年来方言保护问题越来越受到各方关注。

五 结语

总之,在言语社区理论的视角下,普通话和方言都属于"华语"的变体,二者的社会功能不同而已。另外,核心华语社区的扩大加强了二者的相互影响。一种历史悠久的方言,必定积累了丰富的语词,蕴藏更深的文化内涵,它是普通话的重要营养,现在的普通话中就已经融入了很多方言词汇。另一方面,普通话的语言成分逐渐进入方言,使方言使用者形成新派和老派的不同层次,年轻人中双语者明显增多。

推广普通话的目的是消除方言在地区之间交际中造成的隔阂,不是消灭方言本身,在很长一段时间内,二者都将是动态平衡的关系。

参考文献

陈立平.2009.双语社团语码转换研究——以常州话—普通话语码转换为例.上海:上海交通大学出版社.

耿延宏.2013.非物质文化遗产视阈下方言保护的思考——以河北为例.燕山大学学报(哲学社会科学版)(1).

金哲坤、马永俊.2011.方言保护与传承的意义浅析.黑龙江教育学院学报(5).

李巧兰.2006.从中国文化的兴亡论方言的捍卫.社会科学家(4).

李现乐.2010.试论言语社区的层次性.东北大学学报(社会科学版)(5).

毛翰.2008.方言存废:一场未竟之辩.书屋(12).

汪平.为方言保留一方绿土.语言文字周报.2005 年 6 月 15 日.

徐大明.1997.当代社会语言学.北京:中国社会科学出版社.

徐大明.2004.言语社区理论.中国社会语言学(1).

徐大明.2006.中国社会语言学的新发展.语言学研究(2).

徐大明.2008.语言的变异性与言语社区的一致性——北方话鼻韵尾变异的定量分析.语言教学与研究(5).

徐大明、王玲.2010.城市语言调查.浙江大学学报(人文社会科学版)(6).

徐大明、王晓梅.2009.全球华语社区说略.吉林大学社会科学学报(2).

颜云霞.方言保护,不止是语言问题.新华日报.2012 年 12 月 6 日.

杨荣华.2011.英国华人言语社区的结构模式研究.华文教学与研究(3).

游汝杰.2009.社会语言学教程(第二版).上海:复旦大学出版社.

作者简介

吕娜,南京大学文学院博士生,主要研究方向为现代汉语语法语义、网络新词语、语言规划等。

The Relationship Between Standard Chinese and Chinese Dialects Within the Framework of Speech Community Theory

Lv Na

Nanjing University

Abstract: This study investigates the relationship between standard Chinese and dialects under the guidance of speech community theory. It argues that both standard Chinese and Chinese dialects are essential components of Chinese, their differing only in social functions. Moreover, there are more and more bilingual speakers in the sub-Chinese community with the enlargement of the core Chinese community. At last, the paper analyzes the forming processes of Chinese speech communities in history.

Key words: the theory of speech community, Chinese, standard Chinese, Chinese dialect, code-swtichin

网络言语社区建设及网络语言规范化问题的思考[*]

刘　艳

提　要：网络社区的出现为网络言语社区的形成提供了人口、地域、互动的条件，但其设施建设还需完善。根据言语社区理论，网络言语社区的设施建设包括三方面的内容：构成网络语言的符号系统；网络语言的使用规则和语言的传播规则。网络语言的可理解性构成了网络语言的使用规则的基础，网络语言的可接受度构成了网络语言的传播规则，也成为网络语言规范化的重要指标。

关键词：网络言语社区　设施　语言规范化

一　网络语言：一种新的社会方言

伴随网络的发展，诞生了网络语言。网络语言的定义有广义和狭义两种，"起初多指网络的计算机语言，也指网络中使用的有自己特点的自然语言，现在一般指后者"（于根元，2001）。学者一般取狭义的网络语言作为研究对象，其基本特点为形式上有别于日常语言，功能上服务于网络交流。近年来，网络语言已成为一个新的研究热点，仅2014年立项的国家社科基金项目就有三项是关于网络语言研究的："网络语言对话语权、社会情绪、价值观的影响研究"（项目编号：14AZD122）、"传播学视角下的青少年网络语言生活方式研究"（项目编号：14AZD083）、"青少年网络语言生活方式及其引导策略研究"（项目编号：14ZDB158），其受关注度由此可见。同时，网络语言的发展也引起了其他学科（如传播学、法学、政治学等）学者的关注，因而使得网络语言的研究呈现出了多学科的视角。必须指出，目前网络语言的"热度"主要是来自于它的流行性特征，传播视角、社会视角、舆情视角的相关研究都是立足于此，而对网络语言语言学本质的研究则并没有那么"热"。

网络语言，从语言学本质来说，是一种新的社会方言，交际性是其根本属性，娱乐、游戏等功能都是在其交际功能的基础上衍生出来的。从语言学角度对网络语言的研究，正是对网络语言作为一种新的社会方言这一本质属性的回归，同时，这一新的语言变体形式也为语言学研究提供了素材。

二　虚拟社区与网络言语社区

美国学者 Rheingold（1993）提出了"虚拟社区"（the virtual community）的概念，将其定义为：相当数量的人带着充分的个人感情色彩参与到共同讨论之中，并维持相当长的时间，从而在网络空间形成个人关系网，并产生社会集结。Lee 等（2003）进一步总结了虚拟社区的几个共同特征：（1）建立于虚拟空间中；（2）加入各种信息技术的应用；（3）以成员的交流和互动为中心，社区内容由成员决定，不同于商家决定内容的信

* 本文为安徽农业大学繁荣发展社科基金一般项目"大学生网络语言使用实态研究"（项目编号：2014ZS09）和安徽农业大学稳定和引进人才科研项目"汉语作为第二语言学习动机研究"（项目编号：YJ2012-11）阶段性成果。

息提供网站;(4)社会联系强弱程度依虚拟社区的不同类型而不同。虚拟社区(网络社区)的存在是学者公认的,但这是否也意味着网络言语社区的存在呢?一些学者对此持肯定的态度,如林纲(2005)认为,"网络用语拥有稳定的言语社团",李明洁(2014)指出,"我觉得网民就是一个特殊的'言语社区'"。这样的提法自然是有道理的,但要去证实或证伪它却并不那么容易。言语社区理论认为,"言语社区可以同其他性质的社区重合,但也不一定重合"(徐大明,2007)。除了人口、地域以及互动的要素之外,对言语社区来说,认同和设施也是不可或缺的。要证明网络言语社区成员的认同或许并不太难,因为对于网络社区这样一个纯粹基于自愿而形成的社群来说,认同感是成为其中一员的前提。而"设施"这一要素却恰恰是网络言语社区所缺乏的。言语社区的设施指的是社区所共有的语言系统、解决言语问题的途径和方法、共同遵守的语言使用方面的规范以及因此而产生的相似的语言生活等(徐大明,2007)。目前的网络言语社区在"设施"方面的条件还不完善,诸多有关网络语言使用的纷争也是由此而起。因此,我们不能说目前汉语网络言语社区已经形成,只能说网络社区的出现为网络言语社区的形成提供了人口、地域(虚拟空间)、互动的条件,网络言语社区的最终形成与完善还有待于语言标准和规范的建设,而语言标准和规范的建设是以社区成员的认同为前提的。按照言语社区理论,我们可以把这一语言标准和规范的建设归为网络言语社区的"设施"建设。

三 网络言语社区的公共设施建设

相比其他四个要素,对于言语社区设施要素的研究相对较少。因为以往学者所讨论的言语社区都是业已形成的,而网络言语社区则是一个正在形成中的言语社区,其设施建设尚不完善。这恰好为言语社区研究提供了新的案例,对网络言语社区设施的建设也将会进一步地丰富言语社区理论。可以说,完善网络言语社区的设施建设,既是网络语言社区发展的需要,又是网络语言规范化的需要,同时是社会语言学理论进一步发展的需要。那么,网络言语社区的公共设施具体包括哪些方面的内容?其建设又应从哪些方面来进行?

徐大明(2007)在论述言语社区的设施要素时指出,"语言作为一个音义符号系统,为社区所拥有(索绪尔的论述),可以视为社区公共财产;一个言语社区总有一些解决言语问题的途径和方法,这也可以视为言语社区的公共设施。……有关的语言权威机构、语言的典籍、成文的标准、舆论的压力等,只要成员都能有一定程度的参考沿用,自然也就成为社区共同财产和设施"。由此,我们把言语社区的设施建设归纳为三个方面:构成语言的符号系统;语言的使用规则;语言的传播规则。

(一)构成语言的符号系统

网络语言的构成主体是现代汉语普通话系统,但在音、形、义的构成上表现出了自己的特点。

(1)网络语言的构音特点

谐音是网络语言语音方面的最大特点。从早期的"斑竹"、"美眉"到后来的"杯具"、"神马"等,都是利用了谐音的造词方法。除了谐音汉语词汇之外,对外语词的谐音也是网络词汇的来源之一,如"血拼"(shopping)、"败"(buy)等。构成网络语言语音系统的不仅有普通话语音,也包括各地方言的语音。如"酱紫""粉""灰常"等,也是通过谐音的方式构成的。

除谐音之外,叠音也是网络语言在语音上的一大特色。其形式逾越了普通话的重叠规则,如名词的"AA"式,"包包""果果""东东"等,谓词的重叠"ABB"式,"范跑跑"、"楼脆脆"、"楼歪歪"等。

(2)网络语言的构形特点

多元化是网络语言字形上的主要特点。除传统汉字外,构成网络语言的还有数字、字母、符号、新造汉字、汉语缩略等。很多研究中都有专门阐述,这里略举数例加以说明。数字构成的网络词如"88"(再见)、"7456"(气死我了)等;字母构成的网络词如"PK""DIY""BF"等;英文构成的网络词,如"hold 住""out 了""Apec 蓝"等;符号构成的网络词如"<@__@>""：－)"等;新造汉字如"嫑""槑""玊"等;一些混合形式,如"＋U"(加油)"3X"(thank you)等;汉语缩略词如"喜大普奔"、"人艰不拆"、"不明觉厉"等。

(3)网络语言的构义特点

意义内涵的扩大化是网络词语构义的特点,其实现途径主要有:旧词新义、新词新义。旧词新义也包括重新解释和联想生义两种,前者如"奇葩""土豪""任性"等,后者如"包子"(长得难看)"潜水艇"(没水准)等。新词新义的来源包括方言词和外来语,前者如"雷人""给力"等,后者如"吐槽""控"等。除了网络词语之外,还有可称为"网络熟语"的一类固定结构,主要来源于网络事件或是媒体语言,前者如"躲猫猫""蒜你狠",后者如"且 X 且 Y"(且行且珍惜)、"我爸是李刚""你爸妈知道吗?""想必是极好的"等。

(二)语言的使用规则

日常语言的使用应以合乎语法为规则,而旨在创新求异的网络语言则往往会有意地跳出语法的约束。我们认为,网络语言的使用仍然遵循着一个基本的规则,那就是语言的可理解性。

网络语言把语言的游戏和娱乐功能发挥到最大化,创新是其日常面貌,突破常规

也成了它的一贯追求。但作为一种社会方言形式,它仍然遵循着语言的本质属性——交际性。而被社区其他成员所理解,是实现其交际功能的前提。在我们的一项针对大学生群体的网络语言使用调查中,发现仅有4.6%的大学生上网时遇到不理解的网络词语或表达时,会想方设法(通过百度等)弄懂其意义,而大部分的调查对象会选择跳过;68.5%的调查对象表示,较多不明意义的网络词语或表达会使他们失去阅读或参与的兴趣。

因此,我们认为,可理解性应当成为网络语言的使用规则,在网络言语社区互动中,社区成员应遵循自己所使用的语言能够被别人所理解这一合作原则。网络语言的创新同样要遵循这一规则。那么,明确实现网络语言可理解性的具体标准,也就是说,明确什么样的语言是可以被理解的,便成了网络言语社区设施建设的重要内容。

这一方面的研究成果已有一些。如邹玉华等(2006)对字母词的知晓度进行了调查,得出结论:与日常生活关系较密切的字母词知晓度高,专业性较强的字母词知晓度低。这一结论提示我们:网络语言的使用也不应"一刀切",而应根据不同群体的特点区分不同的领域。

自 2013 年至 2015 年,我们持续在合肥高校本科生群体中进行了关于网络语言的调查,其中也包括网络语言的可理解性。在综合分析的基础上,我们把网络词语大致分为九类:①"杯具""稀饭"等汉语谐音词;②"血拼(shopping)""荡(download)""卡哇伊"等外语谐音词;③"PK""＋U""88"等字母或数字词;④"hold 住""郁闷 ing"等英汉混搭词;⑤"奇葩""潜水艇""白骨精(白领＋骨干＋精英)"等旧形新义词;⑥"吐槽""屌丝"等新造词;⑦"弓虽""囧""槑"等

新造汉字；⑧"躲猫猫""俯卧撑"等网络事件词；⑨"喜大普奔""人艰不拆""不明觉厉"等缩略词。调查显示，缩略词的可理解性较低，需结合一定的背景才能把握。我们认为，可理解性不高是影响这类词在网络言语社区中使用度和生命力的重要因素。不可忽视的是，我们的研究还存在一些问题：如分类不够细化，因而影响了结论的可靠性等。从网络言语社区设施建设的要求来说，对于网络语言可理解性的研究还需进一步深化。

（三）语言的传播规则

乔姆斯基（1965）提出"语言可接受性"（linguistic acceptability）的概念，明确这是一个属于语言行为研究的概念，厘清了其与"合乎语法性"（grammaticalness）之间的区别。语法学家判断句子凭借的是语言能力主导的语法规则，其判断的结果是：不可能存在的句子也许合乎语法；不合乎语法的句子可能照样通用。在一定程度上，我们可以说：说话人是在说他认为可以接受的话语，而不是在说他认为合乎语法的话语。因此，考察语言"可接受性"比"合乎语法性"更接近语言运用的本质。对于网络言语社区来说，语言可接受性是语言得以传播的条件，因而也是言语社区的语言传播规则。

刘法公（1993）认为决定句子可接受性的语言运用应该是语法研究中万变不离其宗的法则。随着研究的深入，学者们进一步总结了语言可接受性判断的诸种情况，认为语言可接受性判断涉及语法、语义、逻辑、文化、认知等相关知识。根据规则组成的句子可能出现以下几种情况：一是合乎语法，有意义，可接受；二是合乎语法并有意义，但不可接受；三是合乎语法，无意义，不可接受；四是不合乎语法，但有意义，可接受（况新华等，2001）。汪大昌（2003）对语句可接受度

的调查研究表明，对语句可接受度影响最大的因素是语句自身的结构，同时，性别、专业背景对语句可接受度的判断也有一定影响。这一结论也证实了，对语言可接受度的考察也应区分不同的群体。对哪些因素会影响到网络语言的可接受度，学者们也进行了探讨。齐沪扬等（2008）指出，新词语发展成为规范的新词语应该合乎表义需要、意义明确、合乎造词法、普遍使用这四大原则，其可接受度受到这几个原则的共同制约。孙瑞（2011）提出从价值指数、和谐指数和约定指数三个方面对网络词语的可接受度进行判断。我们认为，网络语言可接受度是决定网络语言传播的关键因素，也应成为网络语言规范化的重要指标，因而是网络言语社区设施建设的重要组成部分。接下来，我们将对网络语言可接受度作为规范化标准的依据进行阐述。

四 网络语言可接受度研究：网络语言规范化标准的思考

（一）"可接受度"是网络语言存在的依据

层出不穷的网络新语、日益丰富的语言生活，为语言学研究带来了新的课题和挑战。学者们从构词方式、认知行为、社会文化心理、语言类推作用等方面描写和阐述了新的语言现象出现的理据。但在新词新语研究方面，我们尚未建立一个系统的分析框架，以至于目前的相关研究数量众多，但失之零散。无论是关于特定新词新语的解析，或是对于语言传播模式的阐释，依然只停留在现象的解释层面，而没有上升到理论的高度。"可接受度"是一个包含了语言结构、语言认知、语言态度、语言功能等诸因素的语言行为研究的概念，这一概念的引入，将有望为阐释新词新语存在的合理性建立系统的分析标准。

（二）"可接受度"是评判网络语言"优劣"的指标

网络新语的出现，对语言规范化工作提出了新的挑战。一直以来，"约定俗成"体现了语言学者们对待语言现象的基本态度。而面对语言新现象时，约定俗成的规范观便显得无能为力。由于没有评判语言新现象"好"与"坏"的一致标准，制定新词新语规范的原则也就成了一句空话。学者们转而主张要以宽容、柔性的原则来对待网络新语，提出要相信语言的自我调节能力和自我排污能力。目前的新词新语规范工作也更多地着眼于整理和记录（如"年度新词"、"年度流行语"等的评选），有关新词新语走向预测的研究则做得很少。将语言规范的任务交由语言自身的调节能力来处理，这无异于在新词新语规范上放弃了语言工作者的话语权，多少显得有些无奈。对网络新语来说，"可接受度"是一个直接反映语言使用者使用心理和行为的概念，更能体现新词新语的走向。因而，对网络新语"可接受度"的研究，可以为评判网络新语的"优劣"提供一些具体的指标，是语言规范化的重要标准。

（三）"可接受度"的测定是网络语言规范化研究的关键

如前所述，网络新语的可接受度是关乎语言规范的重要指标，但相比"合乎语法性"，可接受度更难测定，我们认为，这是由两方面的原因所造成的。一是由可接受度的层级性特点导致：Andrew（1990）把言语的可接受度分为六等；汪大昌（2003）、马清华（2008）、王洁（2008）等把语言可接受度分为五级；刁晏斌（2010）把可接受度分为三级等。二是由影响语言可接受度因素的复杂性特点造成：王培光（2005）的研究表明，人的语感差异受性别、家庭用语、不同社会语言环境的影响；王洁（2008）提出，影响新词

可接受度的主要因素包括语言使用主体、语言客体、语言客体语境和主客体共同所处的社会文化语境等。正是由于其难测定性，目前网络语言可接受度的研究尽管已经展开，但无论是自身理论的深入，还是对于网络语言规范工作的推进，都没有取得很大进展：学者们的研究肯定了可接受度是新词新语规范的重要标准，同时明确语言可接受度是一个层级的序列，受多种因素的影响，但对如何界定其层级序列以及判定各因素作用力的可操作性标准则没有深入地探讨，这在很大程度上削弱了语言可接受度研究的理论价值和指导意义。在言语社区理论的指导之下，如何深入地开展网络语言的可接受度研究，确定评判网络语言可接受度的各项可操作性指标，也是网络言语社区建设的一个重要话题，我们将另文讨论。

参考文献

Andrew, A.D. 1990. Case structures and control in Modern Icelandic. In Maling and Zaenen (eds.). *Modern Icelandic Syntax*, *Syntax and Semantics* 24. San Diego: Academic.

Lee, F. S. L., Vogel, D., Limayem, M. 2003. Virtual Community Informatics: A Review and Research Agenda. *Journal of Information Technology Theory and Application*（*JITTA*），5(1).

Rheingold, H. 1993.*Virtual Community*：*Homesteading on the Electronic Frontier*. MA：Addison-Wesley.

刁晏斌.2010.网络语言三题.阜阳师范学院学报（社会科学版）(5).

况新华等.2001.语言可接受性判断.外语与外语教学(11).

李明洁.2014.网络媒体改变了我们的语言吗：与刘云教授对谈网络情境下的语言规范.编辑学刊(2).

林纲.2005.网络言语社区中的语词接触分析.中国社会语言学(1).

刘法公.1993.论语句的可接受性与合乎语法性.外语教学(4).

马清华.2008.补偿：语言的一种共时动态机制.修辞学习(4).

齐沪扬等.2008.新词语可接受度的多角度审视：兼谈新词语的规范问题.上海师范大学学报（哲社版）(2).

乔姆斯基.1986.句法理论的若干问题.北京：中国社会科学出版社.

孙瑞.2011.试论网络新词语的可接受度.语文建设(9).

汪大昌.2003.关于语句可接受程度的调查与分析.语言文字应用(8).

王洁.2008.试论新词的可接受度.北方论丛(1).

王培光.2005.语感与语言能力.北京：北京大学出版社.

徐大明.2004.社会语言学研究.上海：上海人民出版社.

于根元.2001.网络语言概说.北京：中国经济出版社.

邹玉华等.2006.字母词知晓度的调查报告.语言文字应用(2).

作者简介

刘艳，博士，安徽农业大学人文社科学院讲师，主要研究方向为社会语言学和对外汉语教学。

Internet Speech Community Construction and Internet Language Standardization

Liu Yan
Anhui Agricultural University

Abstract：Among the constituting elements of speech community, population, region and interaction of internet speech community are adequate, but the element of facility is yet under construction. The facility includes three aspects：language symbol system which constitutes part of the internet language; the use rules of internet language; and the spread of network language rules. The intelligibility of internet language makes the basis in constructing the use rules of network language. The acceptability of network language constitutes the spreading rules of network language. The two are also important indices in internet language standardization.

Key words：internet speech community, facility, language standardization

甘肃天祝土族语使用情况调查研究*

刘志刚

提　要：天祝县所在地区为甘肃土族最集中居住的地区，但当地的土族语退化现象严重，很多人转用了天祝方言。调查发现土族语的使用频率跟年龄成正比例关系，并且出现了在儿童组的土族语断层现象。土族语退化原因主要是：受到社会经济、文化等各种因素的综合影响，在当地多语环境中其使用功能过于单一。

关键词：土族　土族语　语言使用　语言退化

引言

少数民族语言是我国语言资源的重要组成部分，对少数民族语言使用现状的调查研究有助于我们了解少数民族语言的演变，以及新时期国家语言政策对少数民族语言发展和传承的影响，能够更清晰地把握少数民族语言所面临的问题，更好地采取相关保护措施，为国家制定相关语言政策和保护少数民族语言提供依据，有利于促进民族团结。

土族长期以来生息、繁衍于祁连山南麓的河、湟、洮、岷地区。总人口约为 24 万（2000 年），主要分布在青海和甘肃两省，青海占土族总人口的 80% 左右，甘肃为 12% 左右，广东省、云南省、贵州省、新疆维吾尔自治区和湖南省等也有部分土族分布。

甘肃土族主要分布湟水流域和甘南等地，甘肃土族的 87% 左右居住在庄浪河沿线的古浪、天祝、永登一带。天祝土族人数最多，达到 12000 人左右，土族在全县的 22 个乡镇均有分布，但朱岔乡、天堂乡和石门乡最为集中（见图1）。

图1　甘肃省土族主要分布图（自制）

土族语（Monguor language）属阿尔泰语系蒙古语族，过去通用汉文或藏文。学界将土族语分为互助、民和、同仁三个方言。青海互助、大通、乐都县和甘肃天祝藏族自治县等地土族语属互助方言；青海民和及甘肃积石山县等地土族语属民和方言；同仁县保安镇、年都乎乡四村土族的语言属保安语同仁方言（王远新，2009）。土族语是保持土族民族性的重要表现，是区别于其他民族和民族文化的重要载体，是土族人民共同的财富。

---

* 本文在 2015 年 8 月第十三届城市语言调查国际学术研讨会上宣读，并在专家点评的基础上进行了修改。

一　天祝县土族语使用现状调查方案

2015 年 5 月 11—17 日，我们对天祝土族语言使用现状及相关问题做了调查。调查采取了随机分层抽样的方法，发放调查问卷 100 份，并辅以访谈和观察法，同时在调查现场通过简单称谓语测试被试者的语言能力。

我们此次在甘肃天祝的调查主要在以下单位选取了样本：天祝师范附属小学、天祝县民族中学、天祝县教育局、天祝县石门镇大塘村。天祝县师范附小主要选取了一年级和四年级的学生及相关教师；天祝县民族中学主要选取了高二和初二的学生样本及土族教师样本；天祝县教育局我们主要是通过民族教育股股长秦生权老师了解当地有关土族的政策。天祝县的土族人口主要集中在天堂镇、朱岔乡、石门镇，在三镇中石门镇相对来说交通方便，石门镇大塘村是土族最为聚集的村落，土族语在村里的老辈人当中保存得较为完整，有利于我们的调查，故选择大塘村作为调查点。

在 100 份调查问卷中，天祝土族被试者性别比例男女各 50 人，为 1∶1。我们对年龄分布的划分并没有按照相同的年龄间隔，主要是考虑到当地语言使用的实际情况。年龄分布的六个阶段为：0—6 岁、7—14 岁、15—20 岁、21—30 岁、31—50 岁、50 岁以上。其中 0—6 岁的样本比例为 10%；7—14 岁的样本比例为 17%；15—20 岁的样本比例为 19%；21—30 岁的样本比例为 16%；31—50 岁的样本比例为 18%；50 岁以上样本比例为 20%。各个年龄阶段的样本分布虽然稍有差异，但是其差异并不是太大，这样就能够保证样本分布的合理性和有效性。

天祝土族语使用现状调查样本的受教育程度分为五个阶段：文盲、小学、初/高中、大/中专、本科及以上。在这里我们重点说

明一下初高中阶段，在以往的数据当中都把初中和高中分开了，我们考虑到天祝语言使用现状的实际，认为中学阶段的基本上没有多大差别，故算作一个阶段。调查样本中的受教育程度整体上偏低，文盲率为 14%，小学教育程度的为 45%，初高中为 26%，受到高等教育的总共只有 15%。职业分为七种：干部教师、农牧民、学生、僧人、私营业主、服务行业和其他。考虑到干部教师在当地所处的社会地位和语言环境，我们把第一种职业干部和教师当作一个整体的职业来看待。第七种职业"其他"主要统计的是在前六种职业中没有包含的职业或者没有上学的小孩。其中干部教师占样本比例的 17%，农牧民占 31%，学生占 47%，僧人占 2%，私营业主占 1%，服务行业占 2%。

人们的居住环境和地理位置对于人们使用语言有着重要影响，不同地区的人们在使用语言时有较大的差异。从对出生地与现居住地一致性关系的考察来看地理位置的变迁对人们语言使用会产生多大的影响。对于出生地与现居住地一致性关系的问题，我们用二分法衡量，即一致或不一致。经统计，出生地与现居住地一致的比例为 80%，不一致的比例为 20%。天祝出生地与现居地的不一致主要在性别、受教育和职业等方面体现出来。在婚姻当中，女性的出生地与现居住地往往易于变更。教育程度跟职业在一定程度上是有联系的，受教育程度越高，相应的出生地与现居住地的不一致性也就越高。很多干部教师是调查中受教育程度较高的，他们的出生地与现居住地具有不一致性，这些将会导致语言使用的不同。

二　天祝县土族的土族语能力

语言是民族特征的主要标志，民族语言是体现民族文化和民族认同感的重要标志，也是促进民族文化发展和民族团结的重要因素。

人们对于自身语言能力的判定,从根本上反映了他们的语言能力,但同时也反映出对某种语言的认同感和期望。我们对于天祝土族语使用现状的调查,首先是从人们对于自己土族语能力的自我判定、学习途径和用途着手。学习途径和用途的不同说明当地土族对于土族语认同和期望不同,也反映了土族语在天祝土族人语言生活中的地位和作用。

(一)天祝土族语能力的自我判定及学习途径、用途

我们通过“你会说土族语吗”的问题来了解他们对自己土族语能力的自我判定,同时附加访谈和观察,随机使用亲属称谓语和社会称谓语来测试他们的土族语能力(见表1)。

表1 土族的亲属称谓语与社会称谓语

爸爸	aaba	阿姨	aayi	哥哥	awu, aaja	儿子	kuu	舅舅	aaju
妈妈	aama	叔叔	aaga	弟弟	diu	女儿	xjun	朋友	nukor
爷爷	aadiə	丈夫	lauhan	姐姐	aaji	孙子	aaqi	老师	baghaxi
奶奶	aaniə	妻子	beri	妹妹	xjun diu	姑姑	aagu	同学	surijin

在谈及“你会说土族语吗”这个问题时,我们给定了三个选项:“会”,表示能够运用土族语熟练交际,对大多数人来说是一种语言习得;“会一点”,表示能够使用部分土族语进行简单的交流;“不会”,表示不具备土族语能力。

其中完全掌握土族语的有效样本即“会”的比例为47％,“会一点”的为34％,“不会”的为19％。我们调查的对象全部为土族,因为选择“会一点”的很多人自报不会土族语,只是能听懂一些词汇或者说简单的词汇,故可以初步判定天祝土族整体上土族语能力较差。

性别、年龄、职业等的不同对于人们使用语言具有重要的影响。女性使用语言时相比男性更容易变化,并且趋向于当地的标准语,也反映出他们之间的不同心理和文化认同。那么天祝土族语能力与性别之间存在什么样的关系呢?

在图1“‘是否会说土语’与性别关系”图中,男性会说土语的比例为29％,明显高于女性会说土语的比例18％,男性“会一点”的比例14％低于女性的20％,男性不会说土语的比例比女性低5％。从整体上来看,男性掌握土语的比例明显高于女性。

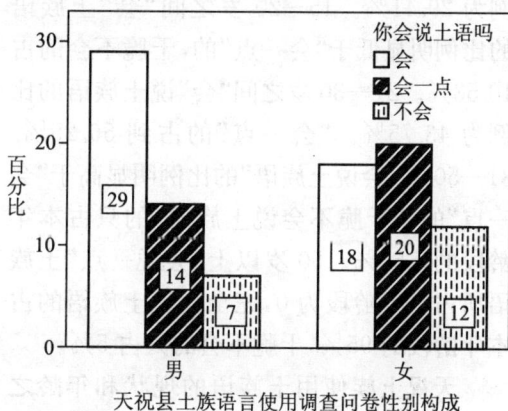

天祝县土族语言使用调查问卷性别构成

图1 “是否会说土语”与性别关系

究其原因,我们认为土族男性相比于女性具有相对稳定的言语环境,外迁的可能性相对较小,而女性由于婚姻关系外迁的较多,同时当地族际婚姻较为普遍,而在结婚后女性语言往往趋同于男性使用的语言,或者转用双方都易于使用的天祝方言,而男性在使用本民族语言或母语时具有相对的稳定性,也是对自己民族、身份和文化认同的体现,而女性则不然。所以造成了天祝土族男性掌握土族语的比例明显高于女性。

“说话者个体或者同一年龄的说话者群体都代表了历史的一个位置或生命的某个

阶段。不同年龄层的语言变体能够反映不同年龄段的人随时间的推移、年龄的增长在语言使用上有所变化。"[①] 不同年龄使用语言会表现出不同的风格或者对语言态度的不同，同时是语言变化与变异体现最为明显的特征。

那么"你会说土族语吗"与年龄分布、职业又有什么关系呢？经过统计，样本中0—6岁之间的孩子干脆不会说土话，我们虽不能武断地依据这一数据断定这个阶段的孩子全部不会说土族语，但是我们可以明确的是，这个年龄阶段的孩子掌握土族语的比例十分低，甚至出现土族语断层现象。7—14岁之间"会一点"和"会"的比例相等，占到这个年龄段的70.59%，"不会"说土族语的比例为29.41%。15—20岁之间"会"土族语的比例明显低于"会一点"的，干脆不会的占10.53%。21—30岁之间"会"说土族语的比例为43.75%。"会一点"的占到56.25%。31—50岁"会说土族语"的比例明显高于"会一点"的，"干脆不会说土族语"的只占本年龄段的5.56%。50岁以上"会说一点"土族语所占本年龄段为0，完全会说土族语的占本年龄段的95%，干脆不会的只占5%。

天祝土族使用土族语的现状和年龄之间的关系显而易见，年龄的长幼与土族语能力的高低是正相关关系，而导致这种现状的主要原因是当地处于多民族居住区，形成"大杂居、小聚居"的民族聚居格局，不同民族之间为了交往的方便，转用为当地方言；同时，当地土民多为历史移民，在民族迁移过程中和汉族的融合较为深入，受到汉语方言的影响更为深刻，再加上土族语功能单一，受族际婚姻的影响，越来越多的年轻人不再学习土族语，甚至在年轻的孩子中出现了断层现象。究其原因，主要是因为0—6岁年龄段孩子的父母掌握土语能力较差，甚至大多数年轻父母不会说土语，家庭语言主要以天祝方言为主，同时父母更加认可普通话，年轻的父母对土语的认可相对较低。我们知道，0—6岁是孩子习得语言能力最强的时候，但是由于父母使用语言和家庭语言环境决定了天祝县此年龄段大多数孩子习得土语的缺失，致使孩子当中出现了土语的断层现象。

语言的根本属性是社会性，语言的主要功能是为了完成不同言语交际。不同的职业体现了不同的身份和相关的受教育程度，同时不同职业是人们选择使用不同语言的重要依据，语言使用的现状也会通过不同的职业言语社区表现出来。农牧民更容易使用通俗、底层语言，干部教师更易使用较为正式的高层语言。

那么天祝土族的职业与"你会说土族语吗"之间又分别存在什么样的关系呢？经统计，农牧民"会"说土族语的比例最高达到31%，学生次之为10%，干部教师为4%，僧人为2%；"会一点"的比例中，学生最高为19%，干部教师次之为11%，私营业主和农牧民均占1%，服务行业占2%；"不会"的学生比例最高，为17%，干部教师为2%。当我们把"会"与"会一点"比例加起来与"不会"的比较时，农牧民会说土族语的最多，学生次之，干部教师和其他职业（包括：僧人、私营业主、服务行业）最少（见表2）。

综上所述，我们可以得出这样一个结论：年龄越高，文化程度越低的农牧民，会说土族语的比例最高；年龄越低，受教育程度较高的相关职业，"会"土族语的能力也最差。我们也可以这样表述：30岁以上的农牧民会说土族语的比例最高，干部教师、私营业主、服务行业的受教育程度较高，但是会说土族语的比例相对较低。学生大多数目前都处于小学或者中学学习阶段，由于受家庭母语环境和社会语言环境的影响，年龄越小，会说土族语的人数越少；反之，年龄越大，会说土族语的人数比例越高。

表2 天祝土族调查样本职业与"你会说土语吗"关系表

职业		会	会一点	不会	合计
干部、教师	计数	4	11	2	17
	职业	23.5%	64.7%	11.8%	100.0%
	你会说土语吗	8.5%	32.4%	10.5%	17.0%
	总数	4.0%	11.0%	2.0%	17.0%
农牧民	计数	31	1	0	32
	职业	96.9%	3.1%	0	100.0%
	你会说土语吗	66.0%	2.9%	0	32.0%
	总数	31.0%	1.0%	0	32.0%
学生	计数	10	19	17	46
	职业	21.7%	41.3%	37.0%	100.0%
	你会说土语吗	21.3%	55.9%	89.5%	46.0%
	总数	10.0%	19.0%	17.0%	46.0%
僧人	计数	2	0	0	2
	职业	100.0%	0	0	100.0%
	你会说土语吗	4.3%	0	0	2.0%
	总数	2.0%	0	0	2.0%
私营业主	计数	0	1	0	1
	职业	0	100.0%	0	100.0%
	你会说土语吗	0	2.9%	0	1.0%
	总数	0	1.0%	0	1.0%
服务行业	计数	0	2	0	2
	职业	0	100.0%	0	100.0%
	你会说土语吗	0	5.9%	0	2.0%
	总数	0	2.0%	0	2.0%
合计	计数	47	34	19	100
	职业	47.0%	34.0%	19.0%	100.0%
	你会说土语吗	100.0%	100.0%	100.0%	100.0%
	总数	47.0%	34.0%	19.0%	100.0%

经过调查发现,对大多数掌握土族语人来说,土族语主要是通过语言习得掌握的。还有一部分人虽是土族,但不会说土族语,也能够听懂一些土族语,与同村的人用天祝方言进行交流。在调查过程中,大塘村村主任李德胜给我们介绍,本村有些土族原先是汉族,后来转成土族的,同样也有土族转为汉族的,或者转为藏族的。在这部分人当中,他们对土族语的掌握主要通过邻居朋友或者其他途径学会的,或者直接转用天祝方言。

语言是人类交际的工具,是一个音义结合的符号系统。从对语言的定义中我们可以清晰地看出,语言的社会功能就是传递信息,满足人类的交流。

从调查结果看,天祝土族认为土族语主要用途是"跟村里人交流",占样本总数的83%,选择"找工作"的占到10%,"其他"占到了7%。通过对数据的比对和审查,选择"其他"的有2个人为"跟村里人交流与做生意",5个人未填写。至于选择"找工作"的途径我们认为不太符合实际情况。因为当地农民外出打工的机会并不是太多,只有在当地建筑工地或者其他行业打工,这样他们更易使用天祝方言来交流。同时,我们在调查时发现,天祝土族的"汉化"②程度非常高,就是在当地,只要不是跟本族人交流就会使用"天祝方言",甚至有很多土族人与本民族人交流时都使用的是天祝方言。

(二)天祝县土族语的听说能力

衡量语言能力有很多要素,由于土族语只有语言没有文字,我们就从听、说两个方面考察天祝土族人的土族语能力。

首先是"听的能力",表示的是当别人在适当的交际场合用土族语说话时当事人能否听懂土族语的能力。我们把听懂土族语的能力分为完全能听懂、大体上能听懂、听懂一点、听不懂四个等级。经统计,天祝土族"完全能听懂"的土族语有效比例为49%,"大体上能听懂"的为20%,"听懂一点"的为15%,"听不懂"的比例为16%。

其次是"说的能力",调查中将其分为五个等级:很熟练,熟练,一般熟练,会一点和干脆不懂。"很熟练"表示土族语说得极其熟练,生活中使用得最多。"熟练"表示能够说土族语与人正常交流,已经遗失了一些较重要的词汇。"一般熟练"表示大多数会说,但与人熟练地交流有一定的障碍。"会一点"只是能够简单地说出一些土族语的某些词汇。"干脆不会"表示不具备说土族语的能力。"很熟练"的所占有效比例为41%,"一般熟练"比例为11%,会一点的为29%,干脆不会的为19%。

通过 SPSS 软件分析,来看土族语"说的能力"与年龄、职业之间的关系(见表3)。0—6岁年龄段的学生"干脆不会"说土族语;在7—14岁的学生当中,说土族语"很熟练"的占本年龄段的41.2%,"一般熟练"为23.5%,"会一点"的为5.9%,"干脆不会"的占29.4%。在15—20岁的全部学生当中,"很熟练"的为15.8%,"一般熟练"的为10.5%,"会一点"的为63.2%,干脆不会的为10.5%。在21—30岁之间,干部教师"很熟练"占本年龄段总数的6.3%,"一般熟练"的为6.3%,"会一点"为25%;农牧民"很熟练"的为37.5%,"会一点"的为6.3%;私营业主"会一点"的为6.3%;服务行业"一般熟练"的为6.3%,"会一点"的为6.3%。31—50岁之间,干部中说土族语"很熟练"占本年龄段总数的11.1%,"一般熟练"占16.7%,"会一点"占16.7%,"干脆不会"的占11.1%;农牧民说土族语"很熟练"占本年龄段总数的16.7%,"一般熟练"占0%,"会一点"占27.8%,"干脆不会"的占0%。在50

岁以上年龄段中,干部中说土族语"会一点"占本年龄段总数的5%;农民说土族语"很熟练"占85%,僧人"很熟练"的占10%。

表3 天祝土族年龄、职业与"说土语的熟练程度"关系分析表

年龄分布				说土语的熟练程度				合计
				很熟练	一般熟练	会一点	干脆不会	
0—6岁	职业	学生	计数				10	10
			职业中的%				100.0%	100.0%
			说土语的熟练程度中的%				100.0%	100.0%
			总数的%				100.0%	100.0%
7—14岁	职业	学生	计数	7	4	1	5	17
			职业中的%	41.2%	23.5%	5.9%	29.4%	100.0%
			说土语的熟练程度中的%	100.0%	100.0%	100.0%	100.0%	100.0%
			总数的%	41.2%	23.5%	5.9%	29.4%	100.0%
15—20岁	职业	学生	计数	3	2	12	2	19
			职业中的%	15.8%	10.5%	63.2%	10.5%	100.0%
			说土语的熟练程度中的%	100.0%	100.0%	100.0%	100.0%	100.0%
			总数的%	15.8%	10.5%	63.2%	10.5%	100.0%
21—30岁	职业	干部、教师	计数	1	1	4		6
			职业中的%	16.7%	16.7%	66.7%		100.0%
			说土语的熟练程度中的%	14.3%	50.0%	57.1%		37.5%
			总数的%	6.3%	6.3%	25.0%		37.5%
		农牧民	计数	6	0	1		7
			职业中的%	85.7%	0	14.3%		100.0%
			说土语的熟练程度中的%	85.7%		14.3%		43.8%
			总数的%	37.5%		6.3%		43.8%
		私营业主	计数	0	0	1		1
			职业中的%	0	0	100.0%		100.0%
			说土语的熟练程度中的%	0	0	14.3%		6.3%
			总数的%	0	0	6.3%		6.3%
		服务行业	计数	0	1	1		2
			职业中的%	0	50.0%	50.0%		100.0%
			说土语的熟练程度中的%	0	50.0%	14.3%		12.5%
			总数的%	0	6.3%	6.3%		12.5%

年龄分布				说土语的熟练程度				合计
				很熟练	一般熟练	会一点	干脆不会	
31—50 岁	职业	干部、教师	计数	2	3	3	2	10
			职业中的%	20.0%	30.0%	30.0%	20.0%	100.0%
			说土语的熟练程度中的%	40.0%	100.0%	37.5%	100.0%	55.6%
			总数的%	11.1%	16.7%	16.7%	11.1%	55.6%
		农牧民	计数	3	0	5	0	8
			职业中的%	37.5%	0	62.5%	0	100.0%
			说土语的熟练程度中的%	60.0%	0	62.5%	0	44.4%
			总数的%	16.7%	0	27.8%	0	44.4%
50 岁以上	职业	干部、教师	计数	0		1		1
			职业中的%	0		100.0%		100.0%
			说土语的熟练程度中的%	0		100.0%		5.0%
			总数的%	0		5.0%		5.0%
		农民牧民	计数	17		0		17
			职业中的%	100.0%		0		100.0%
			说土语的熟练程度中的%	89.5%		0		85.0%
			总数的%	85.0%		0		85.0%
		僧人	计数	2		0		2
			职业中的%	100.0%		0		100.0%
			说土语的熟练程度中的%	10.5%		0		10.0%
			总数的%	10.0%		0		10.0%

综上所述,我们发现,年龄越小,说土族语的熟练程度越差,反之亦然。职业与说土族语的熟练程度也存在一定的关系,农牧民说土族语的熟练程度明显高于其他职业,因为农民受教育程度相比较低于其他职业,居住环境相对固定,这说明受教育程度和居住环境对功能单一的弱势语言会产生较大的影响。

三 天祝县土族在不同言语场合使用土族语的情况

土族语在土族人的生活中扮演着重要作用,是他们民族认同感和归属感的最明显的标志。调查中很多人跟我强调,如果土族不会说土族语的话,那基本上算是忘本了,更有甚者干脆认为不能算作土族,但其实甘肃天祝土族很多人已不具备土族语能力。

通过对天祝县石门镇大塘村农户、天师附小、民族中学的走访,发现当地土族语的使用仅集中在部分家庭内部或者是同民族之间,在同其他民族交流或者和外地人交流时全部选择天祝方言或者普通话及其他,不同的职业和年龄阶段的选择存在较大差异。

天祝县土族使用土族语的人群主要集中在年长者或者受教育程度较低者当中,农牧民使用土族语的频率最高,主要集中在家庭内部和本民族之间。如果话语交际有其他民族的话则会选择天祝方言作为他们的主要交际工具。在土族集中的村落,如石门镇的大塘村使用土族语的程度相对较好。但他们面对其他民族或者在外面时一律选择天祝方言或者普通话完成交际活动。

我们在访谈民族中学调研时,王旭龙老师说,他自己基本上不会说土族语,跟孩子在家里说天祝方言或者普通话,同妻子(汉族)或者父母(土族)说的全是天祝方言,土族语很少说,只有跟爷爷奶奶有时间才会说几句。况且他自报自己基本上不会说土族语,只是别人说时能够听懂一点。当我们走访白翠英和祁生琴(丈夫为藏族)两位老师时,他们虽然都会说土族语,但是他们说现在家里基本上不说土族语,主要说天祝方言,只有跟父母、老人有时才会说一些土族语,自己的孩子完全不会说土族语。走访大塘村时,村里年长的老人或者男性使用土族

语的频率较高,75岁高龄的王生堂说,全家都会说土话,自己没上学,过去家里困难儿子也没上学,现在孙子在上学,也会说土话,同时他们全部也会说天祝方言。这也是走访过程中使用土族语最好的家庭。莫红丽是藏族,但其丈夫是土族,家里只说天祝方言,从来不说土族语,自报丈夫也不会说土族语,只会天祝方言,现在孩子刚上幼儿园,希望孩子首先学好普通话。我们也发现,小学的很多孩子已经完全不懂土族语,回到家里后跟父母说的全是天祝方言,他们的父母也就在30—40岁左右或更年轻。甚至村里土族年轻人碰面也几乎不说土族语,用天祝方言交流。

从我们调查的结果来看,天祝县土族使用土族语的范围十分有限,仅限于家庭内部或者土族之间,其他场合几乎不使用土族语(见表4)。

表4　天祝土族不同言语场合使用语言调查分析表(%)

	不同语域	土族语	天祝方言	普通话	土族语、天祝方言	其他	合计
不同言语场合	跟父母交流使用语言	32	56	7	5	0	100
	跟亲戚、兄弟姐妹交流的语言	32	49	7	10	2	100
	课外跟老师交流的语言	0	58	24	0	18	100
	工作或学习单位用语	5	57	24	8	6	100
	与陌生人交流的语言	3	55	42	0	0	100
	与本民族交流的语言	37	48	5	10	0	100
	与其他民族交流的语言	1	71	26	0	2	100

从表4中我们看出,天祝土族跟父母、亲戚朋友交流时,选择使用土族语的只占32%,与本民族人交谈时使用土族语的才占到37%。天祝方言转为他们日常生活中使用的主要语言。

使用土族语人群主要集中在年长者或农牧民之间,年轻人不会说土族语的人数比

例较高。当地土族中年长者全部是双语者或者多语者,掌握土族语或者天祝方言,年轻人大多数只会说天祝方言,或者会说一点土族语,大部分小孩"会一点"或者"会"的比例十分有限。很多老人对土族语的前景表示十分担心,说如果一直这样发展下去,"这地方的土族迟早会把老祖宗留下的东西(指

土族语)全丢了"。

甘肃天祝土族目前所具备土族语的能力与当地使用土族语的情况不是十分乐观，土族语使用和传承在天祝确实存在一些问题。这与当地土族的语言态度有很大关系。我在当地调查时，拜访了天祝县党史编辑部的李占忠老师，他说，自己不会说土语，同时认为土语受到汉语的影响很大，其保护和发展是十分困难的，因为当下汉语是更好的、更方便的语言工具。也说到土族文字的创制，认为根本没必要创制土族文字，因为创制土族文字对于土族百姓来说是一种负担，语言的选择与使用是社会经济生活需求所决定的。当下土语已经满足不了当地土族人民的生活需求。

同时，我们以调查问卷的形式对调查样本做了"对土语发展前景的看法"和"您认为土族出生后最早该学会的语言是什么"两个问题，测试了天祝土族对土语的认同和对当地土族使用语言的认同态度(详见表5和表6)。

表5　天祝土族对土语发展前景态度分析表

		频率	百分比	有效百分比	累积百分比
有效	一直会流传下去	30	30.0	30.0	30.0
	部分会流传下去	27	27.0	27.0	57.0
	最后会消失	40	40.0	40.0	97.0
	不关心	3	3.0	3.0	100.0
	合计	100	100.0	100.0	

表6　天祝土族"出生后最早该学会的语言"统计分析表

		频率	百分比	有效百分比	累积百分比
有效	土语	48	48.0	48.0	48.0
	天祝方言	20	20.0	20.0	68.0
	普通话	27	27.0	27.0	95.0
	其他(外地汉话等)	5	5.0	5.0	100.0
	合计	100	100.0	100.0	

从表5中看出，只有30％的人认为土语"一直会流传下去"，27％的人认为"部分会流传下去"，有40％的人认为"最后会消失"，可见很多人对于土语的发展前景并不乐观。跟我们实地走访发现的情况相一致。

从表6中可以看出，48％的人认为出生后应该首先学会"土语"，20％的人选择"天祝方言"，27％的人选择"普通话"，5％的人选择"其他"。我们看出，天祝土族对于出生后首先应该学会的语言选择其他语言已经超过了"土语"，也就是说，土语在当地土族的生活中地位已经下降严重。年龄越高，认为出生后首先该学会"土语"的比例越高，也即对土语的认同最高。年龄越小，对汉语认同越高。由于年龄的关系，天祝土族对于土语的认同出现了明显的差异，导致土语在年轻人当中的认同度也在下降，这也是土语在天祝年轻人当中使用率降低和土族语能力退化的主要原因。

当地强势语言的影响和语言、教育政策的导向对这些少数民族语言的存亡起到了至关重要的作用。如何平衡强势语言和少数民族语言之间的冲突，这是我们今后应该关注的一个课题，并应试图做出相应的努力和贡献。

四　天祝县土族语使用现状形成的原因

天祝县土族使用土族语现状形成的原因主要有以下几点：

一是土族语自身和社会发展的影响。首先，土族语功能单一，只有语言，没有文字记载，土族文化的传承和记载转用藏文或者汉字，缩小了土族语影响力和适用范围；其次是使用的言语场合较少，主要集中在家庭内部或者本民族之间；同时，随着社会经济和交通条件的大力改善，当地人口流动急剧加速，学习和使用汉语文已成为当地土族年轻人的共同意愿、实际行为。在这种大趋势下，语言活力较弱的"土族语"被一些强势语言所替代。"土族语"的社会文化功能和交际功能正在日益减弱，当地使用土族语的现状已到了令人担忧的地步。

二是人口分布和地域环境的影响。天祝土族处于多民族混居的地区，很多地区汉族和藏族人口超过了土族，完全的土族村落相对较少，天祝方言、藏语作为当地的强势语言和主要交流工具，必然会减弱"土族语"的使用。同时，当地地广人稀，各民族之间的相互团结和交流显得十分重要，选择各民族易于交流的语言十分必要。

三是受当地语言政策和语言态度的影响。天祝作为藏族自治县，官方语言以普通话或者藏语为教学语言，鼓励年轻人使用普通话或藏语；同时年轻人对"土族语"的认可度和期望值也相对较低，学习土族语主要是为了和村里人交流。

四是多民族族际通婚导致婚姻双方选择方便交流的语言——汉语或藏语，使用土族语的相对较少。土族男性与其他民族（汉、藏）女性结婚，往往会选择使用天祝方言；土族女性跟其他民族（汉、藏）男性结婚，家庭语言更易趋同男性语言。

五是受当地文化宗教以及对藏、汉文化认同的影响。藏传佛教文化和汉族文化对土族产生了重要影响，天祝当地以及甘肃很多地区形成了特有的宗教信仰和风俗习惯，当地把佛教与道教在一定程度上实现了融合。当地很多庙宇中，佛与神供奉在一起。调查时据天祝土人反映，两种宗教信仰他们都信，并不是只信仰单纯的藏传佛教。这些宗教信仰对土族文化的独立发展造成了一定的影响，使得趋向于认同藏汉文化，包括语言。在我们走访民族中学时，白翠英老师自报父亲是土族，母亲是藏族，同时也跟母亲学了藏语，觉得自己更像藏族人一点，还说藏族的服饰要比土族的服饰好看。

五　结语

语言作为人们生活的重要载体和交流工具，是人类生活的必需品。任何事物的发展都有一定的客观规律，新事物的产生必然建立在旧事物的灭亡或者妥协的基础上，或者接受改造，以适应社会发展的需要，语言也同样如此。社会经济文化的迅速发展，人类的交流受到时空的限制越来越有限，在这种高速变化发展的社会环境中，很多语言面临着生死存亡的危机。

天祝土族语出现了较为严重的退化现象，甚至在小孩当中出现了土族语断层。现在，土民转用其他语言，这是土族语本身的缺陷和社会发展进程造成的局面：功能单一，不具备文字，民族文化的记载和传承以汉字、藏文为主；外加各种社会因素，综合导致其出现了退化。年龄和受教育程度是天祝土族语变化的活化石,土族语的退化现象在年龄上尤其清晰地呈现了出来。这一研究验证了人是"社会语言中的变色龙,不能一始而终"(Coupland and Jaworski,2009)的说法。

附 注

① 张廷国、郝树壮.社会语言学研究方法的理论和实践.北京大学出版社,2008年,第258页.

② 本文出现"汉化"往往表示的是少数民族语言被汉语通话程度或者指少数民族使用汉语方言的频率高。后文同此解释。

参考文献

Coupland, N. and A. Jaworski. 2009. *The New Sociolinguistics Reader*. Palgrave Macmillan.

宝乐日.2013.人口较少民族语言文字保护和发展的几点思考——以青海省土族语言为例.内蒙古师范大学学报(8).

戴庆厦.2009.云南里山乡彝族语言使用现状及演变.北京:商务印书馆.

鄂崇荣.2001.土族学研究回眸——语言文字部分.中国土族(4).

李克郁.1982.白鞑靼与察罕蒙古尔——也谈土族族源.青海民族学院学报(3).

孟航.2005.浅析中国土族人口分布格局及其社会发展.西北民族研究(4).

祁进玉.2007.历史脉络中的国家观与国家认同意识省变迁——以土族为个案的历史人类学考察.黑龙江民族丛刊(3).

祁进玉.2005.土族研究一百年——土族社会历史文化研究述评.西北民族研究(4).

群尼加.2008.土族语言文字的应用和保护现状.青海民族研究(2).

王远新.2008.加强人口较少民族语言的调查及弱势和濒危语言的保护.新疆师范大学学报(哲学社会科学版)(1).

王远新.2009.青海峨同仁土族的语言认同和民族认同.中央民族大学学报(5).

张廷国、郝树壮.2008.社会语言学研究方法的理论和实践.北京:北京大学出版社.

祝畹瑾.2013.新编社会语言学概论.北京:北京大学出版社.

作者简介

刘志刚,陕西师范大学文学院语言学及应用语言学专业博士研究生,主要研究方向为语言学理论、社会语言学。

An Investigation of the Tu Ethinic Group's Language Use in Tianzhu County, Gansu Province

Liu Zhigang

Shaanxi Normal University

Abstract: Tianzhu County is the most concentrated area of Tu Ethinic Group in Gansu Province. The degradation of Tu language is serious in this area. Many Tu speakers shift to Tianzhu dialect. The investigation found that the use frequency of Tu language is in positive correlation with the age of speakers. Furthermore, a Tu language transmission gap appears among young children. The reason of Tu language degradation is that its function is too simple in the multilingual community. This is due to the comprehensive effects of the various factors, such as social economy and culture.

Key words: the Tu Ethinic Group, Tu language, language use, language degradation

论濒危言语社区

——以巴马言语社区为例

邓 彦

提 要："濒危言语社区"是运用言语社区理论对巴马言语社区调查之后得出的一个新概念。濒危言语社区大多源于历史悠久的言语社区,由于社区的人口、地域、设施、互动、认同五要素发生变化而逐渐形成新的言语社区。本文运用言语社区理论对巴马言语社区如何由单语社区转变为多语社区进行了论证。

关键词:言语社区 濒危言语社区 语言接触 语言濒危 巴马

引言

"濒危言语社区"是笔者运用言语社区理论对巴马言语社区调查之后提出的一个概念,意在以一个有地域依托的言语社区为单位对某种濒危语言进行调查并得出是否濒危的结论。纵观国内濒危语言研究,主要是以某一种濒危语言为研究对象,如何学娟(2005)的《濒危的赫哲语》,熊英(2006)的《从代际差异看土家语濒危——坡脚土家语个案研究之一》,高莉琴(2006)的《新疆濒危语言研究》,付海波、邹贞(2008)的《从满语的现状看语言濒危的原因及对策》,宋伶俐(2009)的《走向濒危的语言个案研究——以"藏彝走廊"贵琼语为例》,马伟(2009)的《撒拉语的濒危状况及原因分析》,赵海红(2011)的《羌语濒危的原因透视及对策探讨》,陈淑环、盘文伟(2013)的《惠东濒危畲语的活力与保护》,李艳敏(2014)的《广西仡佬语濒危成因分析》等。这种研究方式可以清晰反映某一种濒危语言的现状,却不能从语言本身的规律深刻反映这一社区内标志性语言濒危的原因及过程。中国社会科学院民族研究所与国家民族事务委员会文化宣传司曾于1986年对巴马言语社区成员进行语言调查,并得出如下调查结果:在巴马,壮语是县内的主要交际工具。巴马壮语属壮语北部方言红水河方言,全县都能通话。壮族与其他民族交往时,主要用壮语,其次是汉语。壮族居住地区的家庭、村寨、集市、小学校,都使用壮语。兼用汉语的主要是各级政府机关、企业单位、中学、乡镇居民、交通沿线和汉族杂居的村寨。但到2012年,壮语不再成为社区成员的主要交际工具,甚至有消亡的趋势。这原因固然有政治因素、经济因素,但主要还是语言本身的因素。

笔者于2012年到广西巴马进行语言调查,把巴马言语社区作为语言调查的基本单位,从言语社区的"人口"、"地域"、"设施"、"互动"、"认同"五要素对巴马壮语的濒危情况进行调查,并通过社区中普通话、壮语、桂柳话三者的比较,描写了巴马壮语濒危的情况、原因以及巴马壮语社区由主流言语社区变成濒危言语社区的过程,提出了巴马言语社区是一个濒危的言语社区。

目前"言语社区"大致可分为四类:第一,有实际边界的实体言语社区,如方言岛、工业区;第二,只有语域意义而没有实际边界的非实体言语社区,如网络超女言语社区;第三,以群体为特征的言语社区,如农民工言语社区;第四,濒危言语社区,如巴马言语社区。甘柏兹指出,"言语社区是一个言语互动的场所,社区成员不一定都讲同一种语言,社区的'语库'可以包括一种以上的语言代码,但是,每一言语社区都有一套自己的交际规范,包括怎样使用各种语言变体的规范。"巴马正是一个典型的民族性言语社区:在一定的地域范围内,一群不同民族身份的群体,在面对不同社区成员时根据需要随时转换壮语、普通话、桂柳话等主要语码及变体进行交流。然而经济发展及普通话的推广撼动了壮语作为大多数巴马言语社区成员母语的地位,社区语言互动和认同发生变化的同时,社区原有性质亦发生变化:由壮语为主流语言的稳固性言语社区转变为濒危言语社区。

濒危言语社区一般具有如下基本特征:第一,其前身是历史悠久的言语社区。巴马位于广西西北部,面积为 1971 平方公里,现主要居住的民族有壮、汉、瑶等,人口共计 27 万人。自秦始皇统一六国以来,巴马言语社区一直处于官府统治范围之内。明朝时瑶族开始进入巴马,瑶族一般居住在土著壮语未涉足开发的深山老林,所以瑶语未能在壮语地区使用。清朝时汉族进入巴马,新中国成立后汉语开始在巴马流行,因此新中国成立之前的巴马言语社区是以壮语为主的单语言社区。第二,言语社区都曾拥有标志性的语言。壮族是巴马言语社区的土著民族,壮族成员占了社区成员总数大部分比例。其他民族虽然也有自己的母语,但由于人口比例过小,只有学习壮语才能跟社区内成员正常互动。因此壮语是巴马言语社区标志性语言。第三,社区的主流语言地位面临挑战。新中国成立以后,随着普通话的推广和桂柳话的进入,单语现状被打破,单语言言

语社区变成了多语言言语社区。巴马壮语的濒危最终促使濒危言语社区的形成。由于言语社区是一个可衡量、可通过实证方法来确认的实体,本文将从社区五要素来论证濒危言语社区的形成。

一 人口要素

人口是构成言语社区的基础性要素,没有聚集在一个地区的人口就不能构成言语社区,因此人口是决定一种语言能否存在的首要因素,也是促使一种语言走向濒危的首要因素。如果一个社区成员的身份发生了变化,变成了半语人,就会出现语码转换。徐大明(2012)指出,语码转换即"说话人从一种语言转变到另一种语言"。巴马言语社区是一个非常典型的民族社区,社区成员的身份就是民族身份。壮语之所以成为巴马言语社区的标志性语言,是因为壮族是巴马言语社区的主体民族。新中国成立以来,特别是改革开放以来,巴马言语社区的外来人口不断增加,成员的身份不断改变,民族构成不断变化,"半语人"越来越多,最终使巴马言语社区变成了濒危言语社区。

(一)社区内壮族人口不断减少

据史料记载,壮族一直是巴马言语社区的主体民族,但自新中国成立以来,壮族人口呈下降趋势。1956 年巴马总人口达到140324 人,其中壮族 103138 人,占总人口73.50%;汉族 17260 人,占总人口 12.30%;瑶族 19926 人,占总人口 14.20%。1990 年第四次全国人口普查统计,全县有瑶、壮、汉、毛南等 13 个民族,总人口出生 224043人,其中壮族 152786 人,占总人口 68.20%;汉族 31941 人,占总人口 14.26%;瑶族39013 人,占总人口 17.41%;其他民族 303人。在 2010 年第六次全国人口普查统计数据中,巴马总人口为 224618 人,其中壮族151754 人,占 67.56%;汉族 31584 人,占

14.06%；瑶族 40952 人，占 18.23%；其他民族 328 人。从以上数据中看出壮族人口呈减少趋势。

（二）社区内成员间族际通婚频繁

王远新（2002）认为，从我国民族分布的总体情况看，民族杂居区内的异族通婚家庭远远多于民族聚居区。因此，"父母在家庭中的交际用语对子女语言习得和交际能力的获得起着至关重要的作用"。改革开放时期，民族融合的趋势加速，特别是在壮汉杂居区，通婚对语言结构的影响无疑是最大的。这一时期，广西壮汉杂居区的壮族在语言使用上已经步入真正的双语时代，汉语在壮族群体的传播日益深入，壮族人对汉语的重视程度亦是前所未有。其中最引人注目的现象是年轻的壮族父母将普通话或桂柳话作为子女的第一语言，导致壮语的使用功能和使用频率出现萎缩的迹象。以下为笔者 2012 年对巴马县城区一名成家的壮族女子进行录音采访后的一段转写材料。

问：你是什么民族的？

答：我是壮族的。

问：你的爱人也是壮族吗？

答：我的爱人是汉族的。

问：你平时讲什么话比较多？

答：讲桂柳话比较多，偶尔有时候也讲壮话。像我家里面的人都是讲壮话。平时都是桂柳话的多。

问：他祖辈以上都是汉族人吗？

答：是啊，都是汉族的，我祖辈以上都是壮族的。在一起之后，语言方面要讲得跟他

那边一样，免得他们汉族听不懂我们这边的壮话。

问：你们跟老人都讲壮话？

答：我们这边的老人讲壮话，他们那边的老人不懂讲的。

问：那你打算以后有娃崽了跟他讲什么话？

答：嗯，现在都是流行普通话啦。

二 地域要素

按照布龙菲尔德的一个言语社区就是"依靠言语相互交往的一群人"的定义和甘柏兹的言语社区是"凭借共同使用的言语符号进行经常的有规则的交流，并依据语言运用上有实义的分歧而区别于同类集团的人类集体"的定义，言语社区的边界是抽象与模糊的，这给把言语社区作为一个语言调查的基本单位带来了难题。徐大明总结了社会语言学在言语社区研究方面的成果，提出"社区是第一位，语言是第二位"的原则。这说明濒危言语社区是一个有边界的言语社区，而且"边界"的封闭或开放状态直接影响社区的安全或濒危。

巴马言语社区是一个历史悠久的言语社区，在边界被打破之前的语言状态是：瑶语只在瑶族成员中使用，汉语只在汉族成员中使用，而壮语作为主流语言不仅在壮族成员中使用，也在汉、瑶其他民族成员中共同使用。虽然壮语也吸收汉语的一些词语，但这些词语读音被转写为壮语的读音（见表 1）。

表1　壮语借汉语读音比较表

例字	汉音	壮音	例字	汉音	壮音	例字	汉音	壮音
灯	təŋ¹	taŋ²	信	ɕin⁴	ɕii⁴	车	tʂʻɤ¹	tsie¹
炭	tʻan⁴	tan²	猫	mau¹	miu²	叔	ʂu¹	su⁵

例字	汉音	壮音	例字	汉音	壮音	例字	汉音	壮音
姑	ku¹	ko²	鸡	tɕi¹	kei²	柑	kan¹	kam²
塘	t'aŋ²	təŋ⁵	寄	tɕi⁴	kei²	酸	suan¹	saŋ¹
点	kien³	tæŋ¹	饼	piŋ³	pin¹	停	t'iŋ²	kaŋ¹
给	kei³	hei¹	八	pa¹	pæ²	逃	t'au²	tiou²
瓦	ua³	ŋua¹	笔	pi³	piɪ⁵	卜	pu¹	po¹

巴马言语社区的语言格局随着社区边界被打破而逐步改变,大概经历三个时期:

第一,新中国成立初期。当时一大批南下解放军官兵、从广西各地调来的干部和大中专毕业生进入巴马言语社区。这些人员的到来,首次打破了多年巴马言语社区壮语单语互动格局,直接促进了壮语与汉语的接触与融合。但是这些工作人员为了工作的需要必须用壮语与社区成员交流。教师也必须用壮汉双语教学,壮族学生才能听懂。这些外来人员与壮族成员结婚,并掌握了壮语,汉语也被壮语同化了。因此壮语仍是这时期的社区标志语言,巴马言语社区仍属单语言语社区。

第二,"文革"时期。当时的解放军"支左"运动、知识青年上山下乡运动、城市支边运动,使一大批来自北京、天津、省城、地区、县城、操普通话、西南官话的干部、技术人员、医生、教师、知识青年进入到巴马的乡村。他们"知识分子"的特殊身份及其影响,给巴马言语社区带来了语言上的人口优势和认同优势。同时,经过十多年学校汉语教学,汉语在巴马社区得到了广泛传播和使用,具有小学文化程度以上的社区成员都可以用壮语和桂柳话双语交流。巴马言语社区一语独尊局面开始被打破,虽然壮语在巴马言语社区仍然是主流语言,但社区已经变成多语言语社区。

第三,改革开放时期。改革开放的不断深入,巴马文化教育的普及与发展,巴马与外地交往的频繁,壮族人对普通话重要性认识的不断增强,有力地推动了壮汉族两个言语社区的融合。尤其是 2006 年后,巴马大力发展经济,随着外来人口的大量涌入,封闭的地域边界完全被打破,普通话得到更多的认同而被普遍使用。2008 年广西巴马共接待国内外游客达 54.5 万人次,其中入境旅游者 0.5115 万人,同比分别增长 245.2%、763.9%、661.2%、661.9%。2009 年广西巴马共接待国内外游客 93.81 万人次,其中接待国内游客 93.16 万人次,同比增长 44.1%,接待入境游客 6514 人次,同比增长 26.6%(见表2)。

表2　广西巴马 2006—2009 年旅游接待情况表

	2006 年	2007 年	2008 年	2009 年
接待人数(万人次)	12.21	15.79	54.5	93.81
同比增长(%)	6.64	29.32	245.16	72.13
旅游收入(万元)	1510	1691	16500	57000
同比增长(%)	25.83	12	763.9	39

大量游客的进入对当地的语言环境产生了巨大的影响。在与游客交流过程中,巴马言语社区的壮族成员开始频繁用普通话与外来成员交流,巴马言语社区原来的以壮语、桂柳话为主的原生态语言格局逐步被打破。与此同时,巴马言语社区的成员大批到

汉语地区打工,据巴马县 2007 年农村经济抽样调查数据显示,2007 年全县共有41.2%的农村劳动力外出"打工",农民人均纯收入中外出务工收入达 968.80 元,占 44.45%。这些到外地打工的社区成员大多是青少年、中青年群体,他们到新的语言环境工作时必然会学习和使用当地主流语言以适应环境。笔者 2012 年在巴马燕峒乡对 100 个外出打工回乡者进行语言使用抽样调查,结果见表3。

表3　巴马言语社区成员异地交往选择语言表

	人数	百分比	有效百分比	累积百分比
壮话	3	3.0	3.0	3.0
普通话	87	87.0	87.0	90.0
桂柳话	10	10.0	10.0	100.0
合计	100	100.0	100.0	—

此时的巴马言语社区的标志性语言已经由壮语变为普通话,以壮语为标志的巴马言语社区开始濒危,以普通话为标志性语言的巴马言语社区开始出现,巴马言语社区变成濒危言语社区。

三　设施要素

言语社区理论的设施指一个社区中一种(或多种)成熟、完备的语言文字系统以及人们遵守的语言规范,而这些设施直接体现在文字上。

文字作为记录语言的符号系统,对记录人类的思想精华和文化遗传起到了重要的作用。如果一个民族只有语言没有文字,那么随着岁月变迁,这些精神财富很可能在人们口口相传的语言中逐渐消失,由此可见文字的重要性非同一般。现代汉民族共同语普通话发展历史悠久,其载体汉字更是世界上使用人口最多的文字符号体系。汉字被越南、朝鲜、日本等国家,港澳台等地区长期使用,形成了"汉字文化圈",体现了汉语的强大生命力。相反的,壮语作为壮民族的共同语却只有语言而没有被壮族成员共同使用的文字。壮族历史上也曾有过两种文字:一种是方块壮字,一种是拼音文字。前者属于表意文字,起源于古代并且流行于民间;后者属于表音文字,创制于现代,通行于壮族社会。

方块壮字是借汉字来表示的。黄南津、唐未平(2008)认为"由于古壮字是借用或汉字偏旁以及模仿汉字结构方法创造而成,古壮字对汉字音、义有很强的依赖性。因此,壮族人认识古壮字的一个重要前提是会说汉语也会说壮语,而认识汉字的途径主要是通过学校教育,过去受教育是男子特权,因此男性比女性学会古壮字的可能性强"。同时,方块壮字大多是由两个以上复杂的汉字组成,笔画繁多,结构复杂,在书写方面造成很大困难。因此巴马言语的壮族成员根本不使用方块壮字。在巴马社区也没有任何一个机关单位的标牌是方块壮字,而一律用汉语文字书写。可见,方块壮字在巴马言语社区是一种名存实亡的文字,无法承担各种语言功能和满足人们交际需要。

拼音文字是在新中国成立以后制定的。1955 年代制定通过《壮文方案》并开始在壮族地区推广使用,拼音壮文以拉丁字母为基础并掺杂斯拉夫字母以及自创字母,80 年代后壮文全部采取 26 个拉丁字母形式。拉丁壮文以壮语北部方言为基础方言,以壮语武鸣话为标准音。那么拼音形式的壮文的使用情况如何?黄南津(2007)在对广西田阳、田东、东兰三地进行实地调查后得出结论:新壮文作为壮族的规范文字推广数十年,在壮族民间对新壮文有所了解的人却为数很少。对于新壮文非常了解和比较了解的比例只有 16.8%,而 82.7%的壮族人对新壮文不太了解或彻底不了解。拼音文字无法得到普及的原因主要有三点:

第一，壮汉两个民族长期杂居。汉族的语言文化已经对壮族产生巨大影响。许多壮族人积极学习汉语汉族，表现出很强的认同感。这巩固并强化了汉字在壮族人心中的重要价值和地位，让壮族人长期以来在潜意识里认为上学是读汉文字，识字是识汉字。而汉字与拉丁字母在形体上是完全不同的，这让长期默认方块字形为壮文的壮族人学习起来颇为困难，且大多数壮族居民文化水平较低，教学水平比较落后，因此实施起来极为困难。

第二，拼音壮语是线性文字，分辨率低，不利于扫读。而汉字是方块字，分辨率高，在阅读时可以做到"一目十行"，扫一眼便知一页书中大概内容，而拼音壮字就不能做到这一点，因此拼音壮字既不方便，也不实用。

第三，内部凝聚力弱。壮族虽是我国古老的少数民族，但它从未建立属于自己的政权。落后和分散的生产力，加上温顺的民族性格，使得壮族缺少强烈的民族认同感，对于本民族命运亦持不关心的态度。因此，拼音壮字难以推广应用，导致了壮语"设施"不全，巴马言语社区濒危就不可避免了。

四 互动要素

徐大明（2004）曾提到：社会学的"社会要素"在语言上都有相应的表现，这些表现使言语社区区别于一般意义上的社区。首先，"在一定区域保持互动的人口"，基本符合社会语言学家对"言语社区"的定义，只不过言语社区是言语互动的群体，以区别于其他方式的互动群体。因此，一个典型的言语社区主要看社区内成员是否互动良好，可见互动能体现出语言的生命力，一种语言只有进行互动才能继续存在下去。壮语在巴马言语社区之所以由标志语言变成濒危语言，是因为它在社区成员中的互动面越来越窄、频率越来越低，最终变成了濒危语言。巴马

言语社区的语言互动经历了单语互动、多语互动、语言选用，最后是语言濒危。

（一）单语互动

单语互动是指一个言语社区的全体成员在公共场合仅使用一种语言交流。新中国成立前的巴马言语社区就是如此，无论壮族成员还是汉族成员、瑶族成员，在社区的公共场合必须使用壮语交流。不懂壮语的汉族成员、瑶族成员需借助翻译才能在社区的公共场合交流。虽然社区还有汉语和瑶语，但只是在各自的族群内使用，并不能在社区全体成员中使用。

（二）多语互动

新中国成立后，汉语作为官方语言在巴马言语社区中使用，在社区全体成员中产生了互动。这种互动既指社区中个人与个人之间的互动，也指群体（族群）与群体（族群）之间的互动。按照社会语言学理论，一旦社区内语言形成良好互动，语言接触现象必然会发生。由于社区内的壮语已经不是唯一使用的语言，而汉语也还没有成为社区的标志性语言，同时，巴马言语社区汉语分为普通话、桂柳话，对于巴马言语社区的全体成员来说在读音上其实就是两种语言，因此此时的巴马言语社区中还没有形成统一的言语规范和语码，社区内通常存在几种语码：壮语、桂柳话、普通话，以便社区成员在交流时变换使用。这种"随时变换使用"的多语互动就涉及语言的选用。下面是笔者于2012年在巴马言语社区进行语言选用的调查结果。

（1）家里最常使用的语言。在300名受访者中，有128人在家里经常使用桂柳话，占总比例42.67%；有104人使用壮语交流，占34.67%；使用普通话的仅有38人，占12.67%。在巴马，壮语曾是县内主要交际工具，家庭、村寨、集市、小学都使用壮语，而今，桂柳话已取代壮语成为巴马县城区居民

家庭最常使用的语言。（2）学习工作中使用的语言。在300名受访者中，首选普通话进行交流的占88.7%；桂柳话的比例相对较低，仅占11.3%；选择壮语进行交流的则为0。（3）公共场合使用最多的语言。在229名受访者中，选择普通话作为交流语言的有66名选择桂柳话，5名选择壮语。

从以上的调查结果来看，在巴马言语社区中，壮语已经退出了社区公共场合和工作学习场所，而且在家庭中的使用也比较低。这说明在多语互动中，社区成员很少选用壮语。不仅如此，频繁的多语互动还导致了语言融合。

（三）语言融合

语言融合可从微观和宏观两方面来考察。"从宏观方面考察，两种不同语言的交融，有可能产生第三种新的语言。曾有一派语言学家认为不同语言的交融的结果不可能产生第三种语言，而只可能是其中某一种语言战而胜之，另一种语言以消亡告终。但是后来大量调查研究表明，事实上世界上有许多这样的第三种语言，包括已废弃的和正在使用的。这种交配而成的语言又可以分两大类：洋泾语（pidgin）和混合语（crole）。"（游汝杰、邹嘉彦，2009）

巴马言语社区正是如此，在互动中，巴马言语社区出现了以普通话为基础的、带有壮语语音和词汇因素的夹壮普通话，而壮语虽然没有消亡，但也变成了濒危语言。

巴马言语社区就是一个典型的存在三种语码的社区：壮语、普通话、桂柳话。而使用这三种语码的成员通常在接触后产生了变异，形成洋泾浜语或混合语，其中最为典型的代表就是夹壮普通话。夹壮普通话是壮语和普通话两种语言杂糅而成的语言，属于地域变体。它在语音、词汇、语法方面有独特的表现形式，但在汉语里往往视为病句，如：

语音方面：（1）p、p'不分，把"坡""泼"和"波""玻"全念成"po"；（2）t、t'不分，把"天""添"和"颠""掂"全念成"tien"；（3）k、k'不分，把"坎""砍"和"敢""杆"全念成"kan"；（4）u、x不分，把"黄""皇"和"亡""王"全念成"uaŋ"；（5）y、i不分，把"玉""欲""育"念成"yi"；（6）k、k'、tɕ、tɕ'不分，把"汔""契""器""寄""既"念成"ki"；（7）tɕ、tɕ'、ɕ混淆不清，把"齐""泣""歧"念成"tɕi"、把"妻""祭"念成"ɕi"；（8）ts、ts'、s混淆不清，把"才""材""菜"念成"tɕai"，把"裁""彩""灾""再"念成"ɕai"；（9）tʂ、tʂ'、ʂ混淆不清，把"产""阐""颤"念成"tʂan"，把"常""尝""丈""帐"念成"ʂaŋ"；（10）ts、ts'、s与tʂ、tʂ'、ʂ混淆不清，把"贞""针""陈""衬"都念成"tsən"，把"升""生""声"念成"sən"；（11）无卷舌音，无儿化音，无轻声。

词汇方面：有些壮族人尤其是汉语的初学者，在使用汉语时会用一些壮语词来代替汉语词语。（1）那里有多（那里有黄蜂）；（2）这头猪劳多（这头猪板油多）；（3）这块地牙多（这块地野草太多）。词汇方面的问题除直接套用壮语词外，还有受壮语影响而用词不当的。如：穿帽子（戴帽子）；那条衣服（那件衣服）。

语法方面：语序颠倒。（1）今天冷多（今天很冷）；（2）他收多了钱（他多收了钱）；（3）你吃果不吃（你吃不吃果）；（4）叫我急死去（急死我了）；（5）那人是胖是瘦？（那人是胖的瘦的？）（6）今天你做得完不完？（今天你做得完做不完？）（7）我们走先（我们先走）（粤方言和桂柳话也有这种表达方式）。

五 认同要素

认同是一种语言保持生命活力的重要因素。如果一种语言不被人们认可，那么人们就不用它交流，家庭成员不把它作为母语，代际间的语言传承就会断裂。言语社区的认同主要体现在语言态度和语言信心。

（一）语言态度

语言学者王远新（1999）认为"语言态度这种心理现象实质上反映的是人们对一种语言变体的社会文化价值的认识和评价"。语言态度包括认知、意向、情感等方面。认知是对某种语言赞成或反对、理解或否定的理性态度，意向是在学习、掌握、使用语言上的行为倾向（见表4）。

表4　巴马言语社区各乡语言认知抽样测试比例表（百分比）

	壮话			普通话			桂柳话		
	甲篆乡	燕洞乡	西山乡	甲篆乡	燕洞乡	西山乡	甲篆乡	燕洞乡	西山乡
很有用	42.4%	52.0%	25.5%	87.1%	72.0%	84.0%	42.4%	53.0%	25.5%
有用	38.8%	33.0%	37.2%	12.9%	28.0%	14.9%	47.1%	40.0%	50.0%
没多大用处	16.5	12.0%	21.3%	—	—	—	4.7%	5.0%	12.8%
不知道	2.4%	3.0%	16.0%	—	—	1.1%	5.9%	2.0%	11.7%

统计数据显示，甲篆、燕洞、西山受访者普遍认为普通话"很有用"，语言价值最高，分别为87.1%、72.0%、84.0%，而壮语仅为42.4%、52.0%、25.5%。

表5　巴马言语社区语言意向取向抽样调查比例表（百分比）

	壮话		普通话		桂柳话	
	使用简单	晦涩难懂	使用简单	晦涩难懂	使用简单	晦涩难懂
甲篆乡	71.8%	27.1%	91.8%	8.2%	78.8%	21.2%
燕洞乡	92.0%	8.0%	86.0%	14.0%	78.0%	22.0%
西山乡	54.7%	42.6%	91.5%	8.5%	75.5%	24.5%
平均	72.85	23.26	89.77	10.23	77.43	22.57

统计数据显示，倾向的语言由高到低依次为普通话、西南官话（桂柳话）、壮话。

（二）语言信心

徐大明（2001）指出：即使同是母语的言语社区成员当中也可以分出核心和外围，这是从对社区规范所掌握的不同程度来区分的。很多人知道自己所熟练掌握的语言系统并不是他们所归属的社区规范，因而有人认为自己不会讲或讲不好自己的"母语"，这就是"语言不安全感"。巴马言语社区成员在使用母语壮语时为何存在语言自卑感，这无不跟语言认同有莫大关系，其具体表现主要有两点：一为语言变异。社区的核心成员打交道时倾向于使用桂柳话与壮语的语言混合体而不是纯壮语，以达到互相嘲弄对方的目的。二为社区外围成员转用其他语言，对本族语言认同降低。

表6是中国社会科学院民族研究所和国家民族事务委员会文化宣传司1986年在巴马县西山乡福厚村、巴马镇盘阳村联合调查统计得出的结果。数据显示，"掌握壮语人数"为135人，占抽样人数100.0%，受访者对于"壮语"全部达到"懂"的程度，且不存在"略懂"和"不懂"的人群比例，这说明当时壮语能力非常强且壮语普及率很高。相比之下，"掌握当地汉语人数"且语言能力达到"懂"的程度仅有51人，仅占抽样人数37.8%，同时还有41人的汉语能力处于"不懂"的程度，占30.4%，此比例与前者不相上下，这说明了1986年巴马当地居民的壮语能力是非常高的，而汉语能力则要低很多。

表6　1986年巴马言语社区掌握壮、汉语人数抽样调查表

调查地点	民族	抽样人数	掌握壮语人数			掌握当地汉语人数		
			懂	略懂	不懂	懂	略懂	不懂
福厚村 盘阳村	壮	135	135	0	0	51	43	41

表7　2012年巴马言语社区(西山乡)掌握普通话、壮话抽样调查表

	普通话		壮话	
	人　数	百分比	人　数	百分比
听说皆没问题	73	77.66	47	50
听没问题能说一点	18	19.15	18	19.15
听得懂但不会说	3	3.19	16	17.02
听不懂也不会说	—	—	13	13.83
合　　计	94	100	94	100

在抽样人数94人里有73人普通话水平达到"听说皆没问题",比例高达77.66%,比1986年37.8%的比例高出近40个百分点,这说明普通话的普及率较1986年有了很大的提高。再观察壮语,西山乡是壮语保留较好的乡镇之一,数据显示有47人认为自身壮语能力非常好,占50.0%,这与1986年100.0%的比例相差甚远。另外还有将近13.83%的人群"听不懂也不会说"壮语,这也与1986年的数据形成强烈反差。通过对比,普通话在近30年来得到了极大的普及,而当地的少数民族语言的发展趋势也正在改变,语言地位正受到威胁。

六　结语

通过对巴马言语社区的调查与分析得知,濒危言语社区是可以作为一个可定量分析的实体来观察和考量的。判断一个言语社区是新兴还是衰败,首先判断其是否具有濒危言语社区的三个基本特征:第一,其前身是否为历史悠久的言语社区;第二,言语社区是否曾拥有标志性的语言;第三,社区主流语言地位是否面临挑战,社区语言是否

呈现多样化。

其次,可以从言语社区理论五要素来考量该社区的形成。历史悠久的言语社区变为濒危言语社区的主要因素有五点:一是社区成员身份的改变。无论任何社区,社区成员身份的改变必然直接影响语言的选择和使用。二是社区边界被打破。经济的发展、普通话的推广、多种通讯手段的普及都是加速少数民族语言走向濒危的因素。三是社区设施的落后,巴马壮文艰涩难懂造成了壮族人弃用本族人的文字设施。文字是语言的载体,没有文字,任何一个民族的语言文化最终都会消失。四是社区内的语言互动的多元化。在经历了单语互动、多语互动、语言选用三个阶段后,巴马言语社区的语言互动最后面临的是语言濒危。五是社区成员对社区标志性语言认同出现了危机,巴马言语社区成员使用母语壮语时存在语言自卑感,大多数成员弃用母语转用汉语,这跟语言认同有莫大关系。

观察濒危言语社区为考察社区内某种濒危语言提供了新的突破点,这也为濒危语言的保护工作提供了新的思路。

参考文献

巴马县统计局.农村劳动力转移的制约因素及对策建议.广西壮族自治区统计局网.

陈淑环、盘文伟.2013.惠东濒危畲语的活力与保护.惠州学院学报(5).

邓彦.2012.广西巴马壮语濒危现象调查.湖南科技大学学报(社会科学版)(5).

邓彦.2012.巴马言语社区壮汉双语接触过程探析.广西民族大学学报(哲学社会科学版)(2).

付海波、邹贞.2008.从满语的现状看语言濒危的原因及对策.语文学刊(5).

高莉琴.2006.新疆濒危语言研究.语言与翻译(汉文版)(3).

何学娟.2005.濒危的赫哲语.哈尔滨:黑龙江教育出版社.

黄南津、唐未平.2007.当代壮族群体使用汉字、古壮字情况调查与分析.广西大学学报(哲学社会科学版)(5).

黄南津、唐未平.2008.壮族民间群体古壮字使用状况的调查与分析.暨南学报(哲学社会科学版)(1).

李艳敏.2014.广西仡佬语濒危成因分析.怀化学院学报(4).

廖梓伶.2010.广西巴马旅游环境承载力研究.广西大学硕士学位论文.

马伟.2009.撒拉语的濒危状况及原因分析.青海民族研究(1).

邵敬敏.2010.现代汉语通论.上海:上海教育出版社.

宋伶俐.2009.走向濒危的语言个案研究——以"藏彝走廊"贵琼语为例.四川大学博士学位论文.

王远新.2002.中国民族语言学理论与实践.北京:民族出版社.

王远新.1999.论我国少数民族语言态度的几个问题.满语研究(1).

熊英.2006.从代际差异看土家语濒危——坡脚土家语个案研究之一.湖北民族学院学报(哲学社会科学版)(3).

徐大明、陶红印、谢天蔚.2012.当代社会语言学.北京:中国社会科学出版社.

游汝杰、邹嘉彦.2009.社会语言学教程(第二版).上海:复旦大学出版社.

赵海红.2011.羌语濒危的原因透视及对策探讨.黑龙江民族丛刊(4).

Marcyliena, H. Morgan. 2014. *Speech Community*. Oxford: Cambridge University Press.

作者简介

邓彦,博士,嘉兴学院文法学院讲师,主要研究方向为社会语言学、对外汉语教学。

On the Endangered Speech Community: A Case of the Bama Speech Community

Deng Yan

Jiaxing University

Abstract: "Endangered speech community" is a concept which is an application of speech community theory after a survey on the Bama speech community. Generally speaking, an endangered speech community originates from a speech community with a long history, which merges into a new speech community with the change of population, region, facilities, identification and interaction. This article demonstrates a transformation of the Bama speech community.

Key words: speech community, endangered speech community, language contact, Bama

英国华人社区华语词汇的特点及其成因[*]

孙德平

提　要：英国华人社区华语是以普通话为基础的英国华人的共同语，是全球华语的社区变体。研究采用抽样调查法，从 2013 年 7 月至 2014 年 1 月间的在英华文报纸中随机抽取了 9 周进行分析，通过将语料与内地、港澳台地区及新马泰等地华语词汇的比较，总结了英国华人社区华语词汇的特点并探讨了其形成原因。

关键词：英国华人社区　英国华语　词汇特点　词语变异

引言

英国华人社区华语（简称"英国华语"）是以普通话为基础的英国华人的共同语，[①] 是全球华语的社区变体。目前国内外尚无人对英国华语词汇特点进行研究，不过有学者对其他华人社区华语词汇的特点进行过相关研究，其研究范围主要涉及中国香港（田小琳，2002）、中国台湾（苏新春，2003）、新加坡（汪惠迪，1990；余尚兵，1997；周清海，2006）、印度尼西亚（刘文辉等，2006）等地。其中，对新加坡华语词汇特点的研究最为充分，有部分学者（余尚兵，1997；汪惠迪，2002；徐杰等，2004）对其特点的形成原因进行了研究。

上述研究为我们分析英国华语词汇的特点及其形成原因提供了借鉴和启发，但这些研究主要是基于与中国普通话的比较，个别学者只是在分析其中的某一方面时涉及香港、澳门、台湾地区，以及马来西亚等华语区的词语，缺乏宏观的比较，这就为本文研

究留下了空间：在全球化背景下，英国华语词汇的特点如何？其形成的原因是什么？这些都是本文要解决的问题。

一　词汇特点

本文采用抽样调查的方法，从 2013 年 7 月至 2014 年 1 月间的在英华文报纸（《华闻周刊》《华商报》《欧洲商报》《欧洲时报》《英国侨报》《英国商报》《英中时报》）中随机抽取了 9 周来研究华语词汇，通过与普通话词汇、港澳台地区及新马泰等地华语词汇的比较，探究英国华语词汇的特点。

比较研究发现，英国华语词汇具有如下一些特点。

（一）存在较多的词语变异

拉波夫（1966）认为，"对同一件事物存在不同的说法"，这样就造成了语言的变异现象。因此，当词语的某一个意义与词语的好几种形式相对应时，就发生了社会语言学所说的词语变异。词语变异的具体表现形式被称为"词语变式"。这些"词语变式"的

---

* 本文为 2015 年度"浙江财经大学汉字国际传播与书法产业协同创新中心"课题"全球化背景下汉语在英国的传播研究"的阶段性成果。感谢北京语言大学李宇明教授、伦敦大学李嵬教授的指导，感谢蔡冰博士、杨荣华博士、方小兵博士为论文修改所提的宝贵建议。

集合被称为"词语变项"。

在英国华语中,存在较多的词语变异,且"词语变项"的变式较多,这一特点是其他华语区的华语词语所不具备的。从形式上看,英国华语"词语变式"之间主要有三种类型:繁简体不同、名称不同、书写形式不同。

一是繁简体不同。在英国华语中,有些"词语变项"的变式之间存在简体和繁体的不同,有的甚至繁体与繁体之间都存在差异。例如:"比斯特购物村、比斯特購物村"[2];"传真、傳真";"电话、電話";"东主、東主";"24 小时、24 小時";"官方网站、官方網站";"国语、國語";"化学武器、化學武器";"计划、計劃/計畫[3]";"联系、聯系/聯繫";"司道小费、司導小費";"智慧产权、智慧產權";"英镑、英鎊";"外卖店、外賣店";"外卖、外賣";"网站、網站";"网址、網址"。

在上述各例中,居前的是简体,在后的是繁体。其中,"計劃"和"計畫"、"聯系"和"聯繫",还存在繁体和繁体之间的差异。

二是名称不同。在英国华语中,有些"词语变项"的变式之间表现出名称的不同。例如:"帮助买房计划、帮助购房计划、协助购买计划";"北韩、朝鲜";"出租车、计程车";"单身纸(單身紙)[4]、單身證、單身證明";"电子邮箱(電子郵箱)、电子信箱、邮箱(郵箱)、电邮(電郵)";"公交车、公交、公车、巴士";"固線電話/固綫電話、座机(座機)";"广东话(廣東話)、粤语(粤語)";"兼职、半工";"律师事务所(律師事務所)、律师行(律師行)、律师樓";"脸书、脸谱";"纽西兰、新西兰";"全职(全職)、全工";"手提电话、手提電、手提、手机(手機)";"网络(網絡)、網路";"样板房、样品房"。

在上述变式中,不少"词语变项"的变式之间,除了名称不同外,还存在简体和繁体的差异,例如,"单身纸"和"單身紙"、"电子邮箱"和"電子郵箱"、"座机"和"座機"。

三是书写形式不同。在英国华语中,有些"词语变项"的变式之间,读音相同或相近,但书写形式不同,例如:"镑(鎊)、磅";"伯明罕、伯明翰";"方案、方桉";"哈罗德、哈乐德";"海归、海龟";"联络(聯絡)、連絡";"人士、人仕";"贴士、帖士";"希思罗机场(希思羅机场)、希斯路机场(希斯路機場)、希斯罗机场、西斯罗机场、希思路羅機場";"星加坡、新加坡"。

在上述变式中,"磅"为"镑"的错别字,"桉"为"案"的异体字,"連"为"聯"的同音别字。也有少数"词语变项"的变式之间,不仅书写形式不同,读音也不同。例如:"廿萬、20 萬";"两居、二居"。

(二)缩略词语多

在英国华语中,有大量的中文缩略形式。例如,把"先生、太太"分别缩略成"生、太";把"华盛顿政府"缩略成"华府";把"中国菜、台湾菜"分别缩略成"中菜、台菜";把"中国超市"缩略成"中超";把"大陆资本"缩略成"陆资";把"生病的儿童"缩略成"病童";把"炸鱼和薯条"缩略成"鱼条";把"贪污腐败"缩略成"贪腐";把"朝鲜战争"缩略成"朝战";把"律师事务所"缩略成"律所";把"加入国籍"缩略成"入籍";把"永久居留"缩略成"永居";把"营业收入"缩略成"营收";把"房地产市场"缩略成"房市场";把"加拿大国的市民"缩略成"加国市民",把"财政大臣"缩略成"财长(財長)、财相",把"司机和导游的小费"缩略成"司导小费"。

在英国华语中,有些词语既有缩略形式,又有其完全形式,(简称"原词语"[5]);有些词语只有缩略形式,却没有其"原词语"。在上述缩略词语中,有些缩略词语在其他华语区也存在,例如在新加坡华语中也是把"先生、太太"分别缩略成"生、太"。在英国华语中,有些"原词语"的缩略形式不固定,存在一个"原词语"对应好几个缩略形式的情况,例如,"财政大臣"既可缩略成"财长(财长)",又可缩略成"财相"。

(三)部分英国华语词语与其他华语区的词语存在差异

部分英国华语词语与其他华语区的词语,或在意义上存在差异,或在词性上有别,或在词形上有异。

(1)意义不同

部分英国华语词语和其他华语区的词语意义不同,或完全异义,或部分异义。首先看完全异义的例子。例如:

① 小众。在英国华语中"小众"的意义是"不太普遍",例句:"喜欢旅行的人往往对各地的特色食品赞不绝口,当地的水果成为游客带给亲朋好友的礼物,除了市场上主流产品外,一些小众⑥的水果非常吸引眼球。"(《华商报》2013 年 9 月 13 日 B5 版)而在大陆和台湾地区,"小众"指人数较少的群体(李宇明,2010)。虽然"不太普遍"和"人数较少的群体"都具有少的含义,但二者含义不同。

② CCTV。在英国华语中"CCTV"是指录像监控。例句:"轮到我的时候,我介绍自己:'1 was an editor at CCTV.'文身老师狐疑地看着我,抖动了一下嘴角说:'Interesting job.'我微笑回答,是啊。这个怪异的表情在我脑海里停留了很久,直到某一天,我在地铁听到广播 CCTV is around all the underground 顿时才觉得五雷轰顶,原来他以为我在监控录像工作。"(《华闻周刊》2013 年 9 月 20—26 日第 6 版)在此例中,因为作者刚从中国到英国,所以她使用的"CCTV"(即例句中的第一个)表示的是中央电视台,而她的老师误认为她在做录像监控工作,所以当她后来了解了"CCTV"(例句中的第二个)在英国的含义后才明白老师当时的表情。在《英中时报》的分类资讯中有"CCTV 安防设备、LED 灯/LED 大屏幕"(《英中时报》2013 年 9 月 13 日第 42 版),此例中的

"CCTV"也是指录像监控。而在中国,"CCTV"是中央电视台的英文缩写。

③ 前台。在英国华语中,"前台"是指酒店、歌舞厅、医院等负责接待、登记、结账等工作的柜台工作人员。例句:"伦敦正规中医店诚聘中医师、前台、女按摩员各一名。"(《英中时报》2013 年 9 月 13 日第 38版)而在中国,"前台"有四个义项:"① 剧场中在舞台之前的部分。演出的事务工作属于前台的范围。② 舞台面对观众的部分,是演员表演的地方。③ 比喻公开的地方。④ 指酒店、旅馆、歌舞厅等负责接待、登记、结账工作的柜台。"(《现代汉语词典》第 1036页)在其他华语区,"前台"仅指酒店、歌舞厅等负责接待、登记、结账工作的柜台。(参见李宇明,2010)虽然"柜台工作人员"和"柜台"有一定的联系,但它们的含义完全不同。

有的则是部分异义,例如:

① 楼面。在英国华语中,"楼面"除指酒楼、餐厅的营业区外,还指服务员。例句:"招聘:伦敦市中心中餐馆现诚招熟手楼面多名、营业部经理一名、楼面管理及经理若干。"(《英国侨报》2013 年 9 月 5 日第 39 版)在本例中,前一个"楼面"是指服务员,后一个"楼面"是指酒楼、餐厅的营业区。而在港澳地区,"楼面"仅指酒楼、餐厅的营业区(参见李宇明,2010)。

② 黑。在英国华语中,"黑"作动词,表示非法居留。例如:"我是为了给孙子挣大学学费来的,我现在已经黑下来了。"(《华闻周刊》2013 年 11 月 22 日第 19 版)在中国,"黑"主要作形容词,有时也作动词用,作动词时表示"暗中坑害、欺骗或攻击",或表示"通过互联网非法侵入他人的计算机系统查看、更改、窃取保密数据或干扰计算机程序"(《现代汉语词典》第 529 页)。

③ 生变。在英国华语中,"生变"是指发生变化。例如:"诺拉觉得自己非常幸运,

可是一年后,她与养父母关系生变。"(《华商报》2013 年 9 月 13 日 B10 版)但在中国,"生变"是指发生变故。(《现代汉语词典》第 1160 页)"发生变化"和"发生变故"在意义上存在一定的差异。

(2) 词性不同

① 电邮。在英国华语中,"电邮"除了作名词,还作动词,指发送电子邮件。例如:"投稿请电邮 editor@ukbusinesspost.com,请注明作者联系方式、地址和姓名(或笔名)。"(《英国商报》2013 年 9 月 27 日第 4 版)而在其他华语区,"电邮"仅是名词,为电子邮件的简称(见李宇明,2010)。

② 新鲜。在英国华语中,"新鲜"可作副词,例如:"香港荣华冰皮全部香港新鲜制造,每一个制作工序均在严谨监控下进行,从质量到卫生均符合严格标准规定,让消费者食得放心。"(《华商报》2013 年 9 月 13 日 B3 版)而在中国,"新鲜"作形容词(《现代汉语词典》第 1450 页)。

③ 物欲。在英国华语中,"物欲"可作形容词,例如:"每每提到逛街或购物,都会让人感觉很物欲。"(《华闻周刊》11 月 1—7 日 21 版)而在中国,"物欲"作名词,表示想得到物质享受的欲望(《现代汉语词典》第 1385 页)。

(3) 词形不同

在英国华语中,有些词语与其他华语区的词语意义完全相同,但词形不同。例如英国华语称"汽车上用手操纵才能变速的装置"为"手排挡",内地称为"手动挡",港澳地区既可将其称为"棍波",又可称为"手动波",而中国台湾、新加坡称为"手排"⑦。英国华语称"计算机程序"为"程式",这与港澳台地区说法一样,却与内地普通话不一样,普通话称之为"程序"⑧。英国华语说"今期",这与新加坡华语相同,却与中国普通话不一样,普通话说"本期"或"这期"。英国华

语说"抽科打诨",中国说"插科打诨"。英国华语说"男女子混合",中国普通话说"男女混合"。英国华语说"踩红毯",而中国普通话说"走红地毯"或"走红毯"。英国华语说"现时",中国普通话说"现在"。

(四)有一批反映英国社会生活的特有词语

在英国华语中,有一批反映英国社会生活的特有词语,例如"英漂""北京镑""永久产权房""帮助购房计划""英国生活试""待用咖啡""蓝牌"等。其中,"英漂"是仿照"北漂"而造的一个新词,是指那些从世界各地(特别是从中国)到英国工作、谋求发展而没有永久居留权的人。由于中国人在英国的购买力惊人,英国媒体基于"英镑"的概念创造了一个新名词"北京镑",意指中国人所花出去的英镑⑨。"永久产权房"体现了英国房产产权的永久性,它是指买家对房屋以及房屋占用范围内的土地拥有永久性的所有权,产权人可以依照法律自由使用、出租、抵押或转让房产。⑩"帮助购房计划"是英国政府于 2013 年 10 月起实施的帮助买房计划,即对于英国公民购买所有价格 60 万英镑以下的房产,英国政府将担保 95% 的贷款。"英国生活试"是指从 2013 年 10 月 28 日开始,申请永久居留的人需要英文语言 B1 的考试合格,其考试内容是有关英国生活所接触的事物和历史。"待用咖啡"是指匿名人士提前支付了一杯咖啡的钱以行善,让有需要的人士可以免费喝到咖啡的一种行动和文化,故此也称"分享咖啡"⑪。"蓝牌"是指在英国要想成为专业导游需要参加旅游局组织的资格考试,考试过关者获得旅游局颁发的营业凭证,这个凭证就是"蓝牌"。

(五)有一批与港澳台新马泰等地区共用的华语词语

在英国华语中,有一批与港澳台新马泰等地区共用的华语词语。例如,"大日子"⑫一词,与港澳台地区、新马印尼文莱等共用;

"华埠""马杀鸡""猪扒"等词，与港澳台地区、新马泰共用；"咸湿""霸王车"等词，与港澳台地区、新马共用；"出生纸"一词，与港澳地区、新马印尼共用；"唱 K""入息""沙爹""质素""酒牌""三文治"等词，与港澳地区、新马泰共用；"太平绅士""永久居民""官非"等词，与港澳地区、新马共用；"车房"一词，与港澳地区、新加坡共用；"程式"一词，与港澳台地区共用；"铺头"一词，与港澳地区、泰国共用；"争拗""平安纸""飞水""沙律""大水喉""吞拿鱼""公屋""笋盘""外判"等词，与港澳地区共用；"唐人街""中国城"等词，与新马泰地区共用；"窝心"一词，与新马、台湾地区共用；"宣导"一词，与台湾地区、泰国共用；"棺材板""智慧产权""碎碎念""起司""轰趴""烧录"等词，与台湾地区共用。这体现出英国华语词语较强的开放性和兼容性，能够广泛吸收其他华语社区的词语。

三　形成原因

我们认为英国华语词汇具有上述特点的原因在于两个方面：一是语言本身，二是社会因素。语言本身的因素是：英国华语与中国现代汉语基础方言的地理隔绝，使它失去了赖以维持其稳定性的制约力量[13]，同时英国华语词汇也较少受到中国现代汉语词汇规范化的影响。正因为如此，英国华语词汇在英国华人社区自由地发展，出现了前述的一些词汇特点，例如，词语变异较为普遍，"词语变式"形式多样；缩略词语多，甚至同一原词语的缩略形式也不相同。社会因素较为复杂，包括英国华人的母语影响、英国华人的语言意识、英国社会文化的影响、华语规范的缺乏、各种媒体的影响、发展中社区的语言表现[14]等。

（一）英国华人的母语影响

英国华人来自世界各地，有来自中国的，有来自新加坡的，有来自马来西亚的，有来自印度尼西亚的，等等。其中，来自中国的，又分为来自内地的、香港的、台湾的、澳门的。在不同的国家，甚至在同一个国家的不同地区，华语本身就存在一定的差异，例如内地和港澳台地区的华语就存在一定差异。在英国，来自世界各地的华人在交际时会受到各自母语的影响，所以在英国华语中有不少词语来自港澳台地区、新马泰等。同时，那些来自简体字国家或地区的华人在英国华人社区习惯用简体字的词语，来自繁体字国家或地区的华人在英国华人社区习惯用繁体字的词语，这样同一意义的词语就出现了繁简的差异。另外，不同的国家或地区对某些事物或现象命名不同，因此，在英国华人社区，来自不同国家或地区的人就倾向于使用其来源国或来源地的名称，这就导致了在英国华语中词语变式存在名称的差异。此外，不同的国家或地区对同一英语的中文译名不同，这也导致在英国华语中出现了同一英文词语的不同中文译名共现的情况。在英国华语中还存在同一原词语的不同缩略形式共现的情况，这也与英国华人的母语影响有关。

（二）英国华人的语言意识

从英国华人的语言意识也能明白英国华语词汇具有如下特点的原因：存在较多的词语变异；与港澳台新马泰等地区共用一批华语词语。已有的研究发现：79.4％的非英国出生的华人认为大陆普通话、台湾地区"国语"、新加坡/马来西亚"华语"是同一种语言——中文，都是中国人说的话，只是有的用繁体，有的用简体；部分在英国出生的华人也认为普通话、"国语"和"华语"是同一种语言，它们有相同的书面语（杨荣华，2011）。英国华人的这种语言意识，使他们能够广泛吸收来自其他华人社区的华语词语,兼容本地和外地的异名同实的词语,从而使英国华语词语具有数个"变式",产生词语变异,同时也使英国华人和其他华人社区共享一批华语词语。

(三) 英国社会文化的影响

英国社会文化的影响,包括英国的语言文化政策的影响和英国社会的影响。从英国的语言文化政策来看,在20世纪90年代以前,汉语在英国长期未受到重视,汉语一直被称为社区语言,不属于现代外语,未被列入中小学现代外语课程中。从20世纪90年代起,英国才把社区语言——汉语包括在现代外语之中,进入中小学教学大纲中。直至2002年6月英国政府才把汉语普通话教学纳入课程体系建设,直到2004年中文才被列入英国中学的外语教学课程[15]。至2014年9月英国政府才在英国小学"强制性"地加入汉语(中文)课,全用简体及普通话[16]。总体来说,英国的汉语教学还处在一个初步发展阶段,当今的英国政府也未建立一个有关汉语或中文的部门,对英国的汉语进行规范和管理,因此,英国华人社区华语词汇具有上述一些不规范的特点也就不难理解了。

而英语是英国的官方语言,也是英国的主导语言。英国华人社区处在一个英语占主导地位的环境包围中,在汉语和英语的接触过程中,英国华人社区的华语词汇就不能不受到英语词汇的影响,英国华语中缩略词语多正是受到英语喜用缩略语的影响。

从英国社会的影响来看,由于英国华人社区同其他华人社区所处的社会不一样,而词汇与社会的关系密切,因此英国华人社区肯定会存在与其他华语区不一样的词语,其中,包括反映英国社会生活的特有华语词语,如"英漂""待用咖啡""北京镑""帮助购房计划""英国生活试"。

(四) 华语规范的缺乏

在香港、澳门、台湾地区,以及新加坡、马来西亚等华人社区,那里的华语有语言文字政策规定和语言文字规范标准(见李宇明,2014)。在英国,华语并不是官方语言,在华人社区至今尚无一个有关华语规范的机构或组织,因而也缺乏相关的华语规范,人们在使用词语时缺乏规范的意识,从而导致一些词语变式较多、简缩写随意等。此外,英国几百所华人创办的周末中文学校构成了英国汉语教学的重要主体,它们在汉语教学实践中,繁简体并重,平等对待普通话及粤语,这也在一定程度上导致了英国华语词语的繁简体并存、普通话词语和粤语词语并存。

(五) 各种媒体的影响

在英华人可以收看到说几种汉语变体的电视节目。例如,几百个说汉语普通话的直播中文台(如央视中文国际频道、北京卫视、湖南卫视、江苏卫视、广东卫视、东方卫视、凤凰卫视中文台)、十余个说粤语的香港台(如香港亚视本港台、凤凰卫视香港台、无线卫星台)、二十余个说"国语"和闽南语的台湾台(如台湾中天、东森、民视),以及说普通话和粤语的凤凰卫视欧洲台。在英华人在观看这些电视节目的时候,必然会受到其中的普通话、粤语、闽南语、台湾"国语"等的影响,在日常生活中会使用其中的一些词语,造成他们使用的同一意义的词语,繁简体不同、名称不同。

在英华文报纸既有简体字的又有繁体字的。例如,以简体字刊印的《人民日报·海外版·欧洲刊》和《欧洲时报》;以繁体字印刷的《华商报》《欧洲商报》《英国商报》和《英中时报》等;还有以简体字为主、某些版面又有繁体字刊印的《华闻周刊》和《英国侨报》。在英华人在阅读这些华文报纸时,也会受到其影响,导致他们使用的同一意义的词语,繁简体共存。

同时,查灵格图书馆和华人社区中心拥有来自内地、港澳台、新马泰等其他华语区的书刊和报纸供在英华人借阅。这些华文的书刊和报纸,有的是用繁体字排版的,有的是用简体字排版的。这些华文的书刊和报纸,一方面使在英华人接受到的同一意义的词语,既有简体字的,也有繁体字的;既有来自大陆的,又有来自港澳台地区的,还有来自新马泰的,从而在一定程度上使英国华语具有了形式多样的词语变异,也使英国华人与港澳台新马泰等地区共用一批华语词语。

此外,因特网技术的发展,使英国华人同世界其他社区的华人交流和共享信息更加便利。这也会在一定程度上使英国华人社区与港澳台新马泰等地区共用一批华语词语,而其中来自不同华语区的同实异名词语又使英国华语词语存在两个或两个以上的变式。

(六)发展中社区的语言表现

从19世纪初期到20世纪30年代,中国劳工和水手在伦敦东区的莱姆豪斯的船坞区落户聚居,唐人街初步形成,商铺以洗衣店、杂货店和大烟馆为主。"二战"后,随着莱姆豪斯唐人街被拆,大量华人移民开始聚居到伦敦市中心的爵禄街和周边区域,以中餐馆为主业;通过几代华人的拼搏努力,1985年伦敦政府正式承认爵禄街一带的伦敦唐人街的社区地位。⑩如今,随着更多华人通过留学、投资等途径移民英国,居住区域已分散到英国各地,所从事的行业也逐步提升到高收入、高认可度的职业。从唐人街的发展历程来看,英国华人社区还只是一个发展中的社区,受此影响,社区内的华语也处于发展中。所以,英国华语词汇出现上述特点(例如词语变式多、缩略形式不同一、大量借用其他华语区的华语词语),正是英国华人社区作为发展中社区的一种语言表现。

四 结语

对英国华语词汇特点及其形成原因的研究,具有如下四个方面的意义:(1)可弥补国内外学术界对英国华语词汇研究之不足,有助于欧洲华语词汇乃至于全球华语词汇的研究;(2)便于其他华语区的华人认识和了解英国华人社区的华语词汇,减少同英国华人的交际障碍,有助于促进这些地区华人间的交往和互动;(3)便于人们了解英国华语词汇的现状,有助于我国在英国的汉语国际传播中扬长避短,增强汉语在英国乃至世界的传播力和竞争力,使中华民族的崛起得到更多人的理解和支持,为国家富强作出更大贡献;(4)这也是对英国华人智慧和汉语资源的珍藏,这将为汉语史研究提供宝贵资料,也将为丰富现代汉语标准语提供词汇源泉,也有助于其他地区的华人吸收英国华人的华语词汇,进而丰富该地区华人的共同语。

附 注

① 本文对"英国华人社区华语"的定义参考了郭熙(2004,2006)、李宇明(2010)的"华语"定义。
② 本文以简体字行文,但在列举例词时若繁简共存,为了避免与其简体词语相混,采用了其在原文中的繁体形式。
③ "/"表示其前后的词为某一简体词语的不同繁体形式,以下同。
④ 括号内的词语为括号前简体词语的繁体,以下同。
⑤ 参见王立廷、沈基松、张小平著《缩略语》(第1版),北京:新华出版社,1998年,第7页。
⑥ 为了便于读者阅读,我们在例句中为例词添加了下画线,以下同。
⑦ 参见李宇明,2010:759。
⑧ 参见李宇明,2010:119。

⑨ 见《华闻周刊·都周刊》2014 年 1 月 3—9 日第 8 版。

⑩ 见《华闻周刊·闻周刊》2013 年 9 月 6—12 日第 27 版。

⑪ 见《你会给陌生人买咖啡吗?》,《华闻周刊》2013 年 11 月 22—28 日第 40 版。

⑫ 我们根据《全球华语词典》中各个词语的使用地区来判断英国华语词语是否与其他华语区共用,例如《全球华语词典》在第 167 页中指明"大日子"的使用地区为"港澳、台湾、新马印尼文莱",但根据我们的研究,"大日子"这个词在英国华人社区也用,所以我们就说英国华人社区和"港澳、台湾、新马印尼文莱"等地区共用"大日子",以下同。

⑬ 朱德熙在谈到台湾普通话时曾说,台湾普通话由于长期与基础方言北京话隔绝,必然要发生变异;与基础方言隔绝的另一后果是使它失去了赖以维持其稳定性的制约力量。见朱德熙《现代汉语语法研究的对象是什么?》,《中国语文》1987 年第 5 期。

⑭ "发展中社区的语言表现"这一说法,承蒙李宇明教授 2014 年 11 月 19 日的赐教。

⑮ 张西平主编《世界汉语教育史》,2009 年,北京:商务印书馆,第 324 页。

⑯《英国侨报》2014 年 1 月 9 日第 26 版。

⑰ 见《华闻周刊》2013 年 9 月 13—19 日第 24 版。

参考文献

郭熙.2004.论"华语".暨南大学华文学院学报(2).

郭熙.2006.论华语研究.语言文字应用(2).

李宇明.2010.全球华语词典.北京:商务印书馆.

李宇明.2014.汉语的层级变化.中国语文(6).

刘文辉、宗世海.2006.印度尼西亚华语区域词语初探.暨南大学华文学院学报(1).

卢绍昌.1990.新加坡华语词汇的考察.新加坡华文研究会编.新加坡世界华文教学研讨会论文集.

苏新春.2003.台湾新词语及其研究特点.厦门大学学报(哲社版)(2).

田小琳.2002.香港社区词研究.第七届国际汉语教学讨论会论文.http://www.huayuqiao.org/articles/tianxiaolin/txl16.htm.

汪惠迪.1990.新加坡华语词汇的特点.新加坡华文研究会编.新加坡世界华文教学研讨会论文集.

汪惠迪.2002.新加坡特有词语探微.http://www.huayuqiao.org/articles/wanghuidi/wang03.htm.

汪惠迪、郭熙.华语的规范与协调.联合早报 2002 年 12 月 7 日.

徐杰、王惠.2004.现代华语概论.新加坡:八方文化创作室.

杨荣华.2011.英国华人言语社区的结构模式研究.华语教学与研究(3).

余尚兵.1997.新加坡华文词汇的特点及形成的原因.语文建设通讯(51).

中国社会科学院语言研究所词典编辑室.2012.现代汉语词典(第 6 版).北京:商务印书馆.

周清海.2006.新加坡华语和普通话的差异与处理差异的对策.联合早报 2006 年 3 月 21—23 日.

朱德熙.1987.现代汉语语法研究的对象是什么?.中国语文(5).

Labov, W. 1966. *The Social Stratification of English in New York City*. Washington, D. C.: Center for Applied Linguistics.

作者简介

孙德平,博士,浙江财经大学人文学院副教授,北京语言大学访问学者,主要研究方向为社会语言学。

A Study on the Lexicon of the Chinese Language of the Chinese Communities in UK and the Causes of its Unique Features

Sun Deping

Zhejiang University of Finance & Economics

Abstract: The Chinese language used by the Chinese community in UK is based on Putonghua, which is defined as a regional variety of the global Chinese. Using the method of random sampling, we selected the Chinese newspapers of UK from July 2013 to January 2014 to study. We compared their usage of words with those of other Chinese communities, such as Mainland China, Hong Kong, Macao, Singapore, Malaysia, and Thailand, and analyzed the features and causes for the usages of the Chinese community in UK.

Key words: the Chinese community of UK, Chinese of UK, features of lexicon, lexical variation

论语言与经济的关系*

弗洛里安·库尔马斯①

葛燕红［译］

提　要：语言活动有一个经济学的维度，但应用经济学的理论和方法来研究语言是我们这个时代所产生的生活经济化的一个结果。语言学家和经济学家对语言的价值及语言标准化等问题的看法存在分歧。然而，综合语言学和经济学的视角有助于人们全面理解语言对人类社会的重要性。本文建议决策者在制定语言政策时，不能只考量经济利益，也要考虑语言在其他方面的价值，包括文化、情感以及政治等方面的价值。

关键词：语言政策的经济维度　省力原则　人力资本　语言内部经济　语言外部经济

引言

2014年8月，雅克·阿塔利②报告：随着全球法语使用人数的下降，法国因此失去的经济机会，可能导致法国至2020年丧失十二万个工作机会，到2050年，这个数据将会增至五十万个（*L'Express*③，2014）。该报告是受法国总统佛朗索瓦·奥朗德之托而作，意在评测近几十年来法语的发展滞后于英语的程度以及由此对经济发展产生的影响。法语的相对衰落令法国人深感遗憾，但报告同时指出，如果在教育与产业领域实施正确的语言政策，到本世纪中叶，法语使用人数有望从2014年的2.3亿左右增至7.7亿；反之，如果政策制定者忽视这一点，法语使用人数将进一步下降，到2050年可能减至2亿以内。

这项报告带来两点启示：（1）语言被纳入经济学视域进行评估，某些语言已成为影响国家经济发展的重要因素。（2）显而易见，政策干预可以影响语言的经济价值（例如通过有意识地增加语言使用者的人数）。这两个观念都比较新，表明市场机制的影响力已渗透到越来越多的生活领域。其实，经济学家早已对语言产生兴趣，但经济学的理论与方法应用于语言研究却是我们这个时代生活经济化的结果。倘若我们公认亚当·斯密是经济学学科的鼻祖，值得我们注意的是这位鼻祖还对语言有着浓厚的兴趣，并著有相关学说，但是他的兴趣并不是对不同的语言进行经济评估。事实上，亚当·斯密感兴趣的是语言的起源、结构、功能及其作为交际工具的特性（Smith，1767）。虽然研究语言的经济学家在经济学领域是一个边缘群体，但是，通常我们不难说服经济学家语言具有经济学的特性。然而，语言学家却不太接受下述观点：经济与他们的研究领域相关，经济学的工具可以有效地应用于语言学研究。

因此，关于语言与经济的关系的讨论，虽然已有几本专著（例：Coulmas，1992；Rubinstein，2000），几十篇学术期刊论文，以及

---

* 原文题为"On the Nexus of Language and Economy"，发表于《中国语言战略》2015年第1期。

近期的一篇关于 50 年来语言政策的经济学回顾(Grin,2014),该领域仍有众多课题有待探讨和研究。传统的学科分界割裂了各学科之间的有机联系,半个世纪以来,经济学家和语言学家创制的理论日趋成熟,但这并未顺利促进跨学科的讨论。

一 共性问题

然而,对语言进行跨学科的讨论不仅是必要的,而且是必需的。语言对人类的存在至关重要。作为人类表达与交流的符号表征,语言是一套独一无二、不可替代的系统,人类所有的活动几乎都离不开语言。同时,大多数人类活动都直接或间接地服务于或被认为服务于个人、团体、物种的生存或生活条件的改善,都体现了某种经济维度。基于人类社会存在的这两个基本条件,语言与经济交界的许多问题显然不应由语言学家或经济学家独自回应,两者应该协力合作共同解决。

有一些问题,可能语言学家和经济学家都会问及,但回答却会不同。

以"什么是好语言"这个普通的问题为例。

(一)有好的语言吗?即,是否一些语言优于另一些语言?

经济学家认为语言是一种工具,这一问题显然容易回答,因为只要确定优劣的标准,那么任何两种同类事物都可以进行比较。相较而言,语言学家认为语言不只是工具。因而,他们对这个问题的回答与经济学家有所不同。语言学家会指出,任何一种语言都是人类语言的具体表现形式,而人类语言是物种进化的结果。每一种语言都建立在相同的基础之上,潜质等同,只是在某些历史时刻,有些语言可能会在不同程度上实现这种潜质。由于语言学家对语言的双重认识,语言的优劣问题对他们和对经济学家而言具有不同的性质。

再如关于"标准"的问题。

(二)语言标准化是否具有优势?

经济学家毫无疑问会回答"是",因为标准化会带来以下经济优势:

(1)消除产品设计与生产过程中不需要的差异性(例如:课程、教科书);

(2)促进网络发展;

(3)提高产品间的兼容性(例如:参考材料、文体指南);

(4)形成规模经济(例如:印刷品与软件市场)。

相反,语言学家认为标准化带来的优势是语言之外的东西,语言遵循自身的发展规律,多样性与多变性是其本性。语言的灵活性,使个人和群体可以自由表达,不受羁绊,因而不需要人为制定的标准。语言的精髓就在于它具有永不枯竭的创造性。离开了变异(标准旨在消除或限制变异),语言就无法演进,以适应变化多端的环境。因此,经济学家注重稳定性与同质性的优势,语言学家则强调灵活性与异质性的重要。

然而,尽管经济学家与语言学家对许多问题看法不一,比如上述两个问题,但这并不意味着孰是孰非。语言是一个极其复杂的非物质系统,也是人类互动中最基本的一套符号规则。语言因此也成为各种不同学科的研究对象,但如果互动缺失,语言系统也就不复存在。所以,结合语言学与经济学的视角洞悉语言对人类生存的重要意义,这种研究方法方兴未艾。

二 语言的内部与外部经济

语言研究通常区分语言的结构与功能,或者语言系统与语言使用。这分别对应语言的内部经济与语言的外部经济。前者与语码相关,后者与语言实践相连。

(一)省力法则

早在 1947 年,齐普夫就发表了长篇宏论,认为语言演变过程中自然语言的某些特性与一条潜在的经济原则相关,他称之为"省力法则"。此法则产生的效应被概括为"齐普夫定律",即,在任何一个文本中,最简单的词语出现的频次最高。之后对各种语言的多项研究都证实了这一规律。假如语言使用被视为一项工作,每一次言语行为都是语言系统生产与再生产的一个环节,那么按照齐普夫定律,总体而言,人们在会话中倾向于消耗最少的精力。举几个例子:单词的使用频率与其长度成反比。发音特征频率量表的统计显示,复杂的音素出现的频率略低于简单的音素。汉字使用频率与汉字的笔画数呈类似的相关性,笔画最少的汉字在文中出现的频率最高。这些研究结果一致证明了语言的工具属性,说话者无意中会遵循优化策略,达到便于生产和易于理解之间的平衡。

实现目的与手段关系的最优化是经济学的核心所在。齐普夫的论述——省力法则潜在地推进语言的演变——是目前为止内部语言经济学最重要的发现。许多语言学家把节俭、高效、省力、简约看作语言发展的基本原则(Coulmas,1992)。这在不经意间反映了人类生活的终结趋向:我们在人世间没有足够的时间畅所欲言。

为了使语言成为更有效的交际工具,人们有意识地对语言进行干预。比如,以实用为导向定期进行拼写改革,以推动改变现实语言状况。中国在 20 世纪 60 年代开展的文字改革便是一例,这项改革大幅度地限制常用字数量,简化汉字笔画,以提高汉字系统的使用效率。20 世纪 90 年代德语的正字法同样强调规则简化和易于学习(Coulmas,2013)。用注音符号为没有文字的语言或非字母文字正字也是一个相关的例子(Wu,1987)。术语的形成也往往旨在提高语言的工具效用(Feng,1988)。虽然有些举措也带

有审美考虑或受意识形态(如纯洁主义)的影响,但实用性是最关键的因素。所有语言规划的根本依据是提升社会的整体福利,人们有意无意地调整自己的语言以最宜适应自身的需求。但政府和个人所做的这些努力也可能被言语社区遭受的灾难性事件所抵消,例如社区被殖民化,或者社区居民突然接触到某种语言,该语言更能满足他们对现代化的追求,由此导致社区原有语言无法迅速调整其内部和外部的语言经济状况,从而逐渐衰落。语言作为交际工具、信息存储和认知工具的属性尚待讨论。如今,语言的这些功能越来越和实用性相关,并和语言的外部经济紧密联系。

(二)人力资本

作为一项遗传特性,语言具有自适性和生存价值。不管语言如何起源和演变,语言使人类生活成为可能。语言的基本属性是物种特异性,但同时,普遍性的语言机能也适用于特定情形。每一种语言都是特定环境下集体劳动的产物,并为使用者生产和再生产,以满足他们的需求。文字创制之前,个人语言多种多样,不断演变,反映了说话者多样性的功能需求,但不同的语言应被视为具备同等的表现力。随着书写的产生以及人们对待语言的自觉态度,变化发生了。今天,语言的多样性与不平等相关联,包括国内社会地位的不平等和国家之间发展机会与财富分配的不平等。正是在这种背景下,人力资本理论及其在语言学领域的应用得以发展起来(Becker,1975;Bourdieu,1982)。该理论的核心观点是,语言是一种技能,它有助于提高生产力并对劳动者的收入产生积极的影响。

人类生来便会说话,正常的孩子在成长过程中自然而然就学会了身边的语言,自然习得的语言所形成的人力资本往往不易察觉。而外语学习则非常清楚地表明,这是在

学习一种适应市场需求的技能。编辑、外文秘书、各类翻译、外语教师、教科书编写者、出版商等众多职业都需要外语专业知识。许多跨境商业活动也需要外语技能。当下，全球贸易日益增长，外语教育成为名副其实的一项产业。互联网已成为外语培训的交易市场，也是语言经济价值的评估平台，例如冠以这些标题的文章："公司员工应该说哪些语言"(Kelly，2013)，"全球商业语言之最"(Alexica，2013)，"经济强势语言"(Schnoebelen，2013)。这些文章关涉语言的经济价值，其实也反映了语言间的不平等。显然，如果存在经济强势语言，那也一定有经济弱势语言。世界上绝大多数语言从未被作为外语进行系统地教学，因而极少甚至没有增加任何人的人力资本(或许专业的语言学家除外)。

在一项综合研究中，戴维斯(Davis，2003)把语言与国内生产总值联系在一起。他发现，英语和汉语是最具购买力的语言，其次是一些主要经济体使用的语言，比如日语、西班牙语、德语、法语和俄语。

国际货币基金组织 2008 年的一项研究，根据国内生产总值(GDP)占世界生产总值(GWP)的比例，公布了最具经济价值的语言的排名。如表1所示。

表1　排名前十五种语言(按照 GWP 比例)

排名	语言	GDP (单位：十亿美元)	GWP 占比	GWP 累积比例
1	英语	21276	34.9%	34.9%
2	日语	4911	8.1%	43.0%
3	简体字汉语	4509	7.4%	50.4%
4	德语	4393	7.2%	57.6%
5	西班牙语	4170	6.8%	64.5%
6	法语	3951	6.5%	71.0%
7	意大利语	2481	4.1%	75.0%
8	俄语	2245	3.7%	78.7%
9	葡萄牙语	1915	3.1%	81.9%
10	阿拉伯语	1903	3.1%	85.0%
11	荷兰语	1386	2.3%	87.3%
12	韩语	929	1.5%	88.8%
13	土耳其语	730	1.2%	90.0%
14	繁体字汉语	607	1.0%	91.0%
15	波兰语	528	0.9%	91.8%

(来源：国际货币基金组织，2008 年)

这些结果其实并不意外，但这显示出语言对经济的重要性，这一类的研究引发更多深入的思考。例如：外语教育是否只遵循经济实用性原则？

多国政府在过去几十年中扩大英语教育，主要是经济利益的驱动。其他一些类似的争论,也是缘于经济,而非文化,例如,在日本等非英语国家确立英语的官方语言地位、把它作为国际组织的主要交际语言、荷兰、德国、斯堪的纳维亚国家将英语作为大学里另加的教学语言等。

美国、英国、加拿大和澳大利亚等主要的英语国家,凭借经济实力与军事政治力量,确立了英语在当今世界的主导地位。言语社区的大小也是影响语言地位的因素之一,但不是决定性的。以西班牙语为母语的人数超过英语,但西班牙语在经济上的权重却小于英语(根据人均 GDP、语言使用者的购买力、语言产业的规模等测评)。这种差别主要体现在第一语言(L1)与第二语言或者外语(L2)的使用人数。根据 2007 年出版的《国家百科全书》,以普通话为母语的人数约占全球人口的 14.4%,而英语母语人数约占 5.43%。但是,英语的外语学习者人数远远超过汉语。许多拥有数千万母语人口的语言,如孟加拉语、菲律宾塔加洛语、越南语等,却没有外语学习者。这些语言,在特定的区域之外,不具有任何重要功能。外语教育与语言的去地域化紧密相关,在全球化经济中成为一项资产。

总之,按经济的潜在需求对语言进行排名要考虑多种因素,例如:一种语言作为第一语言(L1)和第二语言(L2)的言语社区规模、第一语言(L1)言语社区的 GDP 总量和/或社区人均收入、政治与军事力量、跨国功能(例如是否在国际组织中使用),以及外语产业的规模等。另外,也要考虑该语言的文献范围——尤其是科技领域,信息存储和检索技术的发展程度,以及在国内国际商务贸易中的使用状况。

随着经济学家近年来对语言的日益关注,语言的价值评估可能增加其他一些指标。这一趋势表明,较之以前,现今基于语言的经济活动越来越多。值得指出的是,随着语言的商品化以及外语教育的市场化,人们强烈地认识到,语言不仅仅只是经济活动中的使用的工具。

语言经济学需要语言社会学作补充。语言社会学注重考察各国的语言地图以及世界语言地图在哪些力量驱动下发生变化,以及如何变化。对已有语言变化的研究反复表明,经济因素只是语言变化的动因之一,还有其他的驱动力量,比如谓之"社区"、"认同"、"感情依附"、"情感价值"等因素。欧盟的多语政权就是一个很好的例子(Extra and Yağmur,2012)。通常,经济一体化会倾向于语言同质化,但欧盟层面的语言政策以及欧盟各成员国出台的教育政策却有悖于这一趋势,面对英语的优势,欧盟的语言教育政策强化各国母语和少数民族语言。这些语言都具有悠久的人文传统且长期以来享有某种民族国家认同感。这表明,虽然语言作为人力资本的要素之一可以进行价值评估,但语言的其他特性与无形价值相关,是无法以金融术语来表达的,最典型的就是语言所传承的文化传统。在欧洲,实施这种似乎与经济理性相悖的语言教育政策相对容易。但在世界其他各国,是否可以出台并执行类似的政策是当下语言与经济关系的一个重要问题。在此连接点,重在强调进一步开发研究工具的必要性,特别是研发成本—效益分析工具,以捕捉和评价语言政策——比如促进、抑制或禁止某种语言——所产生的无形价值。所谓无形价值,关涉方方面面,比如教育的进步或后退、人们对生活的满意度,社会和谐或紧张的状态。通过支持国际比较研究,寻求评估语言无形价值的方法,极其令人期待。

三 结论

本文陈述了语言学家和经济学家关于语言的一些基本假设,并据此勾勒了两者间可能产生并值得期待的跨学科交流的研究领域。文章进一步指出，语言社会学可以成为语言学与经济学之间的仲裁者，因为语言既是普通的人力资本，又是资本市场的组成部分，还是社会的基本组成要素，在社会这一竞技场中，一切事物的无形价值都是协商而成。市场的力量已进入生活的众多领域，但尚未消除对没有任何商业价值的无形商品的审美需求。因此，建议决策者在制定语言政策时，不能只考量经济利益，而要综合考虑语言在文化、情感以及政治维度的价值。

附 注

① 弗洛里安·库尔马斯，德国语言学家，主要研究领域是社会语言学和语言规划，近期的研究特别关注语言文字规范与社会历史的关系、语言与经济发展的关系。
② 雅克·阿塔利(Jacques Attali)，法国经济学家及战略分析家，曾担任法国两任总统的特别顾问，2009 年，被评为"全球 100 位顶尖思想家"之一。
③《快讯》(L'Express)，法国新闻周刊。

参考文献

Alexica 2013. Top Business Languages of the World. http://alexika. com/why-alexika/world-business-langua-ges/.

Becker, Gary S. 1975. *Human Capital*. New York: Columbia University Press.

Bourdieu, Pierre. 1982. *Ce que parler veut dire : l'economie des echanges linguistiques*. Paris: Edition de Minuit.

Davis, Mark. 2003. GDP by Language. http://macchiato.com/economy/GDP_PPP_by_language.html

Coulmas, Florian.1992. *Language and Economy*. Oxford: Blackwell.

Coulmas, Florian. 2013.*Writing and Society*. Cambridge: Cambridge University Press.

Extra, Guus and Kutlay Ya ğmur. 2012. *Language Rich Europe*. British Council, Cambridge University Press.

Feng Zhiwei. 1988. The 'FEL' Formula: An Economical Law for the Foramtion of Terms. In: *Social Sciences in China*, Winter 1988.

Grin, François. 2014. 50 years of economics in language policy. Critical assessment and priorities. ELF working papers 13.
http://www. unige. ch/traduction-interpretation/recherches/groupes/elf/documents/elfwp13.pdf

Heller, Monica. 2005. Language, autheticity and commodification in the globalized new economy. http://repositories.cdlib.org/wlicmc/2005 - 2006/1/

Kelly, Nataly. 2013. Languages your company should speak (but has never heard). http://blogs. hbr. org/2013/04/languages-your-company-should/

L'Express. 2014. Un rapport d'Attali pour sauver la francophonie et notre économie En savoir plus sur http://lexpansion. lexpress. fr/actualite-economique/commentaire.asp? id=1570378 (published 26/08/2014)

Rubinstein, Ariel, 2000.*Economics and Language*. Cambridge: Cambridge University Press.

Schnoebelen, Tyler. 2013. Economic Powerhouse Languages. http://idibon. com/economic-powerhouse-langua-ges/.

Smith. Adam. 1767. Considerations Concerning the First Formation of Languages. In: *The Early Writings of Adam Smith*, ed. J. R. Lindgren. New York: Augustus M. Kelley.1967.

Wu, Apollo. 1987. "The economic aspects of diacritics", in: *The Economics of Language Use*, Tonkin, H., Johnson-Weiner, K. M., eds.New York: Center for Research and Docmentation on World Language Problems.

Zipf, George Kingsley. 1949. *Human Behavior and the Principle of Least Effort: An Introduction to Human Ecology*. Cambridge, Mass.: Addison-Wesley Press.

作者简介

弗洛里安·库尔马斯，德国杜伊斯堡—艾森大学东亚研究所研究员，主要研究方向为社会语言学和语言规划。

译者简介

葛燕红，南京大学中国语言战略研究中心研究人员，主要研究方向为社会语言学。

On the Nexus of Language and Economy

Florian Coulmas

University of Duisburg, Germany

Translated by Ge Yanhong

Nanjing University

Abstract: Linguistic activities have an economic dimension and the application of economic theories and methods to the study of language can be seen as a result of the economization of life in our age. There exist differences between linguists and economists on the value variance of languages and on the advantages of language standardization. Combining the perspectives of linguistics and economics is a promising approach to comprehending the full significance of language for the human existence. Policy makers are well-advised to take cultural, emotional, and political dimensions of language valuation into account when designing language policies, rather than submitting all decisions to the imperative of economic gain.

Key words: economic dimension of language policy, the principle of least effort, human capital, internal economy of language, external economy of language

医疗行业语言服务调查研究[*]

李现乐　　龚余娟

提　要:语言在医患沟通中具有极为重要的作用。医疗行业语言服务调查表明,医院在语言服务方面做了很多工作,语言服务效果总体上是积极的,但是医院和医务人员的语言服务意识与服务水平尚未满足社会需求。医患之间的口语和书面语交际都不同程度地出现了障碍,如不良语言的使用、医疗文书字迹潦草等问题。医院应加强医务人员的语言培训,增强其语言服务意识和沟通能力;完善语言管理,努力营造良好的医疗语言环境。同时,医患之间需要积极沟通,增加彼此的相互理解与宽容。

关键词:语言服务　医疗语言　语言管理　评价　期待

据有关媒体报道,医患关系紧张、医患矛盾的出现,80%以上是沟通问题,语言在医患沟通中具有极为重要的作用。近些年里,不少学者对医疗语言展开了研究。赵桂馨(1983)从分类的角度把医疗语言分为诊断性语言、医疗性语言、预防性语言和道德性语言四类;姜学林、张芙蓉(1997)指出正确运用医疗语言不仅可以安抚患者情绪,直接治疗疾病,而且对构建和谐的医患关系起着至关重要的作用;夏合金等人(1994)重点讨论了发生医患纠纷时医务人员的语言运用,强调在处理医患纠纷过程中,医务人员要积极使用文明的语言、理解同情的语言、耐心热情的语言、灵活机动的语言和严谨的语言等,并采取积极的心理疏导,使医患纠纷在和谐的氛围中妥善解决。

医疗行业作为服务性行业,语言也是其服务内容的重要方面。本文从语言服务的视角,调查分析医疗行业语言服务的供需双方现状,分析医疗行业语言服务存在的问题,为改善医疗行业语言服务状况、提高医院语言服务水平、缓解医患矛盾提供有益的参考。

一　调查设计

本次调查主要通过了解医院语言服务来分析医疗行业语言服务状况。调查分为两部分:一部分针对医务人员,另一部分针对患者及家属。调查采用问卷、访谈和观察等方法。问卷调查共发放并回收有效问卷医务人员 560 份、患者及家属 390 份,涉及江苏、安徽、山东、新疆等 4 个省份的扬州、南京、常州、南通、合肥、滁州、蚌埠、芜湖、菏泽、乌鲁木齐等 10 个大中小城市的 30 余家医院,从综合医院到专科医院,从三甲医院到普通社区医院,调查范围涵盖上述医院的 50 多个科室或工作岗位。其中,医务人员的调查,主要通过现场发放纸质问卷,通过电子邮件发放电子问卷,以及通过互联网进行网络问卷调查,调查对象包括医生、护士及

* 本研究为教育部人文社科基金青年项目"服务经济背景下的语言服务研究:语言资源观与语言经济学的视角"(项目编号:12YJC740050)、国家社科基金青年项目"语言服务的价值与战略研究"(批准号:14CYY010)以及国家语委科研项目"医疗行业语言服务调查:现状、问题与对策研究"(项目编号:YB125 - 135) 阶段性成果之一。

医院的行政人员或服务窗口工作人员等（以下统称"医务人员"）；患者及家属的调查，主要采用在医院现场发放纸质问卷的形式，调查对象为患者及家属（下文统称"患者"）。课题组成员先后实地走访了多家不同级别、不同类型的医院，实地观察记录医院语言文字使用状况，了解医院在语言服务方面的规范和制度等。在问卷调查和观察走访的基础上，课题组成员先后与多名医务人员和患者进行深入的交流，了解医患双方对医院语言服务的态度和评价。

二 语言服务状况

从语言服务的供给和需求两方面看，本调查主要从医务人员、医院管理中的语言服务及患者的语言需求与评价等三方面了解医院语言服务状况。

（一）语言服务供给：医务人员

从语言服务的形式上看，医务人员的语言服务主要包括口语服务和书面语服务。

其中，口语方面，主要调查语言变体的选择、礼貌用语和专业术语的使用等；书面语方面，主要调查病历、处方等医疗文书的书写问题等。

（1）口语：医疗行为中的言语交际

医患沟通的主要渠道是面谈，也就是医患之间的口语交际。在此过程中，医生通过询问病情和病史，获取患者相关的信息，从而采用相应的治疗方案。医患之间口语交际的重要性不言而喻。

首先，在语言变体的选择方面，调查表明，普通话的使用占到了医务人员口语交际语言的52.7%，本地方言和医务人员的家乡方言占到总数的16%。另有30.9%的医务人员选择普通话和方言都使用，此外还有0.4%是普通话和少数民族语言都使用。上述情况，从医务人员年龄特征看（见表1），年轻的医务人员对普通话的使用比例要明显高于年龄偏大的医务人员，而方言的使用则具有相反的趋势。

表1 工作语言使用的年龄特征（%）

年龄	工作语言					合计
	普通话	本地方言	家乡方言	普通话和方言都说	普通话和少数民族语言都说	
25岁以下	66.4	10.6	0.0	22.1	0.9	100.0
26—35岁	60.4	8.8	1.1	29.3	0.4	100.0
36—45岁	35.0	28.2	1.0	35.9	0.0	100.0
46—55岁	18.2	31.8	6.8	43.2	0.0	100.0
56—65岁	18.2	18.2	9.1	54.5	0.0	100.0

在医务人员文明礼貌用语的使用方面，从表2可知，经常使用文明礼貌用语的占70.9%，很少使用和从来不用的占6.6%，表明，医务人员能够较好地使用诸如"你好、请坐、请问"等文明礼貌用语。相对应地，在使用粗话方面，调查表明，绝大多数医务人员能够在与病患者交流时注意自己的文明用语的使用，不随便使用粗话等不文明用语。

表 2　是否说礼貌用语和粗话

礼貌用语	频率	百分比	累积百分比	粗话	频率	百分比	累积百分比
每次都用	113	20.2	20.2	每次都说	12	2.1	2.1
经常用	284	50.7	70.9	经常说	6	1.1	3.2
有时用	126	22.5	93.4	有时说	17	3.0	6.3
很少用	31	5.5	98.9	很少说	123	22.0	28.2
从来不用	6	1.1	100.0	从来不说	402	71.8	100.0
合计	560	100.0		合计	560	100.0	

在与病人交流时,尤其是发生医患纠纷时,医务人员是否会注意自己说话的语气和态度,这也是本调查所关心的一个问题,也是涉及医务人员口语使用的一个方面。调查结果如表 3 所示。表中所示,注意自己的说话的语气和态度的占到三分之二以上(67.5%),而可能不注意和不注意的占 8.8%。

表 3　是否注意语气和态度

	频率	百分比	累积百分比
一定注意	378	67.5	67.5
可能注意	91	16.3	83.8
可能不注意	42	7.5	91.3
不注意	7	1.3	92.5
视情况而定	42	7.5	100.0
合计	560	100.0	

此外,作为一个专业技术性较强的行业,医疗行为过程中会涉及专业术语的使用。医务人员在与病人交流过程中适当使用一些专业术语,有助于普及医学知识,但是不适当地使用专业术语也会给患者带来困惑甚至麻烦。调查显示(见表 4),近三分之一(32.3%)的医务人员经常会用专业术语和病人交流,解释病情;另有 25%的医务人员会根据患者的文化水平来决定是否使用专业术语。

表 4　是否使用专业术语

	频率	百分比	累积百分比
每次都会	40	7.1	7.1
经常会	141	25.2	32.3
有时会	193	34.5	66.8
很少会	43	7.7	74.5
从来不会	3	0.5	75.0
根据患者的文化水平而定	140	25.0	100.0
合计	560	100.0	

(2)书面语:病历、处方的书写

医生在病历书写方面的"天书"现象时有发生,得到社会的普遍关注,也在一定程度上给患者带来了一些麻烦。本调查也了解了医务人员在书写病历、处方、医嘱等书面材料时的字迹工整程度,调查结果如表 5 所示。从表中可知,医务人员认为在书写病历、处方、医嘱时字迹工整的占 27.1%,比较工整的占 49.3%,潦草和比较潦草的占 19.3%和 1.1%。可见,医务人员书写病历方面的确存在不少字迹潦草的现象。

表 5　病历书写是否工整

	频率	百分比	累积百分比
很工整	152	27.1	27.1
比较工整	276	49.3	76.4

续　表

	频率	百分比	累积百分比
有点潦草	108	19.3	95.7
很潦草	6	1.1	96.8
电脑输入	18	3.3	100.0
合计	560	100.0	

外文的不当使用也是近年来一些行业领域反映较多的问题。本调查也了解了医务人员书面语中的外文使用状况，其中主要是外文缩略语的使用问题。调查结果如表6所示。由表中可知，经常使用外文缩略语的占到四分之一以上（26.4%），而很少用和从来不用的约占四成（30.4%和10.4%）。

表6　病历中是否使用外文缩略语

	频率	百分比	累积百分比
每次都用	37	6.6	6.6
经常用	111	19.8	26.4
有时用	184	32.9	59.3
很少用	170	30.4	89.6
从来不用	58	10.4	100.0
合计	560	100.0	

（3）语言服务意识与态度

医疗行业是服务行业，医务人员在为病人提供医疗护理服务的同时，也提供了语言服务。这种语言服务是依附于医疗护理等核心服务项目的辅助性服务。然而，在提供医疗服务的同时，如果缺乏必要的语言服务意识，在与病人的语言交际中出现一些不良的言语行为，也会产生不良的甚至是严重的后果。对此，本研究也从侧面了解了医务人员的语言服务意识和服务态度。以病历书写为例，调查了医务人员对于病人看不懂病历、处方等情况的看法。调查结果如表7所示。从表中可见，认为病人没必要看懂病历，也不需要解释的约占8.4%；认为有必要

向病人解释清楚的占九成以上。

表7　如何看待病人看不懂病历的情况

	频率	百分比	累积百分比
病人没必要看懂，医护人员看懂就行，不需要解释	47	8.4	8.4
有必要向病人解释清楚，但医务人员不需要重新填写	316	56.4	64.8
不仅要向病人解释清楚，医务人员还必须重新填写病历、处方	197	35.2	100.0
合计	560	100.0	

总体上看，医务人员对语言服务的认识和态度如何？调查结果如下表所示。从表中可见，80.7%的被调查者认为有必要提供语言方面的服务，即语言服务。表明，大多数的医务人员能够认识到语言在医疗过程中的重要作用。当然，也应该看到另有近两成的被调查者对此持否定的态度，这也是值得关注的问题。

表8　是否有必要提供语言服务

	频率	百分比	累积百分比
很有必要	138	24.6	24.6
有必要	314	56.1	80.7
无所谓	54	9.6	90.4
基本没必要	45	8.0	98.4
完全没必要	9	1.6	100.0
合计	560	100.0	

与此相关的问题是，是否有必要对医务人员进行语言方面的培训。调查结果如表9所示。从表中可见，认为有必要（或很有必要）进行语言培训的被调查者占86.6%；持无所谓或否定态度的被调查者占13.4%。关于培训的内容，访谈中不少医务人员提出

了看法。例如,不少被调查者认为要加强普通话和文明礼貌用语的训练;有被调查者认为要"让医护人员多方面了解各地语言方言文化背景,以促进沟通与交流",还有被调查者认为要在医患交流时的语气、态度及礼仪方面加强培训。

表9 是否有必要语言培训

	频率	百分比	累积百分比
很有必要	134	23.9	23.9
有必要	351	62.7	86.6
无所谓	47	8.4	95.0
基本没必要	22	3.9	98.9
完全没必要	6	1.1	100.0
合计	560	100.0	

(二)语言服务供给:医院管理

从语言服务供给角度看,除了在一线与患者直接接触和交流的医务人员之外,医院所营造的语言环境也是为患者提供语言服务。医院对语言服务的重视程度往往体现在语言环境的营造上。本调查主要从两方面了解医院管理方面的语言服务问题:一方面是医院在书面语(含文字)方面的管理,如医院的导医指示牌的使用等;另一方面是医院语言规范与制度的制定和落实情况。

(1)语言规范的制定与落实

通过实地走访一些医院,课题组了解了一些医院在诸如导医指示、规章制度等方面的公示与张贴情况。从走访的医院来看,多数都有相关的服务规范,并张贴上墙。其中,和语言服务相关的条款也有不少,例如,"语言文明,服务热情","语言文明礼貌,服务主动热情,耐心解答病人咨询,解说清楚检查要求","报告用词规范,文理通顺,填写项目完整。描述正确,有提示性诊断或提出建议,签名清楚","报告单字迹端正,签名或印章清晰","态度和蔼,语言文明,耐心解释,答复病人询问"。值得一提的是,有的医院将常用的文明用语逐一列出,张贴上墙,如"您好,请,请进,请稍候,谢谢合作,对不起,不客气,您需要帮助吗,请多提宝贵意见",等等。这些规范多是针对一些窗口单位的人员,类似于行政人员,如收费员、检验检查科室的人员等;而针对更具有"技术含量",并且对于病人来说更重要的医生和护士在其医疗过程中的言语使用似乎并没有直接的规定。诚然,这些窗口单位的工作人员和病人接触频繁,容易产生医患纠纷,需要规范其语言行为,但是更多的医患纠纷发生在医护人员和患者之间,因而更需要关注和规范医护人员的语言行为。

关于语言服务规范的制定与落实,本研究也做了问卷调查。一方面考查医院是否制定与语言服务相关的规章制度,另一方面了解制定的语言规章制度是否落实,是否有相应的奖惩制度。调查结果如表10所示。数据表明,有近一半(45.4%)的医院有语言使用方面的制度规范。而在规章制度的具体落实方面,调查数据形成了较为鲜明的对比。可以发现,虽然有近一半的医院制定了语言使用方面的规章制度,但是真正体现在日常管理中的却不到四分之一(22.9%)。表明,医疗过程中的语言使用并没有真正受到医院管理层的高度关注。

表10 单位是否有语言制度及其落实情况

是否有语言制度	频率	百分比	累积百分比	落实情况	频率	百分比	累积百分比
有	254	45.4	45.4	有	128	22.9	22.9

是否有语言制度	频率	百分比	累积百分比	落实情况	频率	百分比	累积百分比
没有	165	29.5	74.8	没有	220	39.3	62.1
不清楚	141	25.2	100.0	不清楚	154	27.5	89.7
				没有制定语言使用规章制度	58	10.4	100.0
合计	560	100.0		合计	560	100.0	

从医院级别上看,语言制度的制定存在着较明显的差别。表11显示,整体上看,级别高的医院更注重在语言制度的制定。在语言制度的落实方面,也有相同的趋势与特点。

表11　不同级别的医院在语言制度方面的区别

医院级别	单位是否有语言制度			合计
	有	没有	不清楚	
三级甲等	48.4%	21.4%	30.2%	100.0%
三级乙等	42.4%	36.4%	21.2%	100.0%
二级甲等	41.7%	35.7%	22.6%	100.0%
二级乙等	55.2%	34.5%	10.3%	100.0%
一级甲等	38.6%	34.1%	27.3%	100.0%
其他	34.3%	62.9%	2.9%	100.0%
合计	45.4%	29.5%	25.1%	100.0%

（2）书面语使用方面的管理

调查发现,从医院管理层面上看,语言服务主要体现在导医指示类、普及宣传类、激励暗示类和艺术赏析类等四种类型的语言服务。这些语言服务在患者就医过程中发挥着不同的作用。

导医指示类语言服务主要是为患者在医院就诊提供必要的线路引导以及基本的信息服务。相对于其他几种类型的语言服务,导医指示类语言服务在很多医院都大量存在,而且是做得比较好的一种,尤其在大型综合性医院,科室和楼层都很复杂,更需

要这类语言服务。就其形式而言,这类语言服务往往有纯文字类、文字与图画结合类、文字与符号结合类等不同类型。例如,图1所示就是这几种类型的语言服务。与此相关的一些告示通知等,如"入院须知"、"安全须知",也在一定程度上提供了患者需要了解的基本信息,也可归为导医指示类语言服务。

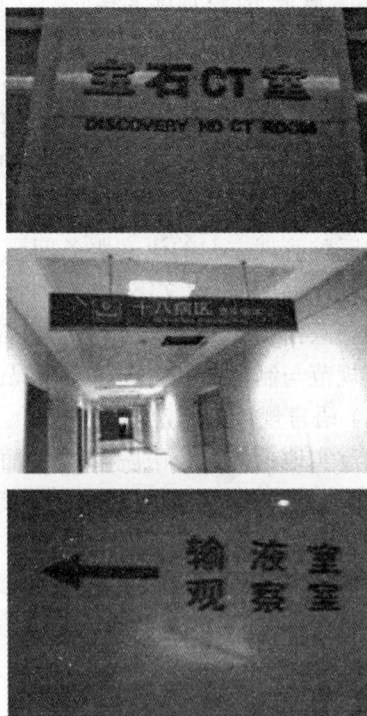

图1　导医指示类语言服务举例

从医院管理的角度看,导医指示类语言服务是医院为患者提供的最基本的语言服务;对于患者来说,这类语言服务也是满足

其最基本的就医需求的服务行为,因而需要引起医院管理层的足够重视。但是,现实生活中,在这类语言服务的人性化和规范化方面,不同医院则存在很大的差异。

普及宣传类语言服务也是很多医院有所实施的一类语言服务。具体表现内容多种多样,有宣传普及基本医学常识的,如"精神病患者如何保持正确的心态"、"睡眠与健康";有关于一般常见疾病的症状、预防方法的,如"什么是慢性支气管炎"、"慢性支气管炎应该如何预防";还有公示本医院医疗骨干人员的,宣传本医院好事好人的,等等。这一类语言服务一般以宣传栏的形式置于医院比较显著的位置,往往也受到患者较多的关注(见下文患者的调查),因而其语言规范与否也是影响到医院的整体形象,一定程度上影响着患者对医院的认知。

激励暗示类语言服务是一些对患者有激励、鼓励和积极心理暗示作用的语言服务。不同于普及宣传类,这类语言服务的作用主要是一种心理上的激励,而不是一般的知识信息的展示宣传,因而在语言使用上往往显得格外重要。这类语言服务的恰当适度,能对患者的就医心情产生积极的影响,为医院营造出和谐、向上的精神环境,自然有助于医患之间的交流。例如,在一家三甲精神专科医院里,调查发现一些有关这类语言服务的宣传栏,其中内容摘录如下:

没有礁石的大海,激不起美丽的浪花;没有波折的人生,便走不出亮丽的闪光点。人生如一根琴弦,绷得太紧,弹不出生活的情调,绷得太松,奏不出优美的乐章。在人生的道路上,经历了挫折的人不一定能够取得成功,但取得成功的人,必定是经历了许多挫折。

调查发现,这类语言服务在一些医院里并不常见。

艺术赏析类语言服务是在医院的某些场所布置一些语言艺术类作品(如书法),来营造一种宁静、高雅的氛围环境。在面对医院里冷冰冰的医疗器械、行色匆匆的大夫护士时,这类语言服务的出现一定程度上能够缓解患者紧张、焦虑的就医心理。调查发现,这类语言服务在医院中的出现不是太多,只是个别医院在一些楼道里布置一些书法作品。应该说,这类语言服务在一定程度上的确起到了上述作用,不过也需要适当适度使用,而且作品内容也要和环境相适应,否则也会带来负面效果。

此外,很多医院还有一些主要针对医务人员的警示规范类语言服务。例如,有些医院将医院规章制度张贴上墙,还有将医学文化名人与经典做成宣传材料,等等。严格地说,这类语言服务不是医院为患者提供的,而是为医务人员提供的,但是它传递了一种医院的承诺和"正能量",或者体现了医院管理和医务人员的工作态度和责任感,一定程度上能够积极地影响患者对医院的正面评价,因而也需要医院管理部门投入必要的精力,加强管理。

(三)语言服务需求:患者的反应与评价

从语言服务的需求看,本调查主要了解了患者对医务人员在口语交际、书面语使用以及医院语言管理中的语言问题的反映和评价。

(1)对医务人员口语交际中的语言问题的评价

首先是语言变体的选择。患者对医务人员口语交际中的语言变体选择的期待如表12所示。从表中可见,越是在本地居住时间短的患者越是期待医务人员使用普通话与其进行交流,而对方言的期待正好与普通话相反。

表 12　患者在本地居住时间与语种期待的关系（%）

在本地居住时间	对医务人员的语种期待				合计
	普通话	本地方言	普通话和方言都行	普通话和少数民族语言都行	
土生土长	57.8	18.2	24.0	0.0	100.0
10 年以上	79.2	6.2	14.6	0.0%	100.0
5—10 年	76.9	7.7	15.4	0.0	100.0
1—5 年	86.0	1.8	10.5	1.8	100.0
不到一年	85.7	0.0	14.3	0.0	100.0
外地人,来这里游玩、出差	90.0	0.0	10.0	0.0	100.0
合计	68.5	12.1	19.2	0.3	100.0

在礼貌用语使用方面,调查显示(见表13),在患者看来,医务人员在大多数情况下能够对患者以礼相待,经常使用礼貌用语的占52.8%;然而,很少使用和从来不用礼貌用语的占19.7%。同时,对比表2也可以看出,在医务人员看来,70.9%的医务人员认为经常使用或每次都用礼貌用语;而从患者的角度看,经常使用或每次都用的比例却只

有52.8%,相差近20个百分点。这一差距表明,同样的言语行为,医务人员和患者两个不同角度可能有不同的感受。这可能也是医患沟通出问题的一个原因,值得关注。在对礼貌用语的评价方面,很满意和比较满意的占67.2%,不太满意和很不满意的占7.7%。也就是说,满意的占到三分之二略强,而另外的三分之一也需要关注。

表 13　患者对医务人员礼貌用语使用及评价

使用	频率	百分比	累积百分比	评价	频率	百分比	累积百分比
每次都用	73	18.7	18.7	很满意	98	25.1	25.1
经常用	133	34.1	52.8	比较满意	164	42.1	67.2
有时用	107	27.4	80.3	一般	98	25.1	92.3
很少用	52	13.3	93.6	不太满意	23	5.9	98.2
从来不用	25	6.4	100.0	很不满意	7	1.8	100.0
合计	390	100.0		合计	390	100.0	

另一方面,有10%的患者认为经常遇到医务人员说粗话的情形(见表14),如果加上"有时遇到",占21.8%。这是一个不小的数字,值得警醒。和前文医务人员的调查结果相比较(见表2),有时或经常说粗话的占6.3%,这一比例也与患者角度的调查结果相差较大,对此也值得关注。从对医生说粗

话的反应和做法来看,患者立即制止的占35.9%,被动忍受的占29.5%,理解的占28.5%。另有6.2%的患者抱无所谓态度,把注意力放在治病的效果上,其实在一定程度上也是被动忍受。这一言语行为往往也是形成潜在矛盾纠纷甚至导致矛盾爆发的因素。

表 14　医务人员说粗话情况及患者反应

说粗话	频率	百分比	累积百分比	患者反应	频率	百分比	累积百分比
每次都遇到	12	3.1	3.1	很影响心情,立即制止	140	35.9	35.9
经常遇到	27	6.9	10.0	影响心情,但无可奈何,只能忍受	115	29.5	65.4
有时遇到	46	11.8	21.8	可以理解,毕竟每天看那么多病人	111	28.5	93.8
很少遇到	140	35.9	57.7	无所谓,能治好病就行了	24	6.2	100.0
从没遇到	165	42.3	100.0				
合计	390	100.0		合计	390	100.0	

在发生医患纠纷时,医务人员和患者之间的交流显得更重要。调查显示,此时患者更在意医务人员的语气和态度,其中,96.7%的患者认为医务人员的语气态度对于缓和医患纠纷有着重要的作用。即便是在日常就医过程中,医务人员的语气态度也很重要,对此可从患者的反应中看出。调查显示(见表15),81.5%的患者宁愿多花一些钱去那些语言态度好的医院就医。调查过程中,有患者表示:"我觉得语言服务很有必要,病人身体的病痛已经很难受,如果再加上语言上的粗口或冷漠,更会雪上加霜,希望医疗工作者真的能温柔一点,耐心一点,微笑多一点! 社会和谐会更进一步的。""服务态度决定质量! 希望老百姓看病也能有好的态度!"

表 15　对医务人员语气态度的评价与反应

	频率	百分比	累积百分比
语言使用和医生态度较好的	318	81.5	81.5
语言使用和医生态度一般的	36	9.2	90.8
哪家都可以	36	9.2	100.0
合计	390	100.0	

此外,就医务人员在分析病情、解释病因过程中使用专业术语的现象,患者如何评价? 调查显示,有55.4%的患者认为有必要使用专业术语,认为基本没必要或没必要的占27.9%,另有16.7%的患者认为无所谓。医务人员调查显示(见表4),66.8%的医务人员有时或经常使用专业术语。这一使用频率与患者对此问题的评价基本一致,表明在专业术语的使用上医患之间并不存在太大的分歧。可以推测,专业术语使用的问题一般不会导致较明显的医患矛盾纠纷。

(2)对书面语使用中的语言问题的评价

看不懂病历、处方是近年来社会反应较为强烈的问题。对医务人员书面语使用的调查以病历、处方为例。调查显示(见表16),64.1%的患者经常遇到病历、处方看不懂的情况,只有8.7%的患者很少遇到这类问题,可见此类问题存在的普遍性。就看不懂病历、处方的原因,调查同时显示,字迹潦草的占68.5%,有专业术语的占51.8%,有外文缩略的占25.1%,有不规范简化字的占14.9%,有错别字的占3.1%,另有少数患者表示缺乏医学常识。对此,患者如何反应呢? 调查显示,57.2%的患者要求医务人员做出解释,27.4%的患者表示不会过问此事,另有9.5%的患者则要求医务人员解释并重新填写。这方面的问题也值得关注。

表 16　患者看不懂病历的经历及其反应

经历	频率	百分比	累积百分比	反应	频率	百分比	累积百分比
每次都遇到	92	23.6	23.6	不仅要求医务人员解释清楚,还要求他们重新填写	37	9.5	9.5
经常遇到	158	40.5	64.1	要求医务人员解释清楚即可	223	57.2	66.7
有时遇到	106	27.2	91.3	不会问医务人员,只要医院里的医护人员看懂就行	107	27.4	94.1
很少遇到	22	5.6	96.9	没有留意过	23	5.9	100.0
从没遇到	12	3.1	100.0				
合计	390	100.0		合计	390	100.0	

（3）对医院语言管理中的语言问题的评价

上文调查表明,医院语言管理中的语言服务类型很多,而最常见的是导医指示类和普及宣传类语言服务。以这两类为例,调查患者的关注与评价。调查显示(见表17),患者对导医指示类语言服务认可度很高,认为有用和很有用的占92.6%。而对于普及宣传类,经常关注这类语言服务的患者占40.3%,有时关注的占40%。总体上看,患者对这两类有较高的评价和关注。为此,医院管理部门应该在这两类语言服务上下大力气,更好地为患者提供就医的方便,普及医学常识,营造医院文化氛围,从而构建和谐医患关系。

表 17　对医院管理中的书面语的评价与反应

导医指示类	频率	百分比	累积百分比	普及宣传类	频率	百分比	累积百分比
很有用	189	48.5	48.5	每次都关注	47	12.1	12.1
有用	172	44.1	92.6	经常关注	110	28.2	40.3
一般	18	4.6	97.2	有时关注	156	40.0	80.3
基本没用	10	2.6	99.7	偶尔关注	61	15.6	95.9
完全没用	1	.3	100.0	从不关注	16	4.1	100.0
合计	390	100.0		合计	390	100.0	

（4）对医务人员语言培训的评价与期待

从医院管理角度看,是否有必要对医务人员进行语言服务方面的培训,调查显示,33.1%的患者认为很有必要,45.6%的患者认为有必要。关于培训内容,调查过程中有不少患者表示:"医生应使用规范性语言与病人沟通,以免出现误解";"语言规范,讲解病情尽可能通俗易懂";"经常使用普通话,字迹清晰";"医务人员安抚伤患时语气要平和耐心,一定要有耐心地跟伤患交流";"希望医院可以用平和友善的语言,简单明了地与病人沟通,不要故作高深,也不要敷衍了事";"希望医生在诊断病情时实事求是,不要过度夸大病患病情,否则更加剧了患者的心情"。这些患者的心声从某种意义上来说就是语言培训的内容。

三 问题与分析

医院语言服务调查表明,目前总体上看,医疗行业医务人员和医院在语言服务方面做了很多工作,语言服务效果是积极的,但是也从中发现一些值得关注乃至需要下力气解决的问题。这些问题,有些是社会普遍反映的问题,有些是从语言使用和医疗行业语言服务视角的专门的理性思考。

(一)医务人员的口语语言服务问题

口语交际是医患沟通的主要渠道。因此,更需要关注口语交际中的常见问题,如上文调查所显示的,尽管医务人员和患者对医患交际过程中的礼貌用语及不良语言行为都有较高的积极认识,但是其比例差距较大,仍是值得关注的问题。从比例差可以看出,对于一些言语行为,从医者角度看没有什么问题,但是对于处于病痛折磨,又是在特殊的环境(医院)中的患者来说,可能就是产生负面作用的言语行为。因而,作为相对弱势的群体,患者理应得到医院方面的更高级别的关注,这其中当然包括语言上的加倍关怀。在此,良好乃至优质的语言服务(尤其是口语服务)就显得尤为重要。

(二)医院管理方面的书面语服务问题

在上述四大类的医院书面语服务中,导医指示类和普及宣传类对于患者来说最重要。而恰恰是这两大类的语言服务,问题往往比较多。本次调查也格外关注这两类语言服务,发现不同程度地存在语句不通、语义含糊、别字、标点使用不当以及外文翻译问题。以外文翻译为例。不少医院的楼层索引、科室名称等有相应的译文,甚至有的医院连"强电井"之类的标记都有外文翻译,而一些重要的,如"急诊化验室",却没有相应的外文翻译。这是外语服务的"半拉子工程"。还有翻译上的问题,例如有的同一家医院出现三种不同的译名。可以设想,如果真有不懂汉语的外宾来就医,这些不当的外文翻译并不能起到真正的外语服务的作用,甚至会严重影响患者的就医行为。当然,这并不是要求所有医院提供全方位的外语服务,而是要结合自身情况,根据标识所在位置的重要程度,适当适度地采用必要的外文翻译,不能将外文翻译作为装饰点缀。这也是服务人性化的体现。

(三)专业信息服务与言语沟通形式问题

调查中也发现,相对于作为交际工具的语言,有些患者更关注医疗过程中的核心内容——医疗信息和医疗效果。为此,他们可以不关心语言的好坏、态度语气的优劣(例如,表14中的6.2%被调查者)。当然,一定程度上可以忽略形式,因而要求语言所承载的信息尤其是医疗信息必须准确到位。这也是部分患者所关心的问题,要求医生不要过度夸大病情严重程度,要提供准确的医疗信息服务。另一方面,还要注意语言在整个医疗过程中的心理辅助治疗作用。这也要求医务人员不仅仅关注医疗信息内容,而且要关注传递医疗信息的形式——言语表达方式。同样的内容可以有不同的表达形式,例如有患者就表示,有些医生在和患者谈论病情时,从他的语气语调中感觉到有重大病情,以至于给患者带来不必要的心理负担,甚至加重病情。这也对医务人员掌握言语交际策略提出了要求。

四 建议

(一)加强培训,增强医务人员的语言服务意识和沟通能力

调查所显示的医务人员口语服务问题以及社会上所普遍反映的问题(如医疗文书的不工整等)表明,医务人员的语言服务意识与服务水平尚未满足社会的需求。语言在医疗过程中具有不可替代的作用,患者在接受医疗服务的同时必然接受来自医院及

医务人员的语言服务,其间医务人员的语言服务意识和言语沟通能力具有重要的作用。医院及相关管理部门可以结合对《医疗服务语言行为规范》《病历处方书写规范》等行业行为规范标准的培训,除了普通话和文明礼貌用语外,加强医务人员的语言服务意识和言语交际策略培训。通过培训,增强医务人员在医疗过程中的语言服务意识,提高言语交际技能水平,使得语言在医疗过程中真正发挥传递医疗信息、交流医患情感、促进相互理解的多重作用。

(二)加强指导和监督,营造良好的医院语言环境

从医疗监管和语言文字监管的角度看,需要加强对医疗机构的语言文字应用管理方面的指导和监督。一方面,对于"规定动作",如病历处方书写规范、导医指示类语言服务,要严格执行,做到规范、有序、实用,不得流于形式。另一方面,对于"自选动作",如激励暗示类和艺术赏析类语言服务,可以多鼓励和指导医院结合自身的地域文化、行业文化以及患者的文化水平、社会背景等因素,积极开发一些新形式的语言服务,使之围绕主题、形式多样、得体适度,努力为患者营造轻松、和谐的就医环境,尽可能地缓解患者身处医院所产生的紧张、焦虑的就医心理。

(三)积极沟通,增加医患之间的相互理解与宽容

从患者角度看,如果说医院和医务人员提供了医疗语言服务,那么患者就是语言消费者。不同于其他消费行为,语言消费者既有获取相关语言信息、享受语言服务的权利,也有与语言服务者积极互动、沟通交流

的责任,这在一定程度上也是语言服务得以实施和延续的必要条件。医疗行业语言服务与消费更是如此。因此,需要患者保持良好的心态,积极与医务人员进行言语沟通。通过言语沟通和积极互动,获取医疗信息,解除病理疑惑,缓解身心压力。与此同时,患者也要增加对医务人员的理解和宽容,理解优质医疗资源紧缺下医务人员的工作压力与劳动强度,宽容其反复面对同类病患时的病情解释与语言表达的疲倦。将理解与宽容融入言语,让沟通与交流传递温情。

参考文献

东明.1981.语言与治病.医学与哲学(3).

姜学林、曾孔生.2000.医疗语言学.香港:世界医药出版社.

姜学林、张芙蓉.1997.科学认识医疗语言的临床意义.医学与哲学(3).

李现乐.2012.语言服务的价值与效益.制度经济学研究(2).

李现乐.2014.医患双方都应重视语言沟通问题.《中国语言生活要况(2014)》.北京:商务印书馆.

屈哨兵.2007.语言服务现状的个案分析及相关建议与思考——以产品说明书语言服务状况为例.绍兴文理学院学报(3).

王正.2003.医疗卫生领域语言文字规范问题摭谈.黑龙江医学(1).

夏金合、董国华、袁波、刘光陵.1994.医疗纠纷处理中的语言技巧.解放军医院管理杂志(1).

余惠邦、兰木初.1996.现代社会需要双语服务.西南民族学院学报(哲学社会科学版)(3).

赵桂馨.1983.语言的分类与技巧.医学与哲学(4).

作者简介

李现乐,博士,扬州大学文学院讲师,主要研究领域为社会语言学、语言服务与语言经济等。

龚余娟,扬州大学文学院硕士研究生,主要研究方向为社会语言学、语言服务等。

A Language Service Study in the Medical Field

Li Xianle & Gong Yujuan
Yangzhou University

Abstract：Language plays an important role in communication between medical personnel and patients. Language service studies conducted in hospital show that medical personnel is already making efforts in language service. Generally speaking, the result of language service is good. However, the language service consciousness and service quality have not met the demands of the society. The communication in oral language and written language between medical personnel and patients has met with obstacles in various degrees. Problems found include the use of untoward language and the poor handwriting of prescriptions, etc. Hospitals should provide more language training for medical personnel to enhance their language service consciousness and the ability of communication. The language management is to be improved, so that good medical language atmosphere will be built in hospitals. Positive communication should be enhanced between medical personnel and patients, in order to increase mutual understanding and tolerance.

Key words：language service, medical language, language management, evaluation, expectation

公共交通方言报站的社会语言学分析*

俞玮奇　　胡蓓琦

提　要：本文从实证调查出发，就当前城市语言生活中的"方言报站"问题进行了社会语言学研究与政策分析。两种视角的结合，使得我们对增设方言报站这项政策所产生的真实语言环境及公众态度有了更为深入的了解。在此基础上进一步对该项政策的适当性与有效性进行了评估。文章在最后从城市语言管理与规划的角度提出了相应的建议。

关键词：方言报站　语言政策　政策评估　城市语言管理

引言

当前中国的城市语言状况正经历着快速的变化，城市语言生活热点问题也随之不断涌现。这其中有关方言的语言生活问题频频成为公众热议的话题。

2011年12月5日，上海公交在785路公交线上率先选择了两辆公交车试点增加上海话报站，这是上海首次在公交车的电子报站中增加上海话内容。随后陆续在11路、49路、69路、118路、980路、松江24路等7条公交线路上开始增加上海话报站语言服务的试点。之后上海市交港局运管处对普通话、上海话、英语报站作出明确规范，计划从2013年10月起，陆续上线新的语音报站系统，上海公交将全部实现增加上海话报站。12月底新开通的上海地铁16号线也增加了上海话报站内容。除上海以外，2012年至今，南方方言区的苏州、南京、杭州、温州、宁德等城市也相继加入了这股社会热潮之中。

在这股社会热潮兴起的同时，公众对公共交通系统中增加方言报站内容争论不断。而有关政府部门决定在公共交通系统增加方言报站内容的决定，可以说是一项公共交通领域的语言政策，这同样也属于公共政策的范畴。我们可以运用语言政策和公共政策的研究范式来分析这一社会语言现象。此外，语言政策本身也是需要不断进行评估与分析的。正如著名的语言政策学者卡普兰和巴尔道夫（Kaplan&Baldauf，2014）所言："对语言生态一知半解就着手制定语言政策，结果可能弄巧成拙"，西方"政府偏好自上而下的做事风格，不考虑所在环境的语言实际，而强制推行计划，结果往往是时深日久发展方向陡转，诸多因素综合到一起，导致语言政策的目标落空"，"语言政策的贯彻实施需要得到持续不断的评估"，此外，西方"政府主导的活动有个共同特点，就是认为一项政策一旦启动成功，就大功告成了，后期评估往往被忽略"。我们有必要引以为戒。而要对这些政策进行论证和评估，就必须对政策目标所产生的背景和现状进行分

＊　本文为国家社科基金青年项目"长三角地区城市语言状况变化与城市语言规划研究"（项目编号：12CYY019）阶段性成果，并受上海市教委晨光计划项目（项目编号：12CG29）的科研经费资助。

析,从而确定政策的价值所在(陈庆云,2011)。

语言政策学者托尔夫森(Tollefson,2013)认为:"解释性的政策分析和语言政策调查是发现有关语言和社会的话语的手段,其也为语言政策研究提供了有力而高效的研究路径。"西方的公共政策学者戴维·L.韦默(David L.Weimer)和艾丹·R.瓦伊宁(Aidan R.Vining)(2013)也认为实地研究是政策分析中信息收集主要手段之一。鉴于目前国内还没有对此项语言政策进行评估和分析,而有关这项政策所产生的真实语言环境是怎样的?现状如何?公众的态度又是如何?由此所引发的政策适当性与有效性问题尤其值得我们关注。因此,本文试图从实地搜集信息,对该社会语言现象作一初步探讨。

一 研究方法

我们的实地研究首先是从非介入式观察和问卷调查入手。非介入式观察法是20世纪70年代库帕(Cooper L. Robert)、费希曼(Fishman A. Joshua)等人在东非新独立国家的语言政策和语言规划研究时所创设的方法,该方法后来相继被 Van den Berg(1986)、徐大明(2005)、陈淑娟(2009)等人在中国台湾和新加坡调查时所采用。Cooper 和 Carpenter(1976)等人认为该法是在入户调查不可行时有效的替代方法,并且比被调查者的自我报告更为可靠,可以更好地掌握多语环境下各种语言的功能分化情况,了解真实的语言环境。该法具体操作是调查员在局外观察,不参与被观察对象的言语活动,并按固定的程序,根据事先印好的观察卡记录语言使用实态。调查员除了记录被观察者所使用的语言外,还记录被观察者的交际类型、交际对象、性别、大致的年龄段等

信息。本文的实地观察共调查记录了抽取的 44 次乘坐公共汽车的情况,公交线路随机选择,以市区线路为主,共记录了 604 组数据。记录的交际类型包括了司机招呼、售票员报站、司机对乘客、乘客对司机、售票员对乘客、乘客对售票员、司机与售票员之间、乘客之间的语言使用状况。

本研究还设计了专项问卷调查人们对公交系统上海话报站的态度等,问卷调查共回收 247 份问卷,调查对象包括上海本地人口 143 人,占总人数的 57.9%。外来常住人口 104 人,占总人数的 42.1%,后者在上海居住的平均时间为 4.54 年。

此外,本文还将利用上海语言文字工作者协会于 2012 年底开展的上海话使用情况有奖调查的数据加以佐证。该项调查共回收了 40542 份问卷,其中在上海出生的占 70.81%,在外地出生的占 29.15%。

二 政策的语言环境与公众语言态度调查与分析

(一)语言政策背后的真实语言环境

语言政策总是在一定的语言环境中运作的,对于语言政策的评估,自然要先了解语言政策所针对的语言环境。我们通过匿名观察法,抽样调查了上海市公共交通系统的实际语言生活情况。调查结果显示,在观测到的 604 次言语行为中,普通话的使用比例占 33.1%,上海话的使用比例占 58.9%,同时使用普通话和上海话的比例占 4.5%,其他方言的使用比例仅占 3%。在公交系统的语言环境中,上海话的使用明显占优势地位,普通话的使用约占三分之一。应该说,公交系统的语言生态环境是以上海方言为主的。因此,在公交系统报站中增加上海话报站的决策,似乎是符合语言环境实际状况的。

表1　公共汽车上的语言使用情况

	观察人次	百分比
普通话	200	33.1
上海话	356	58.9
其他方言	18	3.0
普通话和上海话	27	4.5
普通话和其他方言	1	0.2
英语	2	0.3
合计	604	100.0

但具体分析就会发现在实际语言环境下不同交际类型的语言选择有着明显的差异。乘客之间交流，多半属于熟人之间的内部交际，内部交际往往都是选择双方都熟悉的日常生活语言，由表2可知，乘客之间交际使用普通话的比例为37.4%，上海话的使用比例为51.5%，上海话的使用比例明显高于普通话，这与乘坐公共汽车的人群以上海本地人群为主有关。而当乘客分别向司机和售货员询问，转向外部交际时，上海话的使用比例高达73.7%和68.5%，普通话的使用比例只有26.3%和31.5%。这一方面与乘客、司机和售票员多为上海本地人有关，另一方面乘客向司机或售票员说话，多为请求型言语行为，乘客自然会迁就司机或售票员的语言选择，发生言语适应现象，因此上海话的使用比例会比较高。

而司机的招呼言语、司机与售票员之间的言语交际基本上都是使用上海话，这与司机和售票员的上海本地人身份有关。在部分公交车有售票员人工报站时，情况有明显不同，售票员报站使用普通话的比例达到51.6%，上海话的使用比例则占35.5%，另有12.9%是先后使用上海话和普通话的，上海话的比例明显低于普通话。这表明在向公众传递信息时，考虑到乘客的不同地域来源构成情况，工作人员会考虑选择使用国家通用语言普通话。工作人员使用上海方言

更多是由于自身的本地人身份，以及所服务的乘客大多来自于本地，但也主要是在内部交际时用得更多些；当他们向公众传递信息时，就属于公共服务范畴的行为，由于乘客地域来源构成的复杂性，使用公共场合通用语言普通话所带来的信息沟通效率会更高，工作人员选择使用普通话报站在某种程度上来说更多是一种现实的选择。

在司机与乘客交际时，司机的上海话使用比例为78.9%，相比于司机无特定对象的招呼言语行为，上海话的使用比例有所下降，但其上海话的使用比例仍相当高。司机对乘客使用普通话的比例仅为18.4%，与其内部言语交际相比，普通话的使用比例有所上升，但仍明显低于"乘客对司机"使用普通话的比例26.3%。这表明司机在向公众提供语言服务时，更多是坚持使用本地方言上海话，向普通话乘客的语言迁就行为并不多。

在售票员与乘客交际时，上海话的使用比例为67.9%，相比于无特定对象的报站言语行为，上海话的使用比例明显上升，但与乘客对售票员使用上海话的比例68.5%接近。上海话使用比例较高主要是由于售票员所面对的乘客多是上海本地人。售票员对乘客使用普通话的比例仅为28.3%，与报站相比，普通话的使用比例明显下降，但与乘客对售票员使用普通话的比例31.5%接近。

司机、售票员在与乘客之间交际时，为了实现交际的顺畅，针对具体不同的语言使用对象，语言使用会有所调整，但基本上仍然主要是使用本地方言上海话。

根据以上调查结果，可以说如果乘客要通过方言来获取报站信息的话，这方面的需求很容易就在真实交际场合中得到满足，司机、售票员基本上是在用方言提供服务，其他本地乘客也是在说本地方言，可以很好地满足部分乘客对于用方言传递信息的需求。

表2　不同交际类型的语言使用状况

交际类型	观察人次	普通话（%）	上海话（%）	其他方言（%）	普通话和上海话（%）	普通话和其他方言（%）	英语（%）
乘客之间	361	37.4	51.5	4.7	5.5	0.3	0.6
乘客对司机	38	26.3	73.7	/	/	/	/
乘客对售票员	54	31.5	68.5	/	/	/	/
司机招呼	18	/	100.0				
司机售票员之间	11	/	100.0				
司机对乘客	38	18.4	78.9		2.6		
售票员对乘客	53	28.3	67.9		3.8		
售票员报站	31	51.6	35.5		12.9		
合计	604	33.1	58.9	3.0	4.5	0.2	0.3

调查还发现,在实际语言环境下,不同年龄层的人群在公共汽车上的语言选择有明显的差异。我们将被观察人群分为青年、中年和老年三组。由表3可知,青年人群在公交车上使用普通话的比例最高,达到50.33%,上海话的使用比例最低,只有36.33%。与年轻人在公交车上较多使用普通话的情况相比,中老年人则主要是使用方言。中年人使用上海话的比例为78.33%,使用普通话的比例为18.72%;老年人使用上海话的比例高达87.13%,普通话的使用比例仅为10.89%。

我们的问卷调查结果也同样证实了这一点,在公共汽车上,年龄越大,使用上海话的几率越大;年龄越小,使用普通话的几率越大。语言使用状况的年龄差异,是与说话人的语言习惯和语言能力密切相关。中老年人习惯于说上海话,普通话能力相对较差,因此他们在公共场合习惯于说上海话,而年轻人由于受过良好普通话教育,大多具有良好的普通话能力,他们在公共场合说普通话的情形也相对较多。

与乘客的语言使用存在年龄层差异的情况一样,司机与售票员对乘客的语言使用也有明显与之相对应的情况,司机与售票员对老年人基本上是使用本地方言上海话,而对年轻人使用普通话的情况要多一些。因此,有一种观点认为增加方言报站可以满足只听懂方言的老年群体的需要。但在现实层面的操作过程中,老年人听不懂普通话报站的这一问题其实并不严重,因为大多数司机和售票员主要是说本地方言,另外本地老年群体对于当地的熟悉程度,使得其对方言报站的实际需求并不是很高,其更需要的是其他各种类型的服务。

表3　不同年龄层人群在公共汽车上的语言使用状况

年龄层次	观察人次	普通话（%）	上海话（%）	其他方言（%）	普通话和上海话（%）	普通话和其他方言（%）	英语（%）
青年	300	50.33	36.33	5.67	6.67	0.33	0.67
中年	203	18.72	78.33	/	2.96		
老年	101	10.89	87.13	0.99	0.99	/	/
合计	604	33.1	58.9	3.0	4.5	0.2	0.3

（二）公众对于增加方言报站的语言态度

在政策的制定与执行过程中，目标群体的态度对于政策能否达到其预期目标有着重要影响（陈庆云，2011）。目标群体理解、接受和遵从政策的程度也是衡量政策有效性的关键性要素（谢明，2011）。因此，对于方言报站的语言政策分析，除了考虑政策的语言环境外，我们还将分析社会公众对于增加方言报站政策的语言态度。

关于公众对增加方言报站政策的语言态度，我们主要通过在 2013 年对上海市民公交方言报站语言态度调查所回收的 247 份有效问卷，以及 2012 年上海市语言文字工作者协会开展的上海话使用情况有奖调查所回收的 40542 份问卷等调查，加以分析。

在上海市民公交方言报站态度专项调查中，关于增加上海方言报站是否有必要，共有 63.5% 的被调查者表示"非常有必要"或"有必要"，而选择"不确定"、"没必要"和"完全没有必要"的被调查者占 36.5%；关于方言报站是否需要推广，共有 57.5% 的被调查者表示"非常有必要"或"有必要"，有 42.5% 的被调查者表示"不确定"、"没必要"或"完全没必要"。

在上海话使用情况有奖调查中，对于"上海的公交车、地铁在使用普通话播报的同时，增设上海话播报，怎么看？"，40542 份问卷中有 74.48% 的被调查者表示"赞成"，其余 25.52% 表示"反对"或"无所谓"。

此外，上海东方早报网 2011 年 12 月开展的"你觉得公交车沪语报站有必要吗？"的网络调查中，1418 名网友中共计有 73.6% 表示"有必要"或"要推广"，另有 26.2% 的网友表示"没必要"。①

上述几项调查的结果比较接近，六七成左右的公众都对"增加上海方言报站"表示支持和认可的态度，但这些都只是表面上的结果，我们有必要分析公众态度背后的深层因素，因此也就需要对数据进行深入挖掘。

（三）公众对增加方言报站政策的态度差异：社会语言因素

多项调查均显示出有三到四成左右的公众对于增加方言报站持不支持的态度。我们有必要了解公众对增加方言报站政策的态度差异，是什么因素促使公众支持或不支持这项政策，这些具有影响力的社会因素尤其值得我们重视，因为它直接关系到政策的有效性与接受度的问题。

首先，从语言能力和语言态度的角度来看，皮尔逊相关分析发现（见表4），公众对公交方言报站政策的态度与其上海方言的语言能力及语言态度呈显著的高度正相关。上海方言能力越好的、对上海方言情感认同和社会地位认知度越高的，越支持公交的方言报站政策，也越希望能推广方言报站。

另一方面，公众对方言报站政策的态度与其对普通话的语言态度呈显著的低程度负相关。公众对普通话的情感认同越强，对普通话的实用性和社会地位认知度越高，其对公交方言报站政策的支持程度和积极性就越低。相关分析并没有发现公众的普通话能力与方言报站政策主观态度之间的相关性。由此我们推论，目前支持方言报站政策的公众更多是出于方言的情感认同因素，而不是由于自身普通话能力较差，听不懂普通话报站。

从语言使用习惯来看，两项调查均显示，在家中或公共场合中主要使用上海话的群体，支持公交系统增设方言报站的比例高达 80% 左右，支持率要显著高于在家中或公共场合主要是说普通话的群体，后者的支持率仅在 50%—60% 左右（卡方检验：$p=.000<0.05$；$p=.000<0.05$）。

从社会因素来看，年龄与对方言报站的支持度呈显著的相关性。年纪越大的被调查者越支持增设方言报站,年龄越小的被调查者,对增设方言报站的积极性越低。这与我们在公交车上匿名观察的语言使用情况相对应,因此,年纪越大的公众越支持方言报站,原因很可能是与他们的语言使用习惯及语言情感密切相关。

特别值得注意的是,本地人群体与外来移民群体对于方言报站政策的态度有非常显著的差异。在专项调查中,本地人群体中有81.3%表示增设方言报站有必要或非常有必要,75%表示有必要或非常有必要推广

方言报站,而外来移民群体相应的比例分别只有40.4%和34.7%。在上海话使用情况有奖调查所回收的40542份问卷中,对交通系统增设方言播报的态度,本地人群体中同样有80.1%表示支持增设方言播报,而外来移民群体中只有60.8%表示支持,卡方检验显示两个群体之间的态度差异具有显著性(p=.000<0.05)。对于方言报站,本地人群体更倾向于支持方言报站,而外来移民群体中对"方言报站"持"无所谓"或"反对"态度的比例要明显高于本地人群体。

表4　对方言报站政策的态度与各种社会语言因素的相关性

		增设是否有必要		是否应推广方言报站		增设方言播报的态度	
		相关系数	显著性	相关系数	显著性	相关系数	显著性
普通话能力	听力	−.087	.185	−.055	.398	.221**	.000
	会话	−.052	.423	−.026	.688		
上海话能力	听力	.525**	.000	.518**	.000		
	会话	.466**	.000	.488**	.000		
普通话态度	好听	−.196**	.003	−.249**	.000		
	亲切	−.236**	.000	−.220**	.001		
	有用	−.162*	.014	−.157*	.017		
	社会影响	−.154*	.019	−.101	.126		
上海话态度	好听	.509**	.000	.475**	.000		
	亲切	.513**	.000	.554**	.000		
	有用	.478**	.000	.510**	.000		
	社会影响	.501**	.000	.498**	.000		
年龄		.212**	.001	.209**	.001	.047**	.000
受教育程度						.025**	.000

注:"增设方言播报的态度"一栏以及"年龄"和"受教育程度"的相关分析采用等级相关分析法。其他采用皮尔逊相关分析法。

三　讨论

(一)公共交通增加方言报站的政策背景与现实

在了解该语言政策所产生的语言环境及现状的基础上,下面试分析该政策所产生的社会背景与现实。当前各城市出台方言报站的政策总是有着各自的理由,比如增强城市的地方文化特色、吸引游客等,但不可

否认很多是出于保护与传承地方方言的目的。例如出台这项政策的上海市交港局局长孙建平在接受媒体采访时就表示:"我也是一个老上海人,对地方方言也有很深刻的感情。"同时还表示,交通港口局将会与其他部门一起为上海方言的传承和保护多做工作[②]。除了地方政府部门的积极介入外,我们还应考虑国家层面宏观语言政策背景的

影响,以及一些学者、民间团体和媒体等不可忽视的作用。具体来看,增设方言报站的政策出现,是在国家"科学保护各民族语言文字"的宏观政策背景下,各地方有关部门积极主动介入的结果。其实早在 2007 年上海地铁就曾推出过五种方言特色服务,但被当时政府有关部门建议叫停,但 2011 年年底上海有关部门再次推出公交增设方言报站的服务,2013 年年底上海地铁 16 号线也开始增加上海方言报站,这在某种程度上是有关政府部门政策导向转变的结果。而这种政策导向的转变,除了与国家宏观层面政策背景有关以外,众多学者、民间活动者以及大众媒体的影响也不容忽视。比如,2011 年年底上海有 82 名学者联名倡议科学保护上海话,其在倡议书中建议"全市公共交通上要有上海话报站",该倡议书被各大媒体纷纷刊载报道。而当前大众媒体也在利用自身的舆论影响力,把方言保护的问题广泛传播,形成强大的舆论影响力,促使政府决策系统关注并接受特定的政策问题,有效地影响着社会问题进入政策议程的效率和质量(陈庆云,2011)。

另外,我们不应孤立地来看方言报站这一现象,其实当前国内的各种"方言问题"有着更为深层次的社会根源,其与国内大规模人口流动所带来的社会现实问题紧密相关。族群社会学认为,当外来移民大规模迁入时,移民不可避免地会与本地人在资源占有上形成竞争,本地族群会立刻产生被威胁感,本地人会感受到来自移民的巨大竞争压力,会产生激烈的对抗态度。此外,当地的文化生态(语言、生活习俗等)会受到人数众多的移民人口的影响,使得当地族群感到自己的传统文化受到冲击(马戎,2005)。这些冲击在方言问题上表现得尤为突出。尽管从 50 年代起,特别是自 80 年代以来,一直都在大力推广普通话,但直到最近十年,随

着国内人口的大规模流动,方言在城市的权威才开始真正受到挑战。特别是在长三角地区不少城市,其外来人口数量接近或超过本地人口数量时,本地方言由于其流行度和中心度的降低,活力明显大不如以前,于是这种"方言危机"激起了本地方言使用者的反弹,保护方言也就成为一个公共所关注的话题。方言在赋予本地群体归属感和认同感的同时,也是凝聚本地群体的有力手段,于是包括方言报站在内的方言教材与课程、方言新闻播报、方言电视剧等各种形式的方言诉求也成为本地群体表达权利属地化诉求的一种手段。方言报站实质上是本地群体对权利属地化主张的体现。本文调查所发现的公众对方言报站政策的态度与其方言能力及方言态度呈显著的高度正相关,以及 80% 以上的本地人群体支持增设方言报站的政策,正说明了以上这一点。

(二)公共交通增加方言报站的政策评估

我们在分析了为什么会出现这一政策方案之后,下面有必要对该项政策方案进行评估。即与政策目标是否一致?为了谁的利益?期望达到什么结果?值不值得为这些目标去奋斗?等等。美国公共政策学者威廉·邓恩(2002)将政策评估的标准具体分为六类:效益(effectiveness)、效率(efficiency)、充足性(adequacy)、公平性(equity)、回应性(responsiveness)和适应性(appropriateness)。以下具体分析。

首先,从效益上来看,即结果是否有价值?方言报站的目标结果无论是从地方语言文化的保护,还是从满足部分人群的出行需求的角度,可以说都是具有一定价值的。但是同时也要考虑到,通过我们的实证调查发现,部分人群出行需要方言报站完全可以由当地司机或售票员乃至本地乘客的语言服务来解决。此外,公交系统报站本身的价值首先在于其功能性,能否以清晰、简洁、易

懂的方式传递公众所需交通信息,是其首要的评判标准,其文化方面的价值其实位居其次;从效率而言,为了这个结果付出的代价,则是所有公交报站系统都必须重新替换,而且由于三语(普通话、方言和英语)报站的最大技术问题是来不及报,也就是说站与站之间距离太短的话,没报完就到站了,为此,上海公交将在站距在 300 米以内的线路上,取消英语报站,只报普通话和上海话。[3]此外三语报站也带来了信息的累赘与不畅等问题,这一代价似乎比较大;从充足性来看,即这个有价值的结果的完成在多大程度上解决了目标问题,如果说增设方言报站要实现地方方言保护与传承的话,这一方式的可行性和有效性确实是有待检验,况且当前长三角地区方言式微的现象是多种因素造成的,绝非单凭增加方言报站所能解决;在从公平性而言,方言报站对于本地人群体而言,无论是从实际需求上,还是情感上都能有所满足,但"一遍又一遍的沪语报站,似乎是在告诉外来人,'这是说给地道的上海人听的'",对于人口数量接近一半的移民而言具有一定的不公平性;从回应性来看,我们的调查显示,政策运行符合了大部分尤其是本地人群的需要和偏好,是具有一定民意基础的;但从适宜性来看,即所需结果是否真正有价值或值得去做,在某种程度上,方言是需要保护的,但更需要的是一种科学的保护。

从政策评估来看,增设方言报站的政策存在一些瑕疵,其所起的作用更多是满足本地人群在方言情感上的需求,也是满足他们对权利属地性的要求。"方言报站"被城市本地人群寄予了保护和推广本地方言的期望,其具有了某种的象征意义,政策本身也更具有象征意义。应该说,正是城市本地人群的方言危机意识和方言保护愿望在某种程度上催热了"方言报站"现象。但我们必须清楚的是承载着语言保持和传承使命的

语域是家庭领域(Coulmas,2005),而不是公共领域。在公共领域,有关社会语言服务的语言政策必须权衡考虑社会、经济、文化等多种因素,尽可能实现公共利益最大化。

(三)由增设方言报站政策来看今后的城市语言规划与管理

从目前已有的调查来看,很多公众是支持公交方言报站政策的,但必须注意到这种支持的背后所展现出来的复杂社会生态。不同群体对于该政策的态度有着明显的不同。本地人群体明显支持这项政策,这符合他们的语言情感和权利主张,而外来移民人口对该政策的态度明显有所保留。"方言报站"争议的背后实际上存在着城市"土著"居民与外来移民的矛盾,一方在呼吁保护本地文化特色,而另一方在强调城市的开放性。除了群体地域来源的差异以外,调查还显示不同年龄层、不同受教育程度的群体对于方言报站政策的态度也有所不同。由此可见,"方言报站"已不仅仅是一个有关社会语言服务的政策问题,而是牵扯到城市化进程中不同社会群体的接触、融合,以及城市语言资源如何合理配置等问题。

在当前城市城市化进程中语言状况日益复杂的情况下,城市语言管理的政策制定和规划愈发显得重要。与国家层面的语言规划不同,城市语言规划直接影响着大众的日常生活,也是公众直接就能感受到国家语言政策影响的层面,因此更要格外小心谨慎。城市语言规划的复杂性,一方面在于参与主体的多元性,另一方面也在于规划所面对的对象也存在多样和不确定性。在城市语言规划过程中,不仅国家作为政策主体在发挥着巨大影响,地方政府的各部门同样也是城市语言规划的主体,也起着重要的作用,此外,一些学者、民间活动者以及大众媒体也起着不可忽视的影响,"方言报站"现象的趋热,即是明证。另一方面,城市语言规

划必须考虑到政策所针对群体的复杂性。从"方言报站"现象来看，支持者多为本地人群，外来人群对"方言报站"并不积极，甚至有抵触情绪，但本地人群自身的态度也有复杂性，除了年龄层、受教育程度的差异外，本地人群体内部也存在着差异，例如：全线在上海浦东新区的地铁 16 号线开通之后，有不少南汇本地人在网上论坛上提出 16 号线南汇段的报站应体现出"南汇话"的特色等等。语言规划（或语言管理）所面对群体态度的复杂性必须引起重视，因为这将会直接影响到语言管理的最终效果。

当前城市语言生活的复杂性，使得城市语言管理与规划面临着更多的挑战，一旦处理不好，语言问题很容易成为不同社会群体间冲突的导火索。我们在加强城市语言管理与规划的同时，必须考虑到城市语言管理与规划本身的科学性。城市语言政策本身就是一项公共政策，除了考虑语言方面种种问题以外，还必须考虑到作为公共政策所必须符合的各项要求，必须实现最大的公共利益。城市的各政府部门或组织在出台某项涉及公共语言服务的政策前，务必从语言和公共政策等多个角度进行科学论证与调查。

四 结语

本文主要是讨论城市语言生活中的增设方言报站的政策问题，在结合社会语言学调查与政策分析的两种视角下，我们发现这项政策所产生的真实语言环境与现实的复杂性，方言报站这一现象，其实与当前国内的各种"方言问题"一样有着更为深层次的社会根源，与国内大规模人口流动所带来的社会现实问题紧密相关。方言报站也成为本地人群表达权利属地化诉求的一种手段。在此调查基础上对政策进行评估，也引发了对该项政策的适当性与有效性的疑问。从政策评估来看，增设方言报站的政策存在一

些瑕疵，其所起的作用更多是满足本地人群在方言情感上的需求，政策本身也更具有象征性的色彩，对于能否实现方言的传承与保护的目的还有待检验。

当前中国的城市化进程使得城市语言生活日益复杂，这也使得城市语言管理与规划面临了更多的挑战。政府有关部门在加强城市语言管理与规划的同时，必须考虑到城市语言管理与规划本身的科学性，以实现政策的有效性与最优性。

附 注

① 东方早报网《你觉得公交车沪语报站有必要吗?》，www.dfdaily.com/html/2/2011/12/7/710547.shtml。
② 《新闻晨报》2013 年 9 月 13 日《公交站距超 300 米将按"普通话—沪语—英语"顺序报站》报道。
③ 《新闻晨报》2013 年 9 月 13 日《公交站距超 300 米将按"普通话—沪语—英语"顺序报站》报道。

参考文献

陈庆云. 2011.公共政策分析(第二版).北京:北京大学出版社.

陈淑娟. 2009.台北市公共地区三十年来语言使用的变迁——比较分析 1978 及 2008 的语言调查.台湾文学研究集刊(6).

谢俊英. 2013.方言保护刍议.载教育部语言文字信息管理司组编.中国语言生活状况报告(2013).北京:商务印书馆.

李宇明. 2013.领域语言规划试论.华中师范大学学报(人文社会科学版)(3).

马戎. 2005.民族社会学导论.北京:北京大学出版社.

钱乃荣. 2011.新世纪的语言环境和上海话的变化,载孙福庆、杨剑龙主编.双城记.上海、纽约:都市文化,格致出版社.

谢明.2011.公共政策分析概论(修订版).北京:中国人民大学出版社.

徐大明.2005.新加坡华社语言调查.南京:南京大学出版社.

戴维·L.韦默(David L.Weimer),艾丹·R.瓦伊宁(Aidan R.Vining). 2013.公共政策分析——理论与实践.刘伟译.北京:中国人民大学出版社.

罗伯特·卡普兰(Kaplan)、小理查·巴尔道夫(Baldauf). 2014.太平洋地区的语言规划和语言教育规划.梁道华译.北京:外语教学与研究出版社.

威廉·N.邓恩(William N. Dunn).2011.公共政策分析导论(第四版).谢明等译.北京:中国人民大学出版社.

Bernard, Spolsky. 2009. *Language Management*. Cambridge University Press.

Coulmas, Florian. 2005. *Sociolinguistics: the study of speakers' choices*. Cambridge University Press.

Fasold, Ralph. 1984. *The Sociolinguistics of Society*. Oxford: Blackwell.

Tollefson, W. James 2013 *Language Policies in Educa-tion: critical issues*. Routledge.

Van den Berg, Marinus. 1986. *Language Planning and Language Use in Taiwan*. Taipei: Crane Publisher CO.

作者简介

俞玮奇,博士,华东师范大学对外汉语学院副教授,研究方向为社会语言学、语言政策与规划。

胡蓓琦,华东师范大学对外汉语学院本科生,上海人。

A Sociolinguistic Analysis of the On-bus Announcement in Dialect

Yu Weiqi & Hu Beiqi

East China Normal University

Abstract: Based on a sociolinguistic investigation, the dialect announcement phenomenon in the domain of public transit is analyzed in the frame of policy analysis. On the basis of the language environment and public attitudes investigation, the policy analysis shows that appropriateness and effectiveness of the dialect policy in the public transit is questioned. At last we put forward some suggestions on urban language management.

Key words: language policy, policy analysis, urban language management

高校多语管理的重要手段：教学媒介语

林 洁

提 要：教育全球化浪潮下，我国的高等教育面临教育全球化和语言多样化的挑战。我国高校亟待开展多语管理，并且配合科学的语言管理指导。现有研究缺乏一个统一的语言管理分析模型。本文通过文献综述合介绍世界各地多语高校的语言管理。面对多语现状，各国高校采取了积极或消极的语言政策，其中教学媒介语的调整是重要的语言政策内容之一，对学生的语言能力以及当地多语格局产生深远影响。国际高校的经验和教训可以为我国高校借鉴。

关键词：高校 多语管理 多语政策 教学媒介语

引言

国际化大潮席卷下，多语现象日益突出，既带来机遇，也暗呈危机。高等学府同时面临教育国际化和语言多样化的挑战。一方面需要更熟练地掌握国际语言，进行学术交流和文化交流；另一方面，校内多语现象意味着多语竞争，校园生活如果缺少有效的多语管理，会引起语言生活的混乱，例如：不少校园内的路牌标记，外文翻译错误百出，引人误解。在多语地区甚至更进一步，区域的方言或者弱势语言或在语言竞争中被削弱，产生语言冲突。

近年来，学界开始越来越多地关注大学的多语制（multilingualism）现象，也就是大学在国际化影响下面对多语现象所采取的多语政策和实践（multilingual policy and practice）成为共同的研究方向（Cots Lasagabaster & Garrett，2012；Risager，2012；Lindstrom，2012；Garrett & Balsa，2014，等）。《国际语言社会学刊物》（*International Journal of the Sociology of Language*）在 2012 年就发表了专刊"语言与国际化大学"（Language and the international

university）专门讨论国际化大学的多语管理。在研究活跃的学者中，Peter Garret 关注英国威尔士地区，Josep Cots 和 David Lasagabaster 关注西班牙，Karen Risager 和 Jan Lindstrom 关注丹麦，这些学者们都注意到了在多官方语言地区，大学的语言管理需要做出更多更复杂的考虑。同时，学校的多语性与学校的社区性共存给予了将学校剥离所处地域，可作单独分析对象实体的可能。高校多语现象目前还没有一个成形的理论分析框架，各种社会的和语言的因素的交织使这一问题同时有多个分析维度，各研究虽然都触及多语制、多语政策和语言政策的结果，但没有从语言管理的角度进行分析，本文尝试用斯波斯基的语言管理模型（Spolsky，2009）分析国外高校的多语管理，学习国际高校的经验和吸取教训，为我国高校提供借鉴。

一 语言管理的理论框架

语言管理理论源于 1978 年诺伊斯图普尼（Neustupny）提出的"语言修正"的概念。1987 年，该概念进一步被颜诺（Jernudd）和诺伊斯图普尼发展成"语言管理"，随后被广泛使用。2009 年,斯波斯基(Spolsky)出版了专著《语言管理》(*Language Management*),开篇首句就明确提出"语言政策就是选择,对双语者或多语者来说,必须对使用哪种语言作出选择"(2009)。

斯波斯基(2009)认为,要理解在不同语言之间做选择的行为本质,就要理解选择的过程受到社会结构、社会场合与语言能力的共同影响。语言管理存在于每一个"域"(domain)之内,"域"是一个社会空间,例如家庭、学校、住宅区、教堂、工作地点、公共媒体,或者政府部门。"域"同时受内、外各因素影响。"域"有三大特征:参与者(participants),地点(location),和话题(topic)。语言政策有三大组成部分:一是语言实践(practice),二是语言信仰(ideology/beliefs),三是语言管理(management),权威方的显性或隐性努力会影响参与者的语言实践或语言信仰。

斯波斯基认为语言政策三大组成部分中最主要,也是对语言管理产生最大影响的部分是语言实践,而另外两部分也都会影响语言选择。斯波斯基的模型主要解释了内部因素的影响,但是外部因素也很有可能产生影响。与语言有关的外部因素是:第一,任何一个参与者都可能同时属于不同"域",熟悉不同的语言实践,有可能有个人的语言偏好(favor);第二,有过许多高级别的"域"向低等级别的"域"施加压力影响其语言实践的语言管理的例子。还有很多与语言无关的外部因素,例如贸易需要、种族运动或者是教育的角色等经济、社会因素。具体到学校语言管理,两大冲突是:一是学校试图修改或者压制学生的家庭语言实践;二是学生群体对成年人价值观和语言变体的抵制。更复杂的是学校里面还有教师作为当地语言管理者(local managers),他们受到来自"域"内外的压力。

综合而言,语言管理是受内外不同因素在多层次的共同影响后做出的选择。

二 国外语言管理

学校的语言政策有积极和消极之分。由于学校受到不同级别的法律和行政力量约束,从最高的国家级别,到各级行政区域的法令法规,再具体到学校层次的管理机构,都可能作出各种语言规定。

"澳大利亚是世界上第一个制定和实施多语政策的英语国家……1987 年,澳大利亚颁布了《国家语言政策》(National Policy on Languages,简称 NPL),这是由联邦教育部颁布的一项正式的、综合性的国家语言政策,是澳大利亚有史以来第一项正式的官方语言政策,它使整个澳大利亚社会终止了单一语言(英语)的历史。澳大利亚另一个重要的语言教育政策是《澳大利亚学校策略中的亚洲语言研究》(the National Asian Languages and Studies in Australian Schools Strategies,简称 NALSAS),该策略支持所有学校系统的亚洲语言和学习,以增强澳大利亚国际竞争力,尤其是与亚洲经济相互影响的能力并为此做准备。这项策略确定的四种目标语言是汉语、印度尼西亚语、日语和韩语"(高占荣、曲铁华,2008)。由于政府的更替,NALSAS 随后被另一项政策取代《澳大利亚学校项目中的亚洲语言研究》(National Asian Languages and Studies in Schools Program,简称 NALSSP),但是前后两个政策没有实质区别,仍然将这四种语言列为主要语言(Firdaus,2013)。

澳大利亚的例子说明了国家层面的积极支持对该国外语教育有着重要影响。

在英国威尔士地区,20 世纪 70 年代曾经有过威尔士语复兴运动,1993 年的《威尔士语言法案》(Welsh Language Act)建立了威尔士语语言委员会,现在变为威尔士议会政府（Welsh Assembly Government）。威尔士语言法案正式强化威尔士语的地位，规定公共部门机构（例如大学、地方政府服务机构）在威尔士地区提供服务时平等对待英语和威尔士语。这些公共部门被要求发展和维持一个"威尔士语方案"（Welsh Language Scheme），还要记录它们如何提供使用威尔士语的机会。卡迪夫大学位处威尔士首府，作为公共机构，需要遵守1993年的《威尔士语言法案》还要发展和维持威尔士语方案（在一系列领域提供威尔士语。包括公共交流、翻译服务、照片，威尔士语员工，扩大为学生提供威尔士语，以及在网站和通告、Facebook等提供威尔士语）。但是卡迪夫大学在2006—2011年"大学法政战略规划"上，只提到表示支持"为符合大学的威尔士语方案而在大学使用威尔士语"。网页中有这样一句："在威尔士每个人都能说英语，全部的授课、研讨会和作业都用英语为媒介，不需要你学任何威尔士语（除非你想学）。"（Cots, Lasagabaster & Garrett 2012）卡迪夫大学在不违背各级机构关于语言的规定下，对威尔士语采用了比较消极的语言政策。

用斯波斯基的语言管理理论来看，这些积极或消极的学校语言政策其实体现了三大成分。第一个成分语言实践体现学校成员的语言能力水平影响如何制定语言规定；第二个成分语言信仰体现在正是积极或消极的语言态度、语言目标，使学校执行某种语言规定；第三个成分语言管理体现在学校生活各方面。卡迪夫大学的例子表明了管理层认为不需要推广威尔士语的态度，在学校具体教学、学生作业、学校对外媒体等语言生活实践中作出了具体的语言管理。

三 语言管理的重要手段

许多关于学校语言政策的研究都提到了教学媒介语（Medium of instruction），但是大部分是只涉及中小学阶段实行教学媒介语的改变及影响的研究（高占荣、曲铁华，2008；孙乃玲、张晖，2011；Early & Norton，2014，等）。斯波斯基认为虽然有不少实证研究表明，用学生水平较弱的语言学习会造成学习困难，但目前这一类实证观点尚不具备说服力。而且美国的例子说明，对学校语言政策的争辩，已经超越科学的讨论成为政治纷争（2009）。

另一方面，在有关高校多语管理的研究中，多数都重点提到了教学媒介语以及相关的结果，例如毕业生多语能力、教工多语能力。各高校的例子证明，教学媒介语的调整是进行多语管理的重要手段。

西班牙一共有17个自治区，西班牙语是全国的官方语言，另外每个区还可以规定自己的官方语言。莱里达大学（University of Lleida）地处加泰罗尼亚自治区，该地区有两门官方语言，分别是加泰罗尼亚语和西班牙语。莱里达大学里大部分授课教师使用加泰罗尼亚语，2002—2003学年度使用比例为53.1%，2007—2008上升到67.6%，加泰罗尼亚语的使用吞掉了西班牙语比例。加泰罗尼亚省大学法要求所有授课老师都会双语。莱里达大学法规甚至更进一步，对提升和保证加泰罗尼亚语的使用有要求，规定学生有懂得两种语言的义务（obligation）。

西班牙巴斯克自治区以巴斯克语和西班牙语为官方语言。巴斯克大学（University of Basque Country）是西班牙巴斯克自治区最大的一所公立高校，也实行双语教育。三十多年来，巴斯克语的地位变化翻天覆地，1980年巴斯克语曾是边缘地位，而现在2/3的必修课程使用巴斯克语教授。巴斯克大学制定了专门的巴斯克语语言政策计划（Language Policy Plan），确定了在以后5学年里推广巴斯克语的量化指标。按照这一计划,2011—2012 学年,43％的教员必须具备巴斯克语能力,较五年前增长 8％。从 1996—2006 年间,巴斯克地区的双语人口增长率达到了 5.4％的显著水平,这主要归功于教育系统语言方案。增长的双语人分布在 50 岁以下的各个年龄段,但是最高的增长份额来自 35 岁以下人群:在 16—24 岁年龄段人群中 57.5％是完全双语人。

前面提到的卡迪夫大学情况则相反,教学媒介语是英语,而且校方向学生保证在日常生活不会因为不懂威尔士语而不便。虽然卡地夫城市的威尔士语社区在扩大,但是大学附近的区域威尔士语的使用比例明显比整个城市要低。原因是学生人口主要来自威尔士以外区域,以说英语为主。学校没有积极地对进行威尔士语开展语言管理,所以与该市的威尔士语社区形成反差,还加速了学校威尔士语的使用衰退。

莱里达大学和巴斯克大学积极地将弱势语言接纳为学校教学媒介语,甚至制订专门的语言推广计划和量化语言目标,直接提升了双语毕业生的比例。而卡迪夫大学采取的消极语言政策,没有要求威尔士语用作教学,使学校的威尔士语言使用人比例甚至还低于卡地夫整体地区。可见在高等教育阶段,教学媒介语是高校多语管理的重要手段。教学媒介语的改变直接影响语言实践,符合了语言管理模型中影响最大的是语言实践的理论。

四　结论

本文通过文献比较,讨论了世界各地高校面对教育全球化和校园多语的语言管理实践。研究发现,面对多语现状,世界各地高校采取的语言政策可以分为积极的或者消极的类型,并且,在众多语言管理手段中,教学媒介语能直接影响校园语言实践,是高校语言管理的重要手段。这一发现印证了斯波斯基的语言管理模型,即语言政策三大组成部分中最主要,也是对语言管理产生最大影响的部分是语言实践。我国高校亟须科学的语言管理理论指导,进行有效的多语管理。学习国际高校经验和吸取教训,对我国高校有借鉴意义。

参考文献

斯波斯基. 2011. 语言政策——社会语言学中的重要论题. 张治国译. 北京:商务印书馆.

高战荣、曲铁华. 2008.澳大利亚外语教育的特征及启示. 外国教育研究(5).

孙乃玲、张晖. 2011.新加坡英语教学的嬗变.多语政策和双语教育视角. 外国教育研究(11).

Cots, J. M., Lasagabaster, D. & Garrett, P. 2012. Multilingual Policies and Practices of Universities in three Bilingual Regions in Europe. *International Journal of the Sociology of Language*.

Firdaus. 2013. Indonesian Language Education in Australia: Politics, Policies and Responses. *Asian Studies Review*. 37(1).

Garrett, P. & Balsa, L. G. 2014. International Universities and Implications of Internationalisation for Minority Languages: Views from University Students in Catolonia and Wales. *Journal of Multilingual Multicultural Development*. 35(4).

Early, M. & B. Norton. 2014. Revisiting English as Medium of Instruction in Rural African Classrooms. *Journal of Multilingual and Multicultural Development*. 35(7).

Lindstrom, J. 2012. Different Languages, One Mission? Outcomes of Language Policies in a Multilingual University Context. *International Journal of the Sociology of Language*.

Neustupny, J. V. 1978. *Post-structural Approaches to Language—Language Theory in a Japanese context*. Tokyo: University of Tokyo Press.

Neustupny, J. V. 2012. Theory and Practice in Language Management. *Journal of Asian Pacific Communication*. 22(2).

Tollefson, James W. 2002. *Language Policies in Educa-

tion. Mahwah, New Jersey: Lawrence Erlbaum Associates.

Risager, K. 2012. Language Hierarchies at the International University. *International Journal of Sociology of Language*.

Spolsky, B. 2009. *Language Management*. Cambridge: Cambridge University.

作者简介

林洁，广东外语外贸大学国际商务英语学院讲师，澳门大学语言学博士生，主要研究方向为语言政策、语言教育。

A Major Instrument in University Multilingual Management: Medium of Instruction

Lin Jie
Guangdong University of Foreign Studies

Abstract: In the wake of education internationalization, China's higher education is confronted by both education internationalization and multilingualism. It is high time Chinese universities started multilingual management guided by language management theories. However, current studies drawing on various models across disciplines do not yet have a unified language management model. This paper therefore compares and analyzes research on university language management in various parts of the world and finds the following: Universities adopt either positive or negative language policy towards multilingualism, and one important instrument for the universities is the medium of instruction, which impacts upon students' language competences as well as the local multilingualism structure. These success and lessons of overseas universities may serve as good references for Chinese universities in language management.

Key words: university, multilingualism, multilingual policy, medium of instruction

实践社区视角下的汉语学习者课堂参与研究

郭　茜

提　要：本文以实践社区视角，对汉语作为第二语言学习者的课堂口语参与进行了定量和定性的分析，旨在研究参与的量与质及其之间的关系。通过对学生互动分析编码系统和话语量曲线图的编制、分析，得到了定量分析的结果；在此基础上，又通过课堂录音文本对课堂实景进行分析，得到了定性分析以及定量分析的结果。本文的基本结论是：实践社区有助于汉语作为第二语言的学习。实践社区成为第二语言学习者学习的一个场所、一种氛围，也是一种良好的学习方式。课堂参与的量和质并不具有内在的一致性。本文基于此提出了相应的教学建议。

关键词：实践社区　汉语作为第二语言　课堂　参与

有关二语学习者的课堂参与有一些研究成果，存在的问题是量化分析较多，缺乏质性的深层研究；社区研究中，宏观研究的成果较丰，而在实践社区视角下，对于二语学习者课堂这样的微观考察不多，对于汉语作为第二语言学习者的相关研究也未有见著。

一　实践社区及相关讨论

（一）实践社区的相关概念和特征

"实践社区"（Community of practice），又译作"实践共同体"，是近年来在社会科学里最有影响的概念之一（Hughes，2007），在教育学、管理科学等方面很有影响力。它提供了看待语言变异形式和个体建构及保持认同的不同的方式（Davies，2005）。也许最有价值的特征是，对于在其他理论模型中不能被分析的一些语言和社会现象，实践社区理论能够接受并进行分析（Bucholtz，1999）。

实践社区的定义大致为："一个实践社区是致力于相互介入而走到一起来的人们的集合……在这相互努力的过程中产生实践"（Eckert and McConnell-Ginet，1992）。

有关实践社区的界定，温格（1998）在实践社区一书中的有关讨论如下：以下情况是否可以被看作一个实践社区？比如整个公司？学校里的一个系或一个课堂？一个单一的个体或一个家庭？……如果把每一个社会组织都称作实践社区就无意义，而太严格又将使它用处甚少。更重要的是从实践社区的角度去探索，产生一个框架去说明以什么方法或为了什么目的去把一个社会团体看作是或不是实践社区（Wenger，1998）。

一个临时性的课堂活动小组是否从属于一个实践社区，取决于这个临时的交谈或交流是否能融入到更为广泛的实践中。

实践社区具有如下特征：（1）相互介入（mutual engagement）；（2）共同事业（joint enterprise）；（3）共享词库（shared repertoire）：共享的资源，包括：惯例、用语、工具、做事的方式、故事、手势、符号、样式、行动或者概念。

实践社区重在研究社区成员共同的实践过程，其中意义协商、参与、物化以及认同等是其研究的重点。

Wenger（1998）有关实践社区参与的思

想认为:第一,参与并不等同于"合作",它可以包含各种关系:冲突的与和谐的,亲密的与政治性的,竞争的与合作的,等等。第二,共同体的参与,塑造了个人的经验特征,同时也塑造了社区的特征。第三,参与实践要比仅仅"介入"(engagement in)实践的含义更加宽广。

(二) 实践社区与二语习得研究的结合

索绪尔的语言为"社会事实"的思想及 Coulmas(2005)从语言选择来看集团或社区对于语言使用的意义,说明语言研究与社区研究相结合具有可行性和必要性。语言研究离不开对于社会因素的分析,也必须研究团体和社区中成员间的语言使用和交往。

从二语习得方面来看,Ellis (1999)认为,第二语言习得虽然要强调语言学习的多样性和个性,但只有在即使不是所有的学习者,至少也得是**一个大群体的学习者**中有相对稳定的方面,二语习得才有研究的兴趣。实践社区理论所关注的诸如实践参与、成员互动、群体和个体认同、意义协商乃至社区成员共享的词库等,为二语习得提供了研究的视角和方法。实际上,二语习得目前所欠缺的一些方面的研究,正是社区理论研究的主要内容。

(三) 有关课堂参与的研究成果

在学习者课堂参与方面,Gass 和 Varonis(1986)进行了性别与参与的研究。Fassinger (1995)对一所私立大学的 1059 名学生开展了学生课堂参与影响因素的大规模研究。van Lier(1985)评论了赛林格等调查英语作为二语的学习者互动的一项研究。赛林格用"高输入发起者"(HIGs, High Input Generators)和"低输入发起者"(LIGs, Low Input Generators)去调查互动和成就的关系。结论是:积极的互动能带来更多和更快的语言习得。但是该评论也认为,也许高分学生被鼓励多互动。换句话说,增加的

互动也许是"果"而不是"因"。更进一步,所有参与者和互动忽略了"窃听者"。他也可能是"优秀学生"。相反,我们需要说明大量的参与并不能带来相应的进步。

Pica(1992)的研究表明:学习者观察互动和参与互动之间没有显著性的差异。认为学习者不一定要通过参与互动去获得理解方面有益处的影响,观察互动就足够了。Ellis, Tanaka 以及 Yamazaki(1994)的研究比较了一个班级同样任务学习者的发展情况。发现一些学习者积极参与,一些在听。在词汇习得和理解方面二者没有差异。

可以看出,已有的有关参与的研究,定量的研究较多,缺乏从社会语言学或社会文化学角度的研究,特别是定性研究。

(四) 实践社区有关第二语言学习的研究成果

莱夫、温格提出的实践社区这一理论模型也被广泛地用于解释第二语言学习的情境,诸如大学课程的小组活动(Leki, 2001);一年级课堂实践(Toohey, 1998);学术写作(Casanave, 1998; Flowerdew, 2000);研究生和导师的关系(Belcher, 1994);移民妇女的语言学习实践(Norton, 2001)以及大学外国留学生的学习实践(Morita, 2004)。通过实践社区的视角,无论是二语课堂的参与研究还是汉语作为第二语言的研究,至今都未有见著。

本文研究问题是:学习者在汉语作为第二语言课堂实践社区口语参与的量与质及关系。

二 研究方法

(一) 研究对象

本文研究的对象为南京大学 CIEE(the Council of International Educational Exchange)项目。该项目自 1983 年与南京大学签署合作协议至今已有近 30 年的历史,逐渐形成了自身的历史传承、惯例和标志

物;有实践社区团队活动的形成因素——固定的班级和课堂互动活动;有专属的教学区域、教师和教学管理;有专属的住宿区域、中国陪住生和中国家庭;有特定的项目安排的参观、旅行等活动;另有该教学机构和项目的其他相关支持、限制。该项目具有共同的目标,在实际生活中,特别是语言课堂上通过互动,交流和意义协商,最终完成了语言学习和习得,也完成群体和个体的认同构建。我们认为,研究对象具备了实践社区的必备条件,专属于一个实践社区。

(二)研究步骤

从 2009 年 11 月至 12 月,笔者在所任教的美国 CIEE 中级口语课上,事先告知学生,用录音笔录制了 10 节课的录音材料。这些课程均为学生之间开展的话题讨论课,内容包括对广告的看法;性格、智力因素、教育、家庭背景等与成功的关系;对于项目要求的“语言誓约”的看法;对网络的看法等等。班级共 6 名同学。四女一男,他们是本研究的对象。在这些课堂上,学生是主角,教师只起到管理监控以及充当学生求助时的指导者。录音文件全部人工转写成了文字,共计 5 万多字。因为二语学习者的语音识别起来很困难,现有的技术难以胜任。笔者为从事这项工作二十多年的专职教师,有对美国学生进行教学的比较丰富的经验,又在录音现场,仍常常需要反复聆听才能甄别。后期,采用了音频切分软件对录音材料进行处理。之后根据处理后的录音材料结合转写的文本对学习者的语言互动情况进行分析。

笔者首先用自行改进的弗兰德斯分析系统对一段会话进行量化分析,再分别统计和绘制六名学生在整个有关广告讨论的互动中的话语量曲线图,以对每一位学生在整个互动过程中的语言动态表现进行展示。再就是绘制 6 名学生在整个讨论中的合成

分布图,以直观展示和比较学生的语言动态表现。在定量分析的基础上,笔者又进行了学习者课堂参与的质性分析。

(三)学习者课堂参与量化分析

这段会话参与者是班级的全部 6 名学习者,会话的内容是有关广告的讨论。记录的时长是 26 分 36 秒。

弗兰德互动分析系统(Flanders interactionanalysis System,下简称 FIAS)是美国学者弗兰德斯(Flanders)在 20 世纪 60 年代提出的一种课堂行为分析技术。这个系统主要是用于记录和分析课堂中师生的语言行为所占有的时间和比率,展示课堂师生语言互动的结构方面的特征。

FIAS 主要包括以下两部分内容:一是一套描述课堂互动行为的编码系统,在这套系统中制定了相应的有关观察和记录编码的规定标准。

FIAS 把课堂上的语言互动行为分为教师语言(包括直接影响和间接影响)、学生语言和沉寂或混乱三类共计 10 种情况,分别用编码 1—10 表示。该系统对观察和记录编码的规定标准如下:在课堂观察时,每 3 秒钟取样一次,根据每 3 秒钟的课堂语言活动的情况,查找在该系统中的归属状态,然后把相对应的编码记录下来。这样,一堂课大约记录 800—1000 个编码,如 10,1,1,2,2,5…,它们表示课堂上按时间顺序发生的所有事件,表现出课堂教学的结构、师生互动的行为模式及课堂的风格和特点。

FIAS 第二部分内容是一个显示数据并可用于分析的矩阵表格。将那些记录下来的编码前加后各加“10”,得到{10,1}{1,1,}{1,2}{2,2},{2,5}…{x,10}这样一组系列,每一对编码的前一个数代表行数,后一个数代表列数,依次填入以下矩阵表格中,把每一个小格中的数据累计,最后合计。该矩阵是一个对称矩阵,它的行和列的意义都与编

码系统相对应。矩阵的每个单元格中填写一对编码表现课堂行为出现的频次。我们可以分析矩阵中各种课堂行为频次之间的比例关系并通过数据在矩阵中的分布，对课堂教学情况做出量化分析。

FIAS理念就是描绘和分析以教师为中心进行教学的传统课堂教学模式。参照FIAS，笔者自行编制了一套描述学生与学生课堂互动行为的编码系统。学生与学生分析系统编码系统见表1。

这种编码和分析系统的制定必须遵循和符合两条原则：一是必须涵盖学生互动课堂语言行为的所有情况，二是各子项目之间必须有相对清晰的界限。其中任何一条不能满足都会造成无法归类或归类有困难的情况。此外，记录时，记录5秒钟内最具主要特征的语言行为。比如说，一个学生在说话时，可能伴随着或者接着其他同学的笑声或者应答、附和声。我们按无障碍表述记录。

对于各类别的区分及各子项目内容的说明如下：

一是该系统只有"发言开始"而没有结束，因为开始与结束是相对的，讨论其中一种情况即可，否则会形成重复。二是在子类别中，关于提问，有关语言形式的提问既包括学生一无所知的直接提问，也包括没有把握的证实性的提问。因为类别太多过于复杂，此处归为一类。老师回答学生的提问归入"教师语言"一项。关于"打断同伴话语插入"，指的是同伴未有迹象显示要结束话语时另一同伴比较突然地插入。这与"数人话语重叠后插入"形成区别。此外，如果没有成功打断对方，就是重叠。关于"在同伴放弃话语时顺接"，指同伴因为表达结束或者因为在语言形式上或表达上遇到困难而主动放弃的情况下另一同伴顺接。放弃话语的同伴在第一种情况下话语中常有一些形式上的标志，如"我觉得是这样的"、"你们觉得怎样"，等等；在后一种情况下，学生常表现为拖延、停滞和声音越来越低等。有关"无障碍的表述"指表达在继续，没有中断的情况。在"有障碍的表述"中，"显示要避免或放弃"情况与上述"在同伴放弃话语时顺接"的情况相应。"改述"的情况指学生表述是有困难而采取的一种用其他表达方式来代替的情况。"说第一语言或第一语言与第二语言并用"，这里把两种情况并在一起，因为两种情况相近，归为一类更简洁。"连说带比划"指以口头语言和身体语言结合来帮助表达的情况，这里指表达遇到困难时的一种解决办法。

表1　学生与学生互动分析编码系统

类　别	子类别	编码
提问	有关语言形式的提问	1
	有关意义的提问	2
	学生回答同伴的提问	3
开始发言	在沉默之后	4
	打断同伴话语插入	5
	在同伴放弃话语时顺接	6
	数人话语重叠后插入	7

续　表

类　　别	子类别		编码
叙述	无障碍的表述		8
	有障碍的表述	显示要避免或放弃	9
		改述	10
		说第一语言或第一语言与第二语言并用	11
		连说带比画	12
两人或两人以上话语重叠			13
沉默			14
教师语言	回答学生问题以及组织课堂教学等		15

FIAS方法是在教学现场每隔3秒取样一次,对照编码系统中的标准记下编码。但是我们发现这个方法实施起来是很困难的,遂对此进行了改进。先根据录音转写成书面的语料以备参照。将录音通过音频切分软件分割为以5秒为单位的片段。在音频切分时,在每隔5秒切分之后,加上了10秒的静音,用以思考和判断。这样赋值过程就顺畅多了,比之弗氏的在教学现场三秒取样立即赋值也更加准确。

以下是有关广告讨论的互动分析矩阵表。

表2　有关广告讨论的互动分析矩阵

	1	2	3	4	5	6	7	8	9	10	11	12	13	14	15	合计
1			1					4							2	7
2			1			1										5
3			1					4								2
4								2								2
5					1			10			1		3			15
6								7								7
7	1						1	2					1			5
8	4	2	2		13	2		194	6			1	10			235
9			1			1		9		3			2			16
10																0
11								1								1
12								1								1
13	2				2	2	4	4					4			18
14																0
15					1		1	1						4		7
合计	7	2	5	2	16	7	5	239	9	0	1	1	20	0	7	321

（四）学习者课堂参与质性分析

宁虹、武金红（2003）认为：要致力于以描述性观察和访谈的质性资料深入分析每次学生参与高峰的现场情境和意义。我们也认为：定量的分析要与定性的材料结合才能更加丰富和充实。通过有关广告讨论实录分析，引发了笔者对于互动参与的思考：互动中有积极参与者，也有听者和非参与者。参与的量与质之间的关系如何？

我们截取有关广告讨论的一部分，来剖析学习者参与的量与质是否具有内在的必然联系。

bi：好像在中国，中国的广告比美国的很多。因为常常在一个公司的呃还是一个一个啊可以说一家楼一家楼的前面他们的呃他们的牌 sign。

老师：嗯

bi：有一个广告，因为他们 mǎi 那个呃那个 space 给一个公司为了广告。在美国我觉得我从来没看过那样的办法。

bo：在纽约你没看过？

Shen：——在纽约——

luo：纽约有很多

shen：我觉得这个城市跟别的大城市一样

bo：对——我觉得这个是不同的方面

shen：——like 在美国，每个地方有 like 地铁，也高速公路，也 like 公共汽车站，哦，还有现在他们有，在每个出租车有一个小电视啊他们有很多的广告

luo：对我看过在上海。

bi：我的意思是在一个一个啊一个公司，有他们自己的名字啊在外面，可是呃在这个他们的名字还有一个别的公公司的呃广告呃在一样的地方。所以他们卖他们他们他们的呃（小声地）how to say sign? 他们卖他们的自己的他们卖他们的 sign 的地方给一个别的公司，所以他们的名字是按它的别的广告。你知道我的意思？

shen：对，我知道。啊在纽约是一样的。

bi：哦对。

shen：有的地方，是在 like 楼楼上，楼的旁边？

bi：——是在——对在他们的啊看起来他们的呃哪个公司啊呃为了做一个 sign，他们卖他们自己的 space，为了做这个 sign。

luo：hn 我清楚。

bi：我可以给你们看一看，要是我们在外边。

三 研究结果与分析

（一）学习者课堂参与定量分析

1. 学生与学生互动分析编码系统结果分析

对照数据，可以看出以下几点：

（1）无障碍表述占有最大的比重。其所占比例为第 8 列的次数/总次数，即 239/321＝74.45%。这说明学生无障碍表述的时间占课堂互动的绝大部分时间。

（2）教师语言所占比例为第 1 列/总次数＝7/321＝2.18%

（3）沉默为零，表示在整个课堂互动中，除了开头的沉寂和教师组织讨论之外，没有沉默达到或超过三秒的时间。整个互动气氛活跃。

（4）第 1 至第 3 列，显示学生提问和回答，其比例等于三列的总和除以总次数，即 14/321＝4.36%。学生之间的交流在形式和意义协商方面的比率不大，也显示互动流畅。

（5）"打断插入"和"重叠后插入"这两项合并，占总共的开始话题方式的比例为（第 5 列＋第 7 列）/4—7 列的次数＝（16＋5）/30＝70%。表明学生发言的欲望很强烈，甚至争抢发言的情况。

（6）其他，"避免"或"放弃"，也有相对较多的比例，显示学生在遇到表达问题时放

弃话语的情形较多。在 3 秒钟内,完全或大部分时间使用第一语言或第一语言、第二语言两种语言混合使用的情况只有一处。这是因为项目中有语言誓约的规定,学生在白天的 8 小时限制时间内,如果遇到表达困难,最多只能借用母语的词语表达,不可以成句表达。

2. 话语量曲线图分析

笔者分别统计和绘制六名学生在整个有关广告讨论的互动中的话语量曲线图,以对每一位学生在整个互动过程中的语言动态表现进行展示。再就是绘制六名学生在整个讨论中的合成分布图,以直观展示和比较学生的语言动态表现。其中,横轴表示整个讨论连续的持续时间为 26 分 36 秒,纵轴显示的是秒数,以一分钟为单位时间取样。见图 1—图 6。

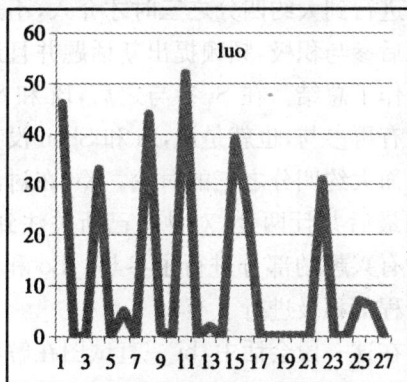

图 3　bi 的话语量图

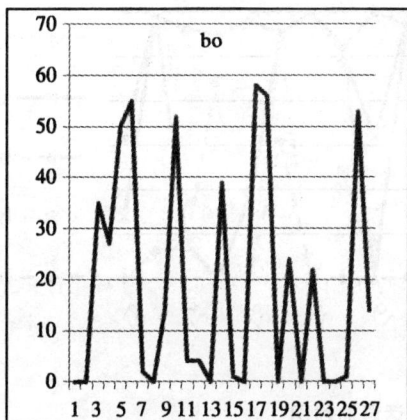

图 1　luo 的话语量图

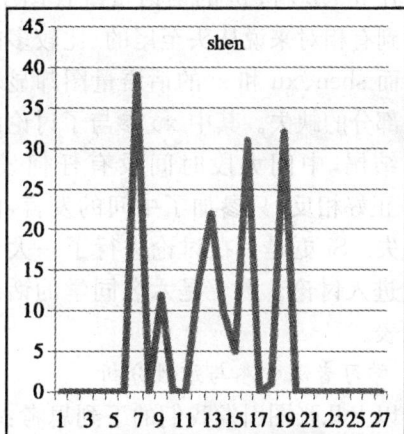

图 4　shen 的话语量图

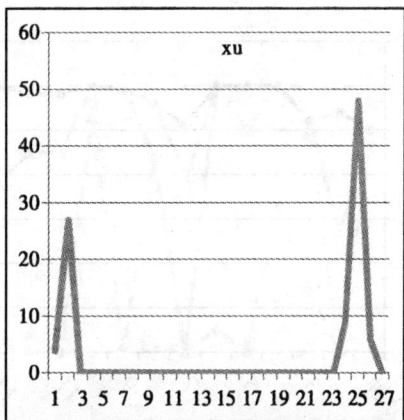

图 2　bo 的话语量图

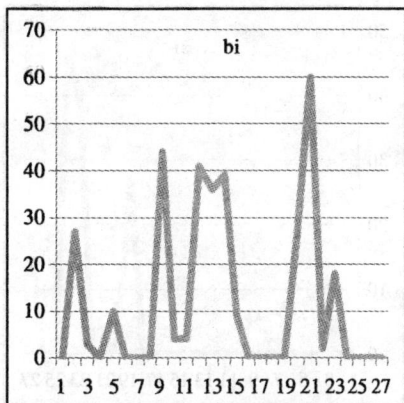

图 5　xu 的话语量图

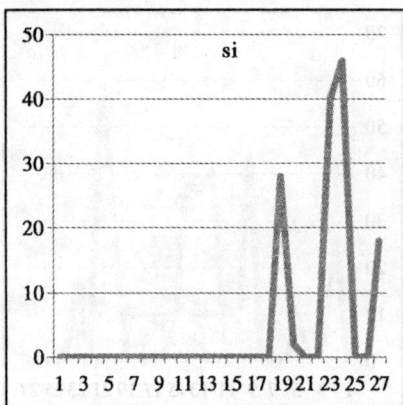

图6 si 的话语量图

在 luo、bo 和 bi 的话语量统计图中，可以看到有相对来说从头至尾的、比较多的参与。而 shen、xu 和 si 的话语量图却显示了某些部分的缺失。其中 xu 参与了讨论的开头和结尾，中间大段时间没有任何发言；shen 正好相反，只参加了中间的发言，前后都缺失。Si 更是只在讨论进行了一大半以后才进入讨论。图7是六名同学的话语量汇总表。

（二）学习者课堂参与质性分析

以上几张图引发我们的下列思考：一是那些曲线的高峰显示的是学生的积极参与，表现为长时间的发言。那么当时在讨论什

么样的问题？为何某些学生表现出很大的参与热情？二是课堂上发生了什么情况，造成了某些同学在某些时段的缺失？在没有发言的大段空白的时段，学生在做什么？

定量的描述，只能获得一般的互动系统的结构。实际上，有时候会有假象，不能正确反映实际情况。比如，在上文截取的有关广告的讨论中，bi 同学话语持续的时间比较长，话语量也较大，但是，事实是，该同学在表述中常常遇到障碍，有较长的停顿时间；shen 同学说话非常慢，因此单位时间的话语产出量比别人少得多。相反，xu 同学和 si 同学虽然在这一轮讨论中参与的量很少，但是语言流畅，正确率也较高。

我们看到 Si 没有参与全程讨论，她在讨论进行到大约四分之三时才介入，不过介入之后参与积极，频频提出新话题并且还对讨论作了总结。在 Si 参与之后，Bi 和 Shen 都没有再参与，也就是说，Bi 和 Shen 没有参与后面大约四分之三的讨论。Xu 在讨论之初和最后共计两处，对她自己所关注到的、自己有兴趣的部分进行了参与。Bo 和 Luo 则全程都积极进行了参与。

在这一段会话中，bi 一直试图在解释一个现象：在中国，有的公司把自己的外空间

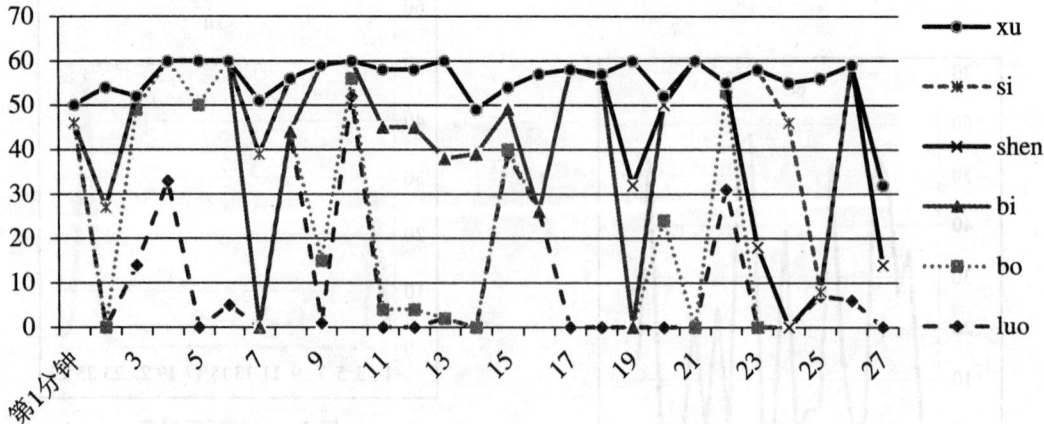

图7 六人有关广告讨论的话语曲线图

卖给别的公司做广告,他认为这个现象他在美国没有看过。这一段很费解,可是 bo、luo 和 shen 听懂了他的意思,而且认为纽约等大城市也有这个现象。Bi 认为美国有公司做广告的现象,但是没有把自己的空间卖给别的公司,让别的公司在自己的地盘做广告的情况。在 bi 反复的表述中,他总是遇到他不会说的"sign"这个词,还有"space"也不会说,这让他的表述听起来很艰涩难懂,影响了自己的表达,也占据了大家的时间。他参与的量最大,但是由于他表述不清就已经宣判了这是一段质量不高的会话。因此,我们的这一段对话也显示出参与的量和质并没有显示出内在的一致性。

其次,xu 和 si 没有参与这段互动,是以"窃听者"的角色出现的。她们的"不在现场"的情况还有一些。但是她们遇到有兴趣、有话要说的时候也会积极参与,并且语言组织得也比较好。也许可以归类为"反思型"的学生。

第三,该实践社区的参与不等同于"合作",包含同伴之间的冲突与和谐,等等。

第四,该实践社区的参与,塑造了该六名参与者的经验特征,同时塑造了该社区的特征。比如,他们可以在操汉语的人不甚明白的语境中明白彼此,表达自我,进行意义协商。

四 结论及建议

通过量化分析,我们发现课堂实践社区的参与具有自身的特点,比如说我们分析的该课堂实践的广告讨论部分,无障碍表述占课堂互动的绝大部分时间,气氛活跃,同伴之间的交流在形式和意义协商方面的比率不大,互动流畅。学生发言的欲望很强烈,甚至有争抢发言的情况。由此看来,一个实践社区的形成和存在,有利于社区成员的共同实践。

与此同时,我们也发现避免或放弃,也有相对较多的比例,显示学生在遇到表达问题时放弃话语的情形较多。这是因为该实践社区中有语言誓约的规定,成员自觉遵守。虽然英语使用的限制暂时阻碍了同伴之间的更多交流,但是,从长远来说,有利于该社区全体成员的汉语学习。

通过对广告讨论的质性分析,我们发现,话语量不能很好地反映一个学生的汉语水平。比如 bi 同学话语持续的时间比较长,话语量也较大,然而该同学在表述中常常遇到障碍,有较长的停顿和反反复复含混不清的表达。shen 同学说话非常慢,因此虽然她说话持续时间还不短,但是单位时间的话语产出量就比别人少得多。相反,xu 同学和 si 同学虽然在讨论中参与的量很少,但是语言流畅、正确率也较高。此外,有的同学总是全程参与讨论,有的参与前半部分,有的参与后半部分。有的总是喜欢打破冷场和僵局,率先发言;有的则喜欢深思熟虑,等同伴发言之后找到合适的机会才表达自我。此外,该实践社区的参与不完全是"合作",也包含冲突和和谐等各种情况。该实践社区的参与,塑造了该六名参与者的个体经验特征,同时彰显出该社区的特征,他们有默契明白彼此并进行意义协商。

综合以上量化和质性分析,可以得出如下结论:(1) 实践社区有助于同伴之间的学习,社区成为第二语言学习者学习的一个场所、一种氛围,也是一种良好的方式;(2) 参与的量和质并不具有内在的一致性。暂时的窃听不语也是一种学习的方式。

综合以上的结论,我们提出如下教学建议:(1) 积极营造学习者实践社区,因为它既是物质的场所,也是促进学习的氛围和方式;(2) 话语量以及参与的程度和方式并不能很好地反映一个学生的汉语水平,因此,教师应该容许学习者以不同的参与方式和参与程度来进行课堂学习。

限于篇幅,本文对于互动中参与者的关系,包括社会固有关系和在互动中构建的权力关系等没有涉及,有待进一步研究。

参考文献

Belcher, D, 1994. The apprenticeship approach to advanced academic literacy: Graduate Students and their mentors. *English for special purpose*.

Bucholtz, M. 1999"Why be normal? Language and identity practice in a community of nerd girls. *Language and Society* Printed in the United States of America.

Casanave, C. P. 1998. Transitions: The balancing act of bilingual academics. *Journal of Second Language Writing*.

Coulmas, F. 2005. *Sociolinguistics: The study of speakers' choices*. Cambridge University Press.

Davies, B. 2005 Community of practice: Legitimacy not choice. *Journal of Sociolinguistics* 9/4.

Eckert, Penelope and Sally McConnell-Ginet. 1992. Think practically and look locally: Language and gender as community-based practice. *Annual Review of Anthropology*.

Ellis, R. 1999. *Learning a Second Language Through Interaction*. Philadelphia: John Benjamins.

Ellis, R., Tanaka, Y. and Yamazaki, A. (1994) Classroom interaction, comprehension, and L2 vocabulary acquisition. *Language Learning*.

Fassinger, P. A. 1995. Professors' and students' perceptions of why students participate in class. *Teaching Sociology*.

Flowerdew, J. 2000. Discourse community, legitimate peripheral participation, and the non-native-English-speaking scholar. *TESOL Quarterly*.

Gass, S. and E. Varonis 1986. "Sex difference in NNS/NNS interactions", in R. R. Day (ed.). *Talking to learn: conversation in second language acquisition*. Rowley, MA: Newbury House.

Hughes, Jewson & Unwin 2007 *Community of practice: Critical perspectives*. Routledge.

Lave, J., & Wenger, E. 1991. *Situated learning: Legitimate peripheral participation*. Cambridge University press.

Leki, I. 2001. A narrow thinking system: Nonnative-English-speaking students in group project across the curriculum. *TESOL Quarterly*.

Marita, N, 2004. Negotiating participation and Identity in second language academic communities. *TESOL Quarterly*.

Nortor, B. 2001. Nor-participation imaged communities and the language classroom. In M. P.Breen(Ed.). *learner contribution to language learning: New directions in research*. Essex.England: Pearson Education.

Pica, T. 1992. "The Texture outcomes of netive speaker-non-native speaker negotiation: what do they reveal about second language learning" in Kramsch and McConnell-Ginet(eds.).

Toohey, K.1998. "Breaking them up, taking them away": ESL students in grade 1. *TESOL Quarterly*.

Van Lier, L. 1985.Classroom Oriented Research in Second Language Acquisition. *TESOL Quarterly*.

Wenger E. 1998. *Community of Practice: Learning, Meaning and Identity*. Cambridge: Cambridge University Press.

宁虹、武金红.2003.建立数量结构与意义理解的联系——弗兰德斯互动分析的技术的改进运用.教育研究(5).

索绪尔.1985.普通语言学教程.高名凯译.北京:商务印书馆.

作者简介
郭茜,博士,南京大学海外教育学院副教授,主要研究方向为对外汉语教学与研究、社会语言学。

Classroom Participation for Learners of Chinese as a Second Language: From the Perspective of the Community of Practice

Guo Qian

Nanjing University

Abstract: In the perspective of communities of practice, a quantitative and qualitative analysis is conducted on the classroom participation of Chinese-as-a-second-language learners. By making the students interaction encoding system and the amount of particaption chart, the quantitative analysis of the results are obtained. Through text analysis of the classroom live recording, qualitative result and the relationship between quantitative and qualitative results are also obtained. The basic conclusion is: a community of practice approach helps learning between peers. The community becomes a place for second language learners to practice. Quantitative and qualitative results of participation do not have internal consistency. Accordingly, the paper puts forward some teaching suggestions.

Key words: community of practice, Chinese as a second language, classroom, participation

英语学习者的英语认同与英语教育规划研究*

季小民

提 要：英语在现今社会的地位和作用毋庸置疑，但这也不免给母语地位、母语认同和英语教育规划等带来新的挑战。在此背景下，本研究以不同教育层次的英语学习者（高中生、本科生和硕士生）为研究对象，以调查问卷为手段收集数据并进行分析，旨在了解他们对英语语言和文化以及对汉语的认同情况、英语在日常生活和教育环境中的使用情况以及他们对"英语热"的看法。调查发现，当今社会中汉语的使用空间被部分挤压；英语学习者对母语有一定的认同，但对英语学习更为重视。被试都认识到"英语热"具有积极意义。在此基础上，本文对我国的英语教育规划提出一些看法和建议。

关键词：英语学习者　英语教育　母语认同　英语认同　英语教育规划

引言

英语在现今社会中的地位和作用是不言而喻的，英语教学也备受推崇。从主管部门到学校，从社会到家庭，都非常重视。在此大背景下，一些问题也逐渐显现。首先，英语有过度使用的倾向。相应地，母语的教育及其地位不可避免地受到影响；其次，学生对英语和西方文化表现出极大的兴趣，甚至超越了母语和母语文化。最后，全社会对英语教育的热情也对母语产生一定的冲击。这些问题表面上似乎无关紧要，但事实上却与母语教育、母语地位、母语安全、语言规划和外语教育政策等重大问题息息相关。鉴于此，本研究拟以不同教育层次的英语学习者为研究对象，采用调查问卷收集数据并进行分析，旨在了解他们对英语和母语的认同情况、英语在日常生活和教育生活中的使用情况以及他们对"英语热"的看法。借助调查数据以及统计分析，研究者针对英语教育规划进行讨论，以期在一定程度上解决一些

相关议题的迷津。

本文首先回顾相关的研究文献，说明当前研究的必要性以及可行性，交代了本研究的研究问题和研究方法。接着，对所收集到的数据进行分析。基于他们对母语、英语的认同情况等问卷调查结果，文章最后对英语教育规划提供了一些建设性意见。

一　文献回顾

认同就是指社会个体在情感、态度和行为等方面主动地接受其他成员的影响并力图与之保持一致。认同有自我认同和社会认同之分，后者包含民族认同，而民族认同则囊括了政治认同、历史认同、文化艺术认同和语言认同等（陈新仁，2008）。语言认同，究其本质就是一种心理趋同现象（黄亚平、刘晓宁，2008），是语言社区成员对语言归属的认知和情感（高梅，2006）。显然，英语的认同程度深刻地影响着学习者的学习目的、学习动机和学习水平等。

前人对母语的研究往往聚焦于英语学

---

* 本文为 2013 年度江苏省社科基金项目"媒体语言发展与规范化研究"（项目编号：13YYB007）的阶段性成果。

习者的母语水平、用英语表达母语文化的能力以及母语认同水平低下的原因等议题。

不少研究者指出,现今大学生的母语素质、母语水平不尽如人意(刘楚群、陈波,2010)。有研究表明,大学生的母语阅读水平、母语表达水平和母语认同程度低,状况堪忧。这种不利局面可能会导致"文化失语症"(邓文英、敖凡,2005;宋伊雯、肖龙福,2009;于兰、王晓辉,2011),即学了多年英语,学生却无法胜任用英文表述中国文化。

具体到英语学习者的母语文化的表达能力,有关研究大多采用实证方法考察母语者使用英语表达母语文化的能力(蒋亚瑜、刘世文,2005;刘世文,2003;于兰、王晓辉,2011),涉及的对象多为英语专业学生(蒋亚瑜、刘世文,2005;刘世文,2003;宋伊雯、肖龙福,2009;于兰、王晓辉,2011),也有个别研究考察了教师的态度和认识(邓文英、敖凡,2005)。这些研究在一定程度上揭示了中国英语学习者对母语的认同情况。

那么,是什么因素造成了他们母语认同水平低下呢? 前人分析的原因主要有:(1)母语教育指导性意见的缺失。教育部所颁发的《大学英语课程教学要求》虽提及母语文化,但在教学目标设置上却只强调了目的语文化。(2)民众对母语文化的妄自菲薄。民众在学习英语、接受西方文化的过程中,日渐失去对母语和文化的信心(陈洪、李瑞山,2008;王和平,2007;文莉,2010)。全社会过于强调英语的重要性,无意中就会让学习者淡忘母语,降低民族自豪感,易滋生崇洋媚外的思想倾向。(3)受功利主义的影响,中国英语教育呈现出重视英语而忽视母语的局面(宋晓红,2010;宋伊雯、肖龙福,2009;屠锦红、徐林祥,2010;文莉,2010;于兰、王晓辉,2011;张彩霞,2008)。可能是因为社会重视英语的大环境,家长和学生都视英语为各门功课的重中之重;此外,这也可

能是因为英语会快捷地带来经济利益(刘楚群、陈波,2010)。(4)中国英语教学加剧了重英语、轻汉语的不良局面。一方面,英语教学内容大多出自英语本族语者之手,重在介绍西方社会及文化,而与汉语文化相关的内容极为匮乏。另一方面,部分高校的双语教学或纯英语授课方式起了推波助澜的作用。在这种氛围下,学生对英语的情感距离越来越近,对母语的距离日趋疏远,对母语的热爱之情和敬畏之心不够(陈洪、李瑞山,2008)。研究也证明英语教学对汉语认同的负面影响。英语学习年限越长,母语认同感就越低(钟茜韵,2011)。学生对母语的兴趣降低,易厌倦、排斥母语(文莉,2010;张彩霞,2008),在大学语文课堂上表现消极(屠锦红、徐林祥,2010)。

上面我们从英语学习者的母语水平、使用英语表达母语文化的能力以及母语认同水平低下的原因等角度回顾了前人研究。不难发现,相关研究还有待拓展。首先,学习者的母语水平并不能反映他们在语言生活中使用母语的情况。母语水平只是他们使用母语参与交际的能力,但在真实的语言实践中,他们使用母语的频率、目的等信息则不得而知。其次,英语学习者用英语表达母语文化的能力并不能反映他们对母语认同的全貌。了解学习者的母语输出水平是表层的,研究者对其内心想法一无所知。要弥补此不足,就需要深入了解。如前所述,我国英语教学中缺乏与母语及母语文化相关的教学内容。在此大背景下,研究者要求被试以英语输出有关母语文化的测试题(蒋亚瑜、刘世文,2005;刘世文,2000;于兰、王晓辉,2011,等)可能带来负面印象,影响数据的真实性和研究结论。再者,被试的选择上考虑不是很周全。已有研究大多选用英语专业学生,但他们并不能代表整个大学生群体。我们还有更为庞大的非英语专业英

语学习者。另外，也有学者指出，学习者的母语水平以及对母语的认识可能在高中阶段已经定型（刘楚群、陈波，2010），但真相是否如此，尚有待考察。

鉴于此，当前研究主要关注英语学习者的母语和英语的认同情况、英语的使用范围以及考察学习者对"英语热"的看法等议题。这为后文对英语教育规划的思考提供基本依据。

二 研究方法

（一）研究对象简况

本研究采用调查问卷方法收集数据，研究对象包含三个层次的英语学习者：高中生、本科生和硕士生。被调查者共 437 人，其中男生 157 人、女生 255 人。平均年龄为 21.11 岁，英语学习平均年限为 10.63 年。本科生和硕士生来自江苏、安徽、北京、上海等省（市）的高校，其专业有英语、园林、传媒、会计、机械、工商管理等，涵盖了法学、教育学、文学、历史学、理学、工学、农学、医学、管理学等诸多学科。但因条件所限，高中生均选自扬州某市属中学，其中高一 151 人（96.8％）、高二 5 人（3.2％）。被调查者的基本情况如表 1 所示：

表 1 研究对象的基本情况

类别	被调查人数	有效问卷数	男生	女生	平均年龄	英语学习年限
高中生	157	156	72	84	16.28 岁	8.24 年
本科生	222	199	68	131	22.58 岁	11.54 年
硕士生	58	58	17	40	24.47 岁	12.12 年
总数	437	413	157	255	/	/

中国的英语学习基本上是在学校开展的，英语是各教育阶段的必修课。从问卷看，学生学习英语主要还是为了升学（44.32％），其次为求职（32.62％）、获取各类英语等级证书（18.12％）。他们学习英语可能还有其他目的，如了解英美文化、拓宽视野、兴趣等。当然，数据也反映了学习目的的阶段性特征：高中生为了升学（66.14％），研究生主要为了求职（48.00％），而本科生则兼顾升学（34.70％）和求职（34.41％），详见表 2。

表 2 学习者学习英语的目的

	出国攻读学位	国内升学	求职	获取各种证书	其他
高中生	10（5.20％）	117（60.94％）	45（23.43％）	11（5.73％）	9（4.70％）
本科生	24（7.05％）	94（27.65％）	117（34.41％）	88（25.88％）	17（5.01％）
硕士生	2（2.67％）	22（29.33％）	36（48.00％）	11（14.67％）	4（5.33％）

注：此题为多选题，因此各选项总数会大于总人数。

从表 2 中不难看出，参加各种英语考试，取得各类证书是中国英语学习者的学习目标之一。学生主要是参加国内的考试（53.58％），而参加托福（3.40％）和雅思（3.77％）等更具国际性、权威性考试的比例较低。这证明了获取各种英语证书是学生的主要学习目的，也反映了当前我国英语学习的应试性质。具体数据见表 3。

表3 学习者所参加的英语考试

	CET		TEM		托福	雅思	其他	合计
	四级	六级	四级	八级				
高中	0（0%）	0（0%）	0（0%）	0（0%）	1（50%）	0（0%）	1（50%）	2
本科	64（32.99%）	63（32.47%）	40（20.62%）	7（3.61%）	2（1.04%）	8（4.12%）	10（5.15%）	194
硕士	4（5.79%）	11（15.95%）	9（13.04%）	34（49.28%）	6（8.69%）	2（2.90%）	3（4.35%）	69
合计	68（25.66%）	74（27.92%）	49（18.49%）	41（15.47%）	9（3.41%）	10（3.77%）	14（5.28%）	265

注：因有些学生未提供信息，也有学生参加多个英语考试，表中参加考试总人数与学生所在组内的总人数不一致。

（二）调查工具

本研究的调查工具是研究者自行拟定的问卷，包含个人信息和调查问题。个人信息包括被调查者的年龄、性别、教育程度、所选专业、英语水平、英语学习年限和学习英语的主要目的等。具体调查问题涉及汉语和英语的使用范围和频率、竞争力、各阶段英语汉语的教育以及"英语热"的影响等问题。具体调查问题采用五级量表的形式，分别以"5、4、3、2和1"五个分值代表"非常同意、同意、不一定、不同意和非常不同意"。请调查对象依据实际情况做出选择。

研究者共发出调查问卷437份，最后收到有效问卷413份（高中、本科和硕士分别为156、199和58份）。凡调查问题部分有遗漏的问卷一律视为不合格，予以剔除，但允许个人基本信息部分有遗漏。

（三）研究问题

当前研究关注英语学习者母语使用、认同情况，考察英语是否有过度使用的趋势、英语对母语（使用）是否产生影响以及"英语热"等问题。具体回答以下问题：

问题1：当代中国英语学习者对英语的态度如何？

问题2：当代中国英语学习者的英语使用情况如何？

问题3：当代中国英语学习者对当前"英语热"的看法如何？

具体而言，研究问题1包括对学习者对英语/母语语言和文化的偏好、英语和母语是否可以满足交际需要、对英语和母语竞争力的看法。研究问题2考察学习者对英语在日常生活、教育中的地位的看法。教育生活涉及学前阶段、小学阶段、中学阶段、大学本科和硕士阶段。研究问题3涵盖学习者对"英语热"的认识，同时请被试对未来英语教学发表自己的看法。

（四）数据分析方法

首先，研究者根据每一条调查题目的分数计算均值，从整体上判断被试对该调查题的态度。然后，计算每一个调查问题中的每一个选项的百分比，为后续分析性统计做准备。最后，在判断各组间的选择是否存在显著差异时，我们借助于SPSS 18.0进行卡方检验，根据所得结果判断是否存在显著性差异。为统计的方便，我们将选择"非常同意"和"同意"的频次合并成"高接受度"选项；将"不同意"和"非常不同意"合并成"低接受度"选项。

三 调查与分析

本节将根据问卷调查中所得到的数据依次回答三个研究问题。在此基础上，结合相关资料和论述，对数据进行阐释和评价，以展示各层次英语学习者的语言态度、英语使用情况、对"英语热"的认同情况。

（一）对母语和英语的语言态度

对母语和英语的语言态度首先表现在对两种语言和文化的偏好上。高中、本科和硕士三组被研究者对汉语及文化的认同接受程度的均值分别为 4.31、4.13 和 4.19；而对英语和英语文化接受程度均值分别为 2.88、2.94 和 3.0。均值显示，三组学习者对汉语的认同程度更高。从接受程度看，他们对汉语及文化接受程度值较高的比重分别为 89.74%、82.41% 和 91.38%；对英语及文化接受程度值较高的比重则分别为 26.92%、23.62% 和 31.03%。这也验证了前面均值的结果。卡方检验结果（$\chi^2 = 16.36$，$p < 0.01$）显示二者间存在显著差异。也就是说，虽然三组都更认同汉语，但高中和本科两组的认同程度明显高于硕士组。对英语及文化的认同不存在显著差异（$\chi^2 = 4.17$，$p > 0.05$），即三组被试在对英语和文化的认同方面并无显著差异。

其次，语言态度也表现在相关语言是否可以满足交际需求。为此，我们请被研究者判断对"有时汉语不能满足交际的需要"的认同程度。接受程度值较高的比重分别为 73.72%、86.43% 和 91.38%。可见，高中组对汉语的信心最强、硕士组最弱；卡方检验结果（$\chi^2 = 23.09$，$p < 0.01$）说明高中和本科组的认识显著高于硕士组。三组学习者都认为汉语可满足交际之需。

再者，语言态度也表现在语言使用者对语言竞争力的认识上。被试认同汉语弱于英语的均值分别为 2.37、2.57 和 2.83，认同程度并不算高。可见，三组对此均不认同，都对汉语的竞争力有一定的认识和信心。经卡方检验（$\chi^2 = 1.81$，$p > 0.05$），我们发现三组间并无显著差异。

从以上三个层面看，英语学习者对汉语和汉语文化的信心还是比较充足的，也相信汉语可满足交际需求，且具有较强的竞争力。但在实际语言生活中，各阶段学生的口头、书面表达中夹杂英语的情况不胜枚举；白领阶层对英语的使用强化到无以复加的地步。对此，我们还应加大宣传力度，提升学习者的母语意识，增强他们对母语的情感、信心（王宁、孙炜，2005）和认同感。

（二）当今英语的使用范围

我们的日常生活和教育生活都离不开英语，那么如何看待英语在这两类生活中的使用呢？是多多益善，还是谨慎使用呢？

对于"我们应在日常生活中尽可能多地使用英语"，三组被试的接受程度均值分别为 3.46、3.52 和 3.33，接受程度值较高的比重分别为 50.00%、49.75% 和 43.10%。三组都在较大程度上认为有必要多使用英语。卡方检验结果（$\chi^2 = 11.30$，$p < 0.01$）显示，高中和本科组更倾向于倡导在日常生活中使用英语。

英语是各个教育阶段的教学内容，甚至在某些地区、某些教育阶段俨然成为教学媒介，这是不可回避的话题。被试对英语在各个教育阶段的地位又是如何认识的呢？

（1）学前阶段

一派观点认为，学龄前儿童的母语还未定型，因此应谨慎教英语；而另一派则认为儿童可塑性强，学习语言的能力很强，应尽早接触英语。从调查数据看，倡导在学前阶段教授英语的接受程度的均值分别为 3.91、3.82 和 3.86，接受程度值较高的比重分别为 77.56%、73.87% 和 72.41%；三组都认为可以在学前阶段教英语。卡方检验结果（$\chi^2 = 15.70$，$p < 0.01$）显示存在显著差异，与硕士组相比，高中组和本科组的倾向性更为明显。

（2）小学阶段

倡导在学前阶段教授英语的接受程度均值分别为 3.98、4.14 和 4.17，高接受程度的比重分别为 83.97%、89.95% 和 91.38%，三组都很认同在小学阶段教英语。卡方检验结果($\chi^2 = 21.60, p < 0.01$)显示,三组被试间存在显著差异。高中组和本科组比硕士组的倾向性更为明显。

（3）中学阶段

倡导在中学阶段偏重英语教学的接受程度均值分别为 2.71、2.66 和 2.55,高接受程度的比重分别为 20.51％、10.05％ 和 8.62％。可见,三组被试都不太赞成在中学阶段偏重英语教学,且三组被试间不存在显著差异($\chi^2 = 5.05, p > 0.05$)。

（4）大学阶段

支持在大学阶段偏重英语教学的接受程度均值分别为 3.15、3.09 和 3.03,高接受程度的比重分别为 30.77％、29.65％ 和 27.59％。三组都不太赞成在大学阶段更加重视英语教学,且高中组和本科组的倾向略强于硕士组($\chi^2 = 6.44, 0.01 < p < 0.05$)。

（三）对"英语热"的看法

"英语热"已持续多年,那么,这种现象是否产生一定的影响呢?认为没有影响的均值分别为 2.87、2.81 和 2.62,比重分别为 23.08％、21.11％ 和 17.24％。可见,三组都认为"英语热"的确对社会产生了影响。

认为"英语热"有积极作用的接受程度的均值分别为 3.85、3.98 和 4.07,高接受程度的比重分别为 74.36％、81.91％ 和 86.21％。可见,各组都认为"英语热"给社会带来了积极的作用。高中和本科组更认同"英语热"有好处($\chi^2 = 20.13, p < 0.01$)。

在目前形势下,是否有必要再鼓励民众学习、使用英语呢?持支持观点的均值分别为 3.55、3.84 和 3.74,比重分别为 56.41％、69.35％ 和 65.52％,即过半数的学习者认为有必要。高中和本科两组被试对继续鼓励学习和使用英语($\chi^2 = 20.55, p < 0.01$)的支持度更高。

各组被试都认为"英语热"具有积极作用,也鼓励民众学习、使用英语,可能是因为他们在平时学习和生活中已从中获益,清楚意识到英语的重要性。结合上节分析,我们发现中国英语学习者被裹挟在英语学习大潮之中,他们对英语教学的认同程度比较高,都认为英语教育要从学龄前儿童开始。可是,他们并不赞同在各教育阶段偏重于英语教学。这样的结果或许令人欣慰,这应该让社会广为知晓:英语可以教,但没必要过于强调其重要性,致使其冲淡汉语教学。

四 对英语教育规划的相关思考

中国英语学习者对母语和英语认同与语言规划问题联系紧密。虽说语言规划、英语教育规划事关国家或社会团体,具体决策由他们作出,但不容忽视的是,英语教育事业及其规划问题关系到数量庞大的各阶段英语学习者的切身利益。此领域的任何规划、决策都会对他们的学习积极性、学习成果以及就业晋升等产生一定的影响。因此,英语教育规划宜谨慎行事。同时,规划的实施者不妨倾听他们的心声,以了解把握英语教育的客观现实,做出更为客观、科学的决策。下面,我们将结合调查数据和调查发现,着重从英语教育规划的角度进行讨论。迄今为止,我国英语教育工作均取得了长足进展,但其规划工作仍有一定的缺失(陈红岩,2011)。教育是语言规划工作应关注的重点领域(李宇明,2013),当然语言规划工作还涉及其他很多重点领域,如公共服务和大众传媒等。

（一）英语教育地位的规划

英语是我国最为常见的外语,对外交工作、跨文化交际、对外贸易等领域都极为重要。英语教育是不可或缺的,我们应该提供学习英语（第二语言）的机会(普忠良,2000)。

个人之所以要学习英语,有经济因素、文化因素,更有历史因素,是我们民族从历史中的经验、教训中所汲取的重要认识(赵蓉晖，2010）。当前中国英语教育已步入新时代，2001 年秋季城市以及县城小学开设英语课，第二年全国乡镇小学也开始教授英语（刘亚楼、王晓玲，2009）。此举是基于提升全民素质的考量。

从当前调查结果看，三组学习者都认同在各个学习阶段开设英语课程，都认识到英语在学习者的学业、生活中的巨大作用。而且他们都认识到社会上的"英语热"具有积极的作用，赞成鼓励民众多学习英语。这既反映了他们认识到英语学习的必要性和重要性，又反映了国家规划英语教育具有良好的群众基础。未来的规划工作要继续保持这一传统，多倾听来自语言使用者、来自基层的声音。只有这样，英语教育规划才能反映客观现实，也才能取得预期效果。

（二）英语教育与母语教育

英语教育与母语教育是语言规划中两个对象，彼此间不可避免地存有矛盾，是当前亟须解决的一个重大问题（李宇明、段晴，2007）。

在我们看来，规划中应力图解决好这一对矛盾。或许，我们对母语的地位不应太多地担忧，数据表明三组英语学习者对汉语及汉语文化的认同程度更高，都认为汉语具有更强的竞争力。因此，我们在英语教育规划中可适当地对英语教育给予更多的关注，致力于制定更符合国情和国家需求的英语教育规划，促进英语教育事业的健康、有序和和谐发展，培养出更多的高层次英语人才。三组被试都倡导从学龄前开始英语教学，都赞成从小学阶段开始教授英语。这样的认识是全社会重视英语教学、英语学习的一个缩影。

当前的英语学习者，特别是高等教育阶段的学习者在各类英语考试（如大学英语四六级考试、英语专业四八级考试、托福、雅思等）上花费了大量的时间、精力和金钱。为了找工作、升学等目的，他们不得不参加各类考试。虽然他们一定程度上都达成了自己的目标，但一纸证书未必能说明他们的实际英语水平和交际能力。比如，不少学生通过了口译考试，但能胜任高级口译工作的又有几人？所以，我们认为培养高层次英语（外语）人才这一目标应在英语教育规划中得到体现。理性的、科学的规划工作为英语教学指明了方向。此外，现阶段英语教育工作也明显存在问题，如义务教育阶段中的英语（外语）课程目标存在一定的不合理之处，这正造成教育资源浪费（鲁子问，2007）。因此，规划工作应致力于优化英语课程目标，提升英语教育的效率，培育国家亟须的高端英语人才。

对于母语而言，语言规划工作也大有作为，比如改进母语教学的方式、确立新的教学目标等。上海市的调查表明，语文在学生心中的地位已不再重要，逐渐沦为最不喜欢的课程之一。这种窘境迫使规划者设法在以下方面要多做努力，如改进语文课程的定位、重新确立教学目标、改进教法，以期恢复学生对母语和文化的兴趣、坚定对汉语的信心。

（三）英语教育与国家安全

英语教育规划对于增强国力、维护国家安全均具有积极意义。如今，中国语言生活逐渐国际化，汉语与英语（以及其他外语）的接触日渐增多，社会对英语的需求也日益高涨，随之而来的是国家安全所面临的威胁。对此，英语规划应致力于培养高层次的英语人才，为我国的"走出去"的战略、"一带一路"的宏图大业以及维护国家安全的重大使命提供语言支持（王英杰，2013）。在英语教育规划实践中，我们可效仿美国的"关键语言"政策，培养、储备大量的高端英语人才。

另外，英语教育规划中还要顾及汉语的地位和作用，预防英语教育的开展可能会对汉语语言文化造成的冲击，以保障国家的语言文字、汉语文化的安全。英汉语言接触、汉英混杂以及英语过度使用等行为对汉语产生了一定的积极影响，丰富了汉语的表达方式，如状语从句的后置成为符合汉语语法的表达形式。但我们也要看到其负面影响：汉语使用空间被压缩，面临着危机（朱竞，2005）。我们知道，母语安全是国家安全的有机组成部分。英语教育规划与母语教育规划、国家语言规划以及保障国家安全等议题都是紧密联系的。为此，我们在英语教育规划中也要对母语学习和运用给予应有的重视。规划工作也要对汉语、英语（及其他语种）的使用空间、使用规范等问题作出具体规定。

（四）英语教育目标的确立

英语教育目标的确立是英语教育规划中的重要环节，也指导着全国英语教学实践。英语教学目标关系到广大教师、学习者的切身利益，理应给予足够重视。当前英语教育（特别是高等教育阶段）的目标、评价标准等都有偏重学术化的倾向（赵蓉晖，2010），对现实的考量异常缺乏。学习者和教师都缺少英语的实际应用的感受与经验（ibid）。英语学习者即便通过了考试，也难以真正地将英语运用到实践的各个层面（鲁子问，2006b）。

未来在英语教育规划中应更重视学习者应用英语的实际能力，相应的评估体系也要着眼于学习者实际运用英语的能力，确立以英语实际运用能力为导向的考核评价体系。新的考评体系应该是既能够评估学习者的英语实际水平，又能够遴选出满足社会需求的合格人才。

（五）规范社会英语教育活动

各级教育部门肩负着英语教育的重任，接受教育主管部门的指导和管理，为社会和国家提升公民的综合素质，培养英语人才。除了各级教育机构外，社会中的非国民教育体系，即各类英语培训机构也在一定程度上承担着英语教学的任务。社会培训机构逐渐成为英语终身学习、教育体系中的组成部分。这是可喜之处。然而，不容忽视的是，这些办学机构在教育资质、教学水平、师资力量等方面良莠不齐。甚至有的还存在较为严重的问题，亟须规范。因此，我们在英语教育规划中也应将社会培训机构纳入规划范畴之中（李宇明，2010），规范其教学行为、经营行为。同时，也要引导其教学目标的设立以及教学方法的改进等。另外，我们应大力鼓励公民积极参与英语（外语）培训，尤其是各种非通用语的培训，为社会储备大量的外语人才。

此外，外语教育规划也涉及语种规划的问题。我国外语资源的种类比较贫乏，尤其是各种非通用语。全世界有书写文字的语言足有 2000 余种，但我国高校所开设的外语不足 50 门（文秋芳、苏静、监艳红，2011）。另外，高水平外语人才极为缺乏，尚无法满足国家和社会的需求（鲁子问，2006a）。可见，英语规划工作以及英语教育工作还有很长的路要走。

五　结语

学界对母语的地位和安全的认识开始趋同，都认为母语利于维护国家和政府的形象、提升国家的综合影响力、保障国家安全。母语、外来语（特别是英语）是国家语言规划中重要的调整和规范的对象。鉴于此，当前研究以高中生、本科生和硕士生三个层次的英语学习者为研究对象，采用问卷调查方法考察他们对英语和母语的认同情况、英语在日常生活和教育生活中的使用现状以及他们对"英语热"的认识等问题。研究发现，中国学习者对汉语的认同程度更高些，都认为汉语具有一定的竞争力。但他们对五花八门的英语考试的追捧在一定程度上也反映了汉语使用空间被压缩的现实。对于各教育阶段中英语的教学，三组被试都认为不要过于偏重。另外，他们都认为当下的"英语热"具有积极意义,都支持鼓励民众学习、使用英语的举措。最后,结合这些数据和发现,当前研究对英语教育规划提出了相应的建议。外语(英语)教育规划任重道远,未来还有很多事可做,如外语政策制定、外语语种规划、外语课程设置、外语教育改革和外语教育投资等。

参考文献

陈红岩. 2011. 澳大利亚外语教育政策探析及对中国的启示. 长春工程学院学报(4).

陈洪、李瑞山. 2008. 母语高等教育:从危机到转机. 中国高等教育(3).

陈新仁. 2008. 全球化语境下的外语教育与民族认同. 北京:高等教育出版社.

邓文英、敖凡. 2005. 英语专业学生的中国文化失语症分析. 兵团教育学院学报(4).

高梅. 2006. 语言与民族认同. 满族研究(4).

黄亚平、刘晓宁. 2008. 语言的认同性与文化心理. 中国海洋大学学报(6).

蒋亚瑜、刘世文. 2005. 提高学生中国文化英语表达能力的方法与途径. 集美大学学报(1).

李宇明. 2010. 中国外语规划的若干思考. 外国语(1).

李宇明. 2013. 领域语言规划试论. 华中师范大学学报(人文社会科学版)(3).

李宇明、段晴. 多元文明碰撞中语言的流变、认同与保护. 中华读书报 2007 年 9 月 19 日.

刘楚群、陈波. 2010. 大众教育背景下大学生母语素质问题探究. 社科纵横(6).

刘亚楼、王晓玲. 2009. 我国外语教育政策的回顾与展望. 教学与管理(10).

刘世文. 2003. 对中国文化英语表达能力的调查及其启示. 基础教育外语教学研究(1).

鲁子问. 2006a. 美国外语政策的国家安全目标对我国的启示. 社会主义研究(3).

鲁子问. 2006b. 外语教育规划:提高外语教育效率的可能途径. 教育研究与实验(5).

鲁子问. 2007. 我国义务教育外语课程目标质疑与重构. 课程 教材 教法(7).

普忠良. 2000. 一些国家的语言立法及政策述略. 民族语文(2).

宋晓红. 2010. 大学生"中国文化失语"的原因及对策. 淮海工学院学报(9).

宋伊雯、肖龙福. 2009. 大学英语教学"中国文化失语"现状调查. 中国外语(6).

屠锦红、徐林祥. 2010. 我国当代大学生"母语素养"缺失问题研究. 现代教育管理(10).

王和平. 2007. 论母语教育及其文化的价值与建设——母语教育,我们丢失了什么?.教育学报(3).

王宁、孙炜. 2005.论母语与母语安全. 陕西师范大学学报(6).

王英杰. 2013. 语言规划与国家文化安全.武陵学刊(4).

文莉. 2010. 论大学生的母语教育. 辽宁教育行政学院学报(1).

文秋芳、苏静、监艳红. 2011. 国家外语能力的理论构建与应用尝试.中国外语(3).

于兰、王晓辉. 2011. 大学生"中国文化失语"现状调查及对策分析. 渤海大学学报(5).

张彩霞. 2008. 理工科大学生母语水平现状及对策思考. 辽宁行政学院学报(2).

赵蓉晖. 2010. 国家安全视域的中国外语规划.云南师范大学学报(2).

钟茜韵. 2011. 英语学习对中国英语学习者民族认同的影响. 贵州民族学院学报(1).

朱竞. 2005. 汉语的危机. 北京:文化艺术出版社.

附录:

调查问卷

说明:

本问卷是为科研目的而制定,不会用于其他用途。请依据自己的实际情况作答,回答时请仔细权衡自己对相关问题的接受程度,选择相应的选项。请务必不要遗漏题目。感谢您的合作!

年龄:_____ 性别:_____ 教育程度:_____

年级:_____ 专业:_____ 英语水平:_____

(已获得的英语证书,如托福、雅思、CET、TEM、PETS等,请附上等级、分数)

1. 迄今为止,我已经学习英语_____年。

2. 现阶段,我学习英语主要是为了_____。(可多选)

A. 出国攻读学位

B. 国内升学

C. 找工作

D. 应对 CET－4、CET－6、TEM－8 或 TEM－8 等

E. 其他(请写出)_____

3. 我更喜欢英语以及英语文化。

(5 4 3 2 1)

4. 汉语在未来语言竞争中会让位于英语,因为英语过于强大。

(5 4 3 2 1)

5. 有时汉语不能满足交际的需要。

（5　　　4　　　3　　　2　　　1）

6. 学前教育阶段应强化汉语教学,杜绝英语教学。

（5　　　4　　　3　　　2　　　1）

7. 学前教育阶段在强化母语教学的同时,还应当进行英语教学。

（5　　　4　　　3　　　2　　　1）

8. 小学教育阶段应强化母语教学,杜绝英语教学。

（5　　　4　　　3　　　2　　　1）

9. 小学教育阶段在强化母语教学的同时,还应当进行英语教学。

（5　　　4　　　3　　　2　　　1）

10. 中学阶段应当更注重汉语教学。

（5　　　4　　　3　　　2　　　1）

11. 中学阶段应当更注重英语教学。

（5　　　4　　　3　　　2　　　1）

12. 大学阶段应当更注重汉语教学。

（5　　　4　　　3　　　2　　　1）

13. 大学阶段应当更注重英语教学。

（5　　　4　　　3　　　2　　　1）

14. 我认为日常生活中应该尽可能地多使用英语,提高英语交流能力。

（5　　　4　　　3　　　2　　　1）

15. 我认为当前社会上学英语的热情丰富了汉语的词汇,促进了国际间沟通,正面影响较大。

（5　　　4　　　3　　　2　　　1）

16. 我认为当前社会上学英语的高涨热情对汉语没什么影响。

（5　　　4　　　3　　　2　　　1）

作者简介

季小民,扬州大学外国语学院讲师,南京大学外国语学院博士生。研究兴趣包括语言规划、语用学等。

On Chinese English Learners' Identification with English and the Planning on English Education in China

Ji Xiaomin

Yangzhou University

Abstract：The status and role of English make challenges for mother tongue education, identification with mother tongue and the planning on English education in present-day China. In this setting, the present study collects data via survey with English learners at various levels, that is, students in high schools and colleges (undergraduates and postgraduates). The analysis of the data aims to find out how English learners at various levels identify with the English language and their mother tongue, how English is used in their daily life and education environment, and what they think of the popular enthusiasm for learning English in present-day China. Results from the survey show that the space for Chinese has been reduced to some extent because of the wide use of English. The students attach more importance to English though they still identify with their mother tongue to a greater degree. They recognize the positive effects of the enthusiasm for English learning. The article ends up with some suggestions concerning the planning on English education in China.

Key words：English learners, English education, identifying with the mother tongue, identifying with English, planning on English education

高等教育国际化进程中的马来西亚语言教育政策研究[*]

张治国　　郭彩霞

提　要：马来西亚高等教育的国际化取得了可喜的成绩,其发展进程可分为初始期(双联课程的开发)、发展期(双联课程的发展和外国分校的建立)和繁荣期(公、私立院校的共同发展以及地区国际教育中心的打造)三个阶段。每个阶段都有其教育国际化的特点以及与之相伴的语言教育政策,研究发现,高等教育国际化与语言教育政策密切相关。马来西亚利用自身的语言环境特点制定了多元化的语言教育政策:利用英语教学媒介语来推动本国高等教育的国际化,利用马来语等教学媒介语及语言课程来保持本国高等教育中多语言和多文化的特点。马来西亚的有关实践为中国高等教育国际化的发展提供了语言教育政策方面的启示。

关键词：马来西亚　高等教育国际化　语言教育政策

引言

在过去的二十多年里,马来西亚高等教育国际化发展得较快较好,是高等教育国际化较成功的典范。其表现之一是马来西亚从留学生的输出国变为输入国,在吸引外国留学生方面是亚太地区仅次于澳洲与日本的国家(洁安娜姆等,2005)。另据马新社称,马来西亚第二教育部长伊德利斯(Idris)指出:当前马来西亚高等教育机构国际生每年的增长率为16%左右,国际生与本国生的比例为1比10,是世界上比例较高的国家之一(Bernama,2015)。那么,马来西亚高等教育的国际化与语言教育政策有关系吗?若有,它们的关系又如何? 在语言学界,学者对马来西亚语言政策(如 Kaplan & Baldauf,2003;Hassan,2005;Gill,2005,2014;郭熙,2005;李洁麟,2009)及语言教育政策(如 Gill,2002,2003,2004,2006,

2012;Mohamed,2008;Ali,2013;Don,2014;王焕芝等,2011;房建军,2012)都有所研究,但从高等教育国际化的视角来剖析马来西亚语言教育政策的研究似乎微乎其微。在教育学界,学者对马来西亚高等教育国际化及高等教育政策都进行过研究(如Neville,1998;Bakar & Talib,2013;Tham,2013;Aziz & Abdullah,2014;卢晓中,1996;洁安娜姆等,2005),但结合高等教育国际化以及语言教育政策的研究甚少。因此,本文拟根据马来西亚高等教育国际化的进程来透视与其相关的语言教育政策,并分析和阐明两者之间的关系。

在全球化背景下,各国高等教育的竞争变得越加激烈,因此高等教育的国际化是众多国家高等教育发展的趋势,它"已从一种选择变为一种当务之急"(Hayle,2008),已成为"世界各国高等教育政策的驱动力之一"(Ayoubi & Massoud,2007)。那么,什

＊ 本文为国家社科基金项目"中国与周边国家语言互联互通建设的战略研究"(项目编号:14BYY045)及上海市教委科研创新项目"新中国外语教育政策与经济社会发展互动研究"(项目编号:15ZS047)阶段性成果。

么是高等教育的国际化呢。目前,学界对高等教育国际化的概念和模式的理解不尽相同,但 Knight(2004)提出的定义得到普遍认可:高等教育的国际化是将跨国界、跨文化和全球化因素融入到高等教育的目的、功能(主要包括教学、科研及服务)和实施的过程。在实践中,高等教育的国际化主要体现在以下几个方面:教育内容的国际化、教育方式的国际化、教育地点的国际化、教育对象的国际化、教育提供者的国际化和教育政策的国际化(Knight,2014)。综观上述几个方面,我们不难看出:教育内容、教育方式和教育政策的国际化是教育国际化的核心,但它们都比较抽象和隐性,难以界定,发展过程也费时费力;教育地点的国际化无非"走出去"和"请进来",但两者在数量上都是有限的,因为任何国家的高等教育机构都不可能大规模地到国外办学,同时,任何一个国家也不太可能大量地接受外国大学在本国办学的举措,合作办学倒是前景光明;教育对象和教育提供者是比较具体、显性的,而且容易量化。因此,目前,判断一个国家高等教育机构教育国际化的显性因素之一是高等教育机构国际学生和国际教师的数量。于是,当下各国的高等教育机构都在尽力地吸引更多的优秀的国际学生及国际教师。而对于国际学生和国际教师来说,他们若要到国外的高等教育机构学习或工作,高等教育机构的教学媒介语(medium of instruction)及工作语言是他们必定要考虑的重要因素之一,因此,合理实用的语言教育政策可以有力地配合和支持教育国际化的发展。当今世界,英语是使用领域最广泛的语言,因此,对于非英语国家的高等教育机构来说,它们在制定语言教育政策时一定要考虑到英语因素。在其他各项条件都相同或相似的情况下,大部分国际学生及国际教师都会选择英语为教学媒介语的高等教育机构,但以下两种情况例外:第一是语言专业的学生和教师,如去法国学法语的国际学生和来中国教德语的国际教师都不在乎法国和中国的高等教育机构是否选择英语为教学媒介语;第二是具备世界上独一无二或世界领先专业或学科的国家,如想学习中国功夫或日本动漫的国际学生在没有选择的情况下不在乎中国和日本的高等教育机构是否选择英语为教学媒介语。

语言习得规划,是语言规划的三种类型(即语言地位规划、语言本体规划和语言习得规划)之一。语言习得规划是由美国的语言规划学专家 Cooper 于 1989 首先提出来的。Cooper(1989)认为:语言习得规划是有关语言教育和语言推广的政策,其目的是扩大某一语言的使用人数。在语言实践中,人们一般把语言习得规划称为语言教育政策,故波尔斯顿和麦克劳林(Paulston & Mclaughlin,1994)把语言教育政策定义为所有涉及教育的语言政策。可见,语言习得规划或语言教育政策是离不开学校的,其主要内容包括学校的教学媒介语或教学语言的选择和语言课程的设置与教学(斯波斯基,2011)。语言教育政策的制定和实施影响到国家的发展、社会的稳定、民族的团结,其中教学媒介语的选择关系到某些语言的活力的提升以及用这些语言所表达的文化的传承,等等。然而,制定合理的语言教育政策并非易事,语言教育政策的制定受到众多语言因素(如本国语言生态、国家语言意识观念、国际强势语言等)和非语言因素(如政治、经济、人口、文化等)的制约(张治国,2012)。

马来西亚是个多民族的国家,其人口由马来人(约占 67.4%)、华人(约占 24.6%)、印度人(7.3%)和原住民(约占 0.7%)组成。

多民族使得马来西亚的语言生态也相对复杂。大部分马来人以马来语及其各种方言为母语，华人使用普通话及各种汉语方言（如闽南话、粤语、客家话等），印度人则使用泰米尔语、泰卢固语（Telugu）、马拉雅拉姆语（Malayalam）等印度语言。此外，马来西亚还有多达80至130种的原住民语言（Kaplan & Baldauf, 2003）。除了这些语言之外，殖民历史还为马来西亚遗留下来强势的英语。在英国殖民时期，英语是马来西亚的官方语言，也是马来西亚中小学主要的教学媒介语之一，还是高等教育中唯一的教学媒介语。马来西亚于1957年独立后制定的《宪法》规定马来西亚语（即马来语）为国语，该宪法还为英语的使用设定了过渡期，在这期间英语依然还可用于立法等众多官方领域。1967年，马来西亚通过的《国家语言法》规定马来语为马来西亚唯一的官方语言，用于所有官方场合，而英语作为共同官方语言的过渡期至此结束，并被降为第二语言（Second Language）。

一 马来西亚高等教育的国际化进程与语言教育政策

马来西亚高等教育的国际化进程可分为以下三个阶段：第一，高等教育国际化的初始期（20世纪70至90年代）；第二，高等教育国际化的发展期（20世纪90年代至21世纪初）；第三，高等教育国际化的繁荣期（21世纪初至今）。

（一）高等教育国际化初始期的语言教育政策

（1）高等教育的国际化：私立高等教育机构双联课程的开发

在20世纪70至90年代期间，马来西亚公立大学数量不多，招生名额有限，国际化程度也不高，加之大学招生时实施具有族群偏向性的"配额制"或"固打制"（quota

system），这使得该国许多学生（尤其是华裔和印度裔学生）很难获得在本国公立大学接受高等教育的机会，每年被录取进入公立大学的人数不足申请人数的三分之一，于是，不少学生便选择出国求学的道路，当时马来西亚成为全球第二大留学生来源国。截至1985年，马来西亚出国留学的人数占到全国高等教育机构学生总数的40%（李毅，2003）。

从1980年开始，马来西亚联邦政府准予开办私立高等教育机构，以缓解国内公立高等教育资源与需求之间的矛盾。但此时的私立高等教育机构尚无学位授予权，因此，它们开始谋求与西方大学联合办学的方法，开发了具有教育国际化特点的"双联课程"模式：学生先在本地读一至两年大学基础课程，然后到国外大学续读两至一年，即"1+2"或"2+1"模式。

（2）语言教育政策：公立大学的马来语化和私立高等教育机构的放任自由式语言教育政策

从1970年开始，马来西亚高等教育机构语言教育政策的基本特点是公立高等教育机构都尽量用马来语教学，以便实现马来语逐步取代英语的目标。为此，马来西亚政府一方面将殖民时期建立的以英语为教学媒介语的大学改为以马来语为教学媒介语的大学；另一方面，还规定新建的大学大多要以马来语为教学媒介语。截至1983年，马来西亚基本上完成了高等教育教学媒介语的马来语化，公立高等院校的课程原则上均以马来亚语作为教学媒介语（Ali, 2013）。

这一时期，马来西亚政府并没有制定有关私立高等教育机构的语言教育政策，但由于私立高等教育机构和国外高等教育机构合作开设了"双联课程"而非常重视学生英语能力的培养，预科及双联课程基本上都选用英语为教学媒介语。

可见,在初始期,马来西亚公立高等教育机构都采用马来语为教学媒介语,而私立高等教育机构则选用英语为教学媒介语。前者还谈不上多少教育国际化,而后者也只是通过与国外大学合作办学的方式开始了高等教育国际化的征程。马来西亚作为前英国殖民地在独立后实行公立高等教育机构马来语化的语言教育政策,其行为是可以理解的,这是去殖民化以及建立新的国家语言身份的需要。而私立高等教育机构则仍保留着英语授课的传统,这为其教育国际化提供了语言上的便利。

(二) 高等教育国际化发展期的语言教育政策

(1) 高等教育的国际化:私立高等教育机构的大力发展与公立高等教育机构的缓慢跟进

20 世纪 90 年代之后,马来西亚国内教育政策的调整以及后来席卷东南亚的金融危机进一步刺激了马来西亚私立高等教育的发展和国际化(冯国平,2009)。1991 年马来西亚政府提出"2020 年发展愿景"(Vision, 2020),即 2020 年将马来西亚建成发达国家。要实现这一国家目标,马来西亚必须通过教育来大力提高本国的人力资源水平。马来西亚同年制订的第六个"五年计划"(1991—1995)提出:国家要鼓励高等教育中双联课程项目的开发。1993 年,该计划的中期评估指出:马来西亚应把教育作为服务业来看待,要增加服务业出口收益,扭转长期以来服务业的财政赤字(Tham, 2013)。此外,1994 年,马来西亚国会通过了有关大专法令修正案,准许外国大学在马来西亚建立分校(冯增俊、卢晓中,1996),1996 年通过的《私立高等教育法》将外国分校纳入了马来西亚私立高等教育体系。1997 年的亚洲金融危机使得马来西亚很多

家庭无力承担小孩出国留学的高昂费用,政府也无力维持庞大的高等教育体系。为此,马来西亚政府开始大力鼓励私立高等教育机构的发展以及双联课程的开发。截至 2000 年,马来西亚已有 120 所私立高等教育机构提供"1+2"或"2+1"的双联课程模式,30 所私立高等教育机构提供"3+0"双联课程模式(洁安纳姆等,2005)。随着马来西亚国内高等教育的发展和国际化,出国留学的马来西亚学生人数大幅度减少。截至 1999 年,出国留学的学生占全国高等教育机构学生人数的比例已经下降到 5%(李毅,2003)。同时,马来西亚的高等教育机构也开始吸引大批来自亚洲其他国家的学生前来留学。

(2) 语言教育政策:允许私立高等教育机构和外国分校使用英语及其他语言教学

1993 年,马来西亚时任总理马哈蒂尔(Mahathir)提出,出于国家经济和科技发展的需要,高等教育机构科学、工程、医学等专业的教学应以英语为教学媒介语,但此提议遭到国内多领域学者的反对。而且,1995 年通过的《1960 年教育法修正案》重申了马来语的国语地位,并指出公立和私立高等教育机构都要以马来语为教学媒介语(Ali, 2013)。然而,到了 1996 年,马来西亚通过的《教育法》指出,高等教育中的科学、技术以及医学专业可以采用英语为教学媒介语,但不以马来语为教学媒介语的教育机构应开设马来语必修课。1996 年通过的《私立高等教育机构法》规定:所有私立教育机构都应以马来语为教学媒介语,但若教育部长准许,私立教育机构可采用任何一种语言教授课程,不过,马来语必须是必修课。另外,该法还规定,凡就读于本国马来语之外语言为教学媒介语的私立高等教育机构的本国学生,都必须达到教育部所规定的马来语水

平,只有这样,他们才可获得学校颁发的文凭或学历。1999年,马来西亚教育部规定从2000年开始实施马来西亚大学英语考试(MUET),这是马来西亚公立高等教育机构学生入学和毕业的必要条件之一(Lee 2004; Rethinasamy & Chuah, 2011)。

可见,在发展期,马来西亚公立和私立高等教育机构两种不同的语言教育政策反映了它们各自不同的教育国际化程度:公立高等教育机构以马来语为主要教学媒介语,但在部分科目及项目上选用英语授课,而私立高等教育机构几乎都采用英语为教学媒介语,前者开始了教育的国际化进程,但其国际化程度低于后者的国际化程度。

(三)高等教育国际化繁荣期的语言教育政策

(1)高等教育的国际化:私立和公立高等教育机构共同发展

早在20世纪90年代初,马来西亚联邦政府就提出将本国打造为东南亚地区性的教育中心的愿景,而且在后来的第七、八和九个"五年计划"中还曾多次重申。为此,马来西亚于2004年专门设立了高等教育部。2006年,高等教育部出台了马来西亚高等教育国家战略计划(NHESP),提出了进一步深化马来西亚高等教育国际化的目标,使其成为该地区优质的国际教育中心,到2020年,国际留学生人数达到20万人。具体内容包括加强与国外大学的合作,通过学分转移提升学生的流动性,高等教育机构(尤其是私立院校)中国际生的比例要达到10%,研究型大学中外籍教师要占15%(MOHE, 2006)。

据马来西亚高等教育部的数据统计,截至2013年,国际学生人数增长至8.3万,其中约35.5%的学生就读于公立高等教育机构,64.5%的学生就读于私立高等教育机构;约37.3%的学生为研究生,62.7%的为

本科生或专科生;49%的硕士生和79%的博士生就读于公立高等教育机构(Aziz & Abdullah, 2014)。可见,马来西亚的国际生由私立高等教育机构的孤军奋战逐步转换成由私立和公立高等教育机构共同开花的良好态势,不过,大部分国际生还是在私立高等教育机构就读,而且,他们大多是以本科生或专科生为主,但博士生却主要在公立高等教育机构就读。

(2)语言教育政策:开放性和多元化的结合

马来西亚公立高等教育国际化的推进与马来西亚近些年来的语言教育政策调整关系密切。进入21世纪之后,马来西亚政府多次调整高等教育机构的语言教育政策,使其具备了开放性和多元化的特点。2002年,马来西亚总理马哈蒂尔要求大学预科班改用英语教授科学和数学。2005年,高等教育部要求公立高等教育机构于2005—2006学年从大学一年级开始用英语教授科学和数学等相关课程(Ali, 2013)。2007年之后,马来西亚公立高等教育机构的部分本科专业、研究生教育、外国合作办学项目以及针对国际生的教学项目开始逐步采用英语为教学媒介语(Tham, 2013)。高等教育机构教学媒介语的多元化主要体现在公立高等教育机构上,例如,不同的专业实施不同的教学媒介语政策,人文社科类专业多以马来语为教学媒介语,宗教学科多以阿拉伯语或马来语或英语为教学媒介语,数学和科学等相关专业多以英语为教学媒介语,中医药类专业以华语为主要教学媒介语。此外,就语言课程开设而言,马来西亚公立大学的语言课程主要可分为三类:首先是马来语课程,各高等教育机构的本国学生必须学习马来语,但对于国际生没有统一的语言政策规定,不过,很多大学都为国际生提供了马来

语课程；其次是英语课程，各高等教育机构均重视英语课程的开设，包括普通英语课程、专业英语课程和学术英语课程等；第三是其他语言课程，目前，马来西亚高等教育机构最受欢迎的第三语言有华语、法语和阿拉伯语。

可见，在繁荣期，马来西亚公立和私立高等教育机构的语言教育政策还是有所差别：公立高等教育机构采用多元的教学媒介语政策，通过课程及部分专业来维持马来语在高等教育中的地位，但英语作为教学媒介语的使用也越来越多，尤其是在研究生教育、国际项目以及理工科课程中。而私立高等教育机构还是采用英语为教学媒介语，但语种单一。这些不同的语言教育政策也体现了马来西亚公立和私立高等教育机构不同的国际化水平、形式：从国际学生的数量上来说，私立高等教育机构胜过公立高等教育机构；从教育层次和教育形式上来看，公立高等教育机构胜过私立高等教育机构。总之，公立和私立高等教育机构相互竞争、相得益彰，使得马来西亚高等教育的国际化水准和程度越来越高。

二 启示

综上所述，马来西亚高等教育的国际化发展不是一蹴而就的，它经历了三个漫长的发展阶段，尽管每个阶段的发展特色不同，但国际化的规模却越来越大，程度越来越高。究其成功原因，其中一个重要因素是与之相应的语言教育政策。研究发现，马来西亚高等教育的国际化发展与该国的语言教育政策存在着一定的关系：国际化程度越高，英语作为教学媒介语或工作语言的使用就越多。此外，马来西亚在发展高等教育国际化的进程中实施了多元的语言教育政策：公立和私立高等教育机构实施不同的语言

教育政策，公立高等教育机构针对不同的教育对象、教育科目和教育层次又采取不同的语言教育政策，以便在提高英语作为教学媒介语的使用的同时，保证本国的马来语及其他语言也有使用的空间。

中国作为一个高等教育的大国，也正在向高等教育国际化的方向迈进。马来西亚高等教育国际化进程中语言教育政策的发展和经验值得我们学习、思考，至少我们可以得出以下三个启示：

第一，重视英语在高等教育国际化进程中的作用。目前，我国在积极推进高等教育的国际化，我国已有少数几个外国大学分校，如宁波诺丁汉大学（2004 年招生）、上海纽约大学（2013 年招生）、昆山杜克大学（2014 年招生）等，同时中国高等教育机构也开始走出国门到国外建立分校，且国内有越来越多的大学提供国际合作办学项目。据教育部消息，2014 年，我国有出国留学生 46 万人次，来华留学生 36 万人次，但中国目前在读大学生多达两千多万。因此，在中国高等教育机构，国际生与本国生的比例还是非常低，光从这一点就知道中国高教的国际化程度并不高。另外，在来华的留学生中，不少是来学习汉语的，汉语专业的国际生（尤其是具有一定汉语基础的国际生）倒是希望用汉语教学，但其他专业的国际生是很在乎高等教育机构是否用英语教学的。因此，中国目前要提升高等教育机构教育的国际化程度，还需要积极扩大国际班的英语应用范围，制定和实施英语教学媒介语政策。虽然国际化不完全等于英语化，但在可预见的未来，英语作为教学媒介语仍然是教育国际化的一个重要标志之一。尽管采用英语教学媒介语不是我们的最终目的，但它是帮助我们发展教育国际化的一个重要手段，尤其是在本国高等教育机构的许多学科还未走到

世界前列的时候。

第二,分阶段分专业规划汉语在高等教育国际化中的地位与作用。诚然,我们不能为了发展高等教育的国际化而把汉语给边缘化了,但在高等教育国际化的初级乃至中级阶段我们只能借英语"出海"。因此,我们需要合理规划高等教育机构的语言教育政策,不同院校、专业、学历层次需要采用不同的教学媒介语政策。就高等教育机构层次而言,研究型高等教育机构(如"985"和部分"211"高等教育机构)可较多地使用英语媒介语,一般院校则应更多地使用汉语媒介语,职业院校则基本上使用汉语媒介语,外国大学分校可以不选汉语为教学媒介语,但一定要开设汉语言文化必修课。就高等教育机构专业来看,国际班的文科则应多以汉语为教学媒介语,理工医农科专业可不选或少选汉语为教学媒介语。

第三,按区域按专业规划我国主要少数民族语言在高等教育国际化中的地位与作用。中国国家语委 2012 年制定的《国家中长期语言文字事业改革和发展规划纲要(2012~2020 年)》中提出的重要任务之一是"科学保护各民族语言文字"。少数民族语言是我国宝贵的语言资源,各少数民族边疆地区的高等教育机构都具有民汉双语或多语教学的优势,它们在语言、文化、地理上具有吸引周边国家留学生的便利,因此,我们应充分利用少数民族地区高等教育机构的语言优势和地缘优势,加强其与内地以及国外高等教育机构的合作,吸引更多的周边国家的国际生来华留学,促进少数民族语言在高等教育国际化进程中的作用。

参考文献

Ali, N. L. 2013. A Change Paradigm in Language Planning: English-medium Instruction Policy at Tertiary Level inMalaysia. *Current Issues in Language Planning*.14 (1).

Ayoubi, R. M, & Massoud, H. M. 2007. The Strategy of Internationalization in Universities, a Quantitative Evaluation of the Intent and Implementation in UK Universities. *International Journal of Education Management*.

Aziz, M. I. A. & Abdullah, D. 2014. Finding the Next 'Wave' in Internationalization of Higher Education: Focus on Malaysia. *Asia Pacific Education Review*.15 (3).

Bakar, A. R. A & Talib, A. N. A. 2013.A Case Study of an Internationalization Process of a Private Higher Education Institution in Malaysia. *Gadiah Mada International Journal of Business*.

Bernama. I. 2015. Malaysia Has one of Highest Proportions of International Students Pursuing Higher Education. *The Borneo Post*, Jan.

Cooper, R. 1989. *Language Planning and Social Change*. Cambridge: Cambridge University Press.

Don, Z. M. 2014. English in Malaysia: An Inheritance from the Past and the Challenge for the Future. In N. Murray & A. Scarino (eds.). *Dynamic Ecologies.Multilingual Education vol*. 9.Dordrecht: Springer Science & Business Media.

Gill, S. K. 2002. Language Policy and English Language Standards in Malaysia: Nationalism Versus Pragmatism. *Journal of Asia-Pacific Communication*.(1).

Gill, S. K. 2003. English Language Policy Changes in Malaysia: Demystifying the Diverse Demands of Nationalism and Modernization. *Asian Englishes*. (2).

Gill, S. K. 2004. Medium of Instruction Policy in Higher Education in Malaysia: Nationalism Versus Internationalization. In J. W. Tollefson & B. M. A. Tsui (eds.). *Medium of Instruction Policies—Which Agenda? Whose Agenda?*. New Jersey: Lawrence Erlbaum.

Gill, S. K. 2005. Language Policy in Malaysia: Reversing Direction. *Language Policy*. (3).

Gill, S. K. 2006. Change in Language Policy in Malaysia: The Reality of Implementation in Public Universities. *Current Issues in Language Planning*. 7(1).

Gill, S. K. 2012. The Complexities of Re-reversal of Language-in-Education Policy in Malaysia. In A. Kirkpatrick & R. Sussex (eds.). *English as an International Language in Asia: Implications for Language Educa-*

tion, *Multilingual Education vo.*1. Dordrecht: Spring Science & Business Media.

Gill, S. K. 2014. *Language Policy Challenges in Multi-Ethnic Malaysia.* Dordrecht: Springer Science & Business Media.

Hassan, A. 2005. Language Planning in Malaysia: the First Hundred Years. *English Today.* (4).

Hayle, E. M. 2008. *Educational Benefits of Internationalizing Higher Education: the Students Perspective.* Queen's University.Canada.

Kaplan, R. B. & Baldauf, R. B. 2003. *Language & Language-in-Education Planning in the Pacific Basin.* Dordrecht: Kluwer.

Knight, J. 2004. Internationalization remodeled: Definition, approaches, and rationales. *Journal of Studies in International Education.*8 (1).

Knight, J. 2014. *International Education Hubs: Student, Talent, Knowledge-Innovation Models.* Dordrecht: Spring Science & Business Media.

Lee, K. S. 2004. Exploring the connection between the testing of reading and literacy: The case of the MUET. *GEMA Online Journal of Language Studies.*4 (1).

MOHE (Ministry of Higher Education, Malaysia). 2006. *National Higher Education Strategic Plan (NHESP).* http://www.moe.gov.my/v/pelan-strategik-pendidikan-tinggi-negara. 2015 - 6 - 8.

Mohamed, M. 2008. Globalization and Its Impact on the Medium of InstructionIn Higher Education in Malaysia. *International Education Studies.* (1).

Neville, W. 1998. Restructuring Tertiary Education in Malaysia: the Nature and Implications of Policy Changes. *Higher Education Policy.*11(4).

Paulston, C. B. & Mclaughlin, S. 1994.Language-in-Education Policy and Planning. *Annual Review of Applied Linguistics.*(14).

Rethinasamy, S. & Chuah, K. M. 2011. The Malaysian University English Test (MUET) and its Use for Placement Purposes: A Predictive Validity Study. *Electronic Journal of Foreign Language Teaching.*8 (2).

Tham, S. Y. 2013. Internationalizing Higher Education in Malaysia: Government Policies and University's Response. *Journal of Studies in International Education.* 17 (5).

伯纳德·斯波斯基.2011.语言政策：社会语言学中的重要论题.张治国译.北京：商务印书馆.

房建军. 2012.马来西亚语言教育政策规划及对少数民族语言的影响. 内蒙古师范大学学报（教育科学版）(4).

冯国平.2009.跨国教育的国际比较研究.华东师范大学.

冯增俊、卢晓中.1996.战后东盟教育研究.南昌：江西教育出版社.

郭熙.2005.马来西亚：多语言多文化背景下官方语言的推行与华语的拼争. 暨南学报(哲学社会科学版)(3).

洁安娜姆、洪成文.2005.马来西亚高等教育国际化策略分析.比较教育(7).

李洁麟.2009.马来西亚语言政策的变化及其历史原因. 暨南学报(哲学社会科学版)(5).

李毅.2003.蓬勃发展的马来西亚私立高等教育.比较教育(8).

卢晓中.1996.马来西亚高等教育改革与发展的新动向.外国教育研究(5).

王焕芝、洪明.2011.马来西亚华文教育政策的演变及未来趋势.福建师范大学学报(哲学社会科学版)(4).

张治国. 2012. 中美语言教育政策对比研究——以全球化为背景. 北京：北京大学出版社.

作者简介

张治国，博士，上海海事大学外国语学院教授，南京大学中国语言战略研究中心兼职研究员，美国马里兰大学访问学者。主要研究兴趣为语言政策和语言规划。

郭彩霞，上海海事大学外国语学院硕士研究生。

Language Educational Policy in the Process of Internationalization of Malaysian Higher Education

Zhang Zhiguo & Guo Caixia

Shanghai Maritime University

Abstract: Malaysia has achieved remarkable success in its internationalization of higher education (HE), whose evolution undergoes three stages: the initial stage (emergence of twin programs), the developmental stage (promotion of twin programs and establishment of foreign campuses) and the prosperous stage (development of both public and private HE, and construction of an regional international HE hub). This paper summarizes the features of the internationalization and its corresponding language educational policies at each of the stages. Considering its multilingual repertoire, Malaysia has made its own language educational policies in the process of internationalization of HE: English as a medium of instruction is used to promote the internalization of HE. Malay and other languages as media of instruction and as language courses are used to maintain its lingual and cultural diversity in its internationalization of HE. The internationalization of Malyasia HE has three implications for China's language educational policy in the internationalization of HE.

Key words: Malaysia, internationalization of higher education, language education policy

汉语国际传播研究述评：2000—2014[*]

刘香君

提　要：本文对 2000 年至 2014 年公开发表的 1753 篇汉语国际传播论文内容进行考察，从汉语国际传播理论、传播历史、传播政策、传播模式、教学研究，以及相关人物、机构、书评等方面进行分类和归纳，总结研究现状，探讨研究特点与不足，提出对策和建议。

关键词：汉语国际传播　语言政策　传播模式　对外汉语教学

引言

"汉语国际传播"是建立在世界各国对汉语需求的基础之上的，遵循语言传播规律，从中国走向世界的语言传播现象（吴应辉，2010）。本文通过使用"中国知网"的高级检索，以"汉语"并且"传播"为主题对全部期刊进行检索，检索年限从 2000 年至 2014 年，共检索记录数 1908 条，手工剔除 155 条，被剔除的条目都是与本领域研究不相关的内容，如会议通知、会议报道、约稿等，保留的记录是包括汉语国际传播的理论研究、历史研究、政策研究、模式研究、教学研究，以及人物介绍、机构介绍、专书评价等相关文献共 1753 条。从历时平面看，15 年间，研究汉语国际传播论文总数在增长，2000 年平均每月发表的论文数不足一篇，到 2014 年平均每月发表的论文数是 33 篇（见图 1）。从 2006 年起每年发表的论文绝对数呈现快速递增的趋势，到 2014 年发表的论文绝对数是 2000 年的 50 倍。从共时平面上看，关于汉语国际传播的微观研究论文所占比例在这 15 年间一直超过 50%，平均约占论文总数的 73%；宏观研究所占比例从未达到

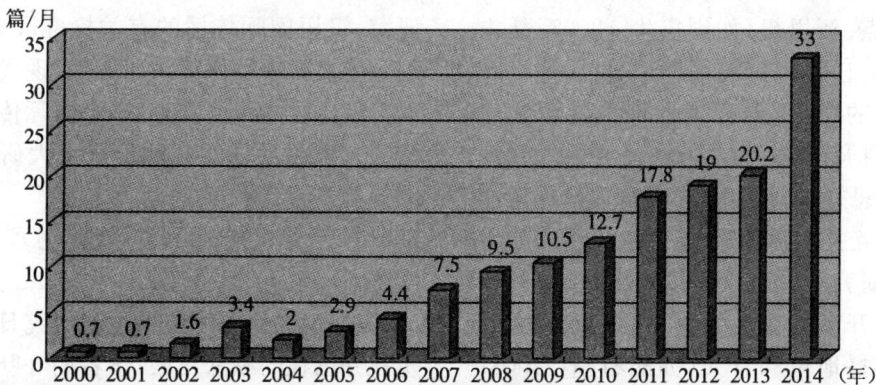

图 1　2000—2014 期刊论文每月发表平均数（篇/月·年）

*　本文为广西哲学社会科学"十二五"规划 2011 年度青年项目(项目编号：11CYY004)阶段性成果。

50%，平均约占论文总数的 22%，可见微观研究多，宏观研究少。为了发现这 15 年汉语国际传播研究主要涉及哪些具体的研究内容，研究重点是什么，研究的趋势是什么，有些什么不足，本文对 1753 篇论文进行二次分类，第一次切分为三类：汉语国际传播的宏观研究、微观研究和其他研究；第二次分类是将汉语国际传播的宏观研究进一步切分为理论研究、历史研究、政策研究和模式研究。

一 汉语国际传播研究主题演变

（一）汉语国际传播理论研究

汉语国际传播理论研究包括汉语国际传播地位和意义、汉语国际传播观、汉语国际传播核心概念、汉语国际传播方法论、汉语国际传播目标和任务、汉语国际传播机制、汉语国际传播学科性质、汉语国际传播特点及规律等。在考察的 1753 篇论文中，通过手工检测有 72 篇论文主要描写汉语国际传播理论，占总记录数的 4%，占比最少。从 2000 年至 2014 年的 15 年中，汉语传播理论的研究是一个缓慢增加、不断深化的过程。这 72 篇论文可分为三类：第一类是介绍国外与语言国际传播相关理论中的新动态、新观点、新思想（如周庆生，2005；聂志平，2014；王毅，2013；杨光，2014，等），其中周庆生的《国外语言规划理论流派和思想》在求同求异的过程中对国外语言规划理论流派和思想进行梳理，理清各理论流派的特点和相互关系；第二类是理论体系内的专题研究，研究者从某个角度、某个层面就某个问题展开有针对性的研究。比如研究汉语国际传播地位和意义（如胡有清，2003；王路江，2003；郭熙，2007，等）；研究汉语国际传播观（如陆俭明，2013；陈树千等，2014；邵敬敏，2008，等）；研究汉语国际传播核心概念（如贺阳，2008；李建军等，

2010；刘海龙，2014，等）；研究汉语国际传播方法论（如吴应辉，2012；原绍锋，2014，等）；研究汉语国际传播目标和任务（如胡范铸等，2014，等）；研究汉语国际传播机制（如吴应辉，2011，等）；汉语国际传播学科性质（如陆俭明，2014；李向农等，2011；吴应辉，2010；元华，2010，等）；汉语国际传播特点及规律（如王海兰等，2014；李红宇等，2011，等）。第三类是系统的理论研究。这又分两种情况：一种情况是对某个研究者或同一领域不同研究者的理论、思想、观点等作横向的对比性研究，总结归纳出彼此间的异同和优劣，如综述类的文章（如赵金铭，2008；朱婕，2012；聂志平，2014；包文英，2011，等）。另一种情况是从汉语国际传播的基本概念、研究方法、研究对象、学科归属、理论背景、研究内容等各方面系统地、全面地展开理论研究。如吴应辉（2010）就从汉语国际传播基本概念的界定开始，对汉语国际传播的基本规律和基本理论进行探索性建构，提出汉语国际传播的十大研究领域：汉语国际推广战略研究、汉语国际传播国别问题研究、汉语国际传播体制机制与科学发展研究、汉语教学的本土化问题研究、汉语国际传播与国家软实力建设研究、汉语国际传播典型个案研究、汉语国际传播的有关标准研究、汉语国际传播的项目评估体系研究、现代教育技术与汉语国际传播研究、汉语国际传播史的研究。张西平（2013）评价这十大研究领域的提出"具有重要的学术价值"。吴应辉（2013）还尝试着用科学数据为理论提供实证。

可见，汉语国际传播理论研究日益受到重视并已在向纵深发展，学者们呼吁建设汉语国际传播学科，积极引入和评价当代国外汉语国际传播理论，尝试着从不同角度、不同层次运用不同学科理论解决汉语国际传播中的问题，比如功能对等理论视角（蒋晓

萍,2006)、语言习得理论视角(陶红印,2008)、符号学理论视角(曹进,2009)、经济学理论视角(王振顶,2009)、传播学理论视角(谢小丽,2011)、模因论理论视角(胡德映等,2011)认知结构理论视角(汪也婷等,2014)、文本类型理论视角(沈嘉纯,2015)等。令人欣喜的是,已有学者尝试着构建中国人自己的汉语国际传播理论体系(如杜敏,2002;吴应辉,2010;周伟业,2010;杨利英,2010;王建勤,2010,等),也有学者对汉语国际传播理论研究提出疑问(如陆俭明,2013;刁世兰,2012,等)。

综上所述,汉语国际传播理论研究虽能多层次多角度展开一定深度的研究,但仍缺乏理论的系统性、全面性和学理性,定性研究较多,定量研究较少,至今还没能形成中国人自己的让国内外学者一致认可的汉语国际传播理论体系。学者们应借鉴国外引入的汉语国际传播理论,借助其他学科的理论,运用量化研究的方法,努力构建和完善中国人自己的汉语国际传播理论体系。

(二)汉语国际传播的历史研究

汉语国际传播的历史是汉语从中国走向世界的语言传播的历史过程。汉语国际传播的历史研究能进一步丰富语言学理论的研究,推进汉语本体的研究,加深海外汉学史和中外文化交流史的研究,有利于学科史的建设,能从历史的角度推进汉语国际传播理论体系的建立。有识之士大声呼吁重视汉语国际传播的历史研究。在1753条记录中,通过手工检测有97篇论文主要描写汉语国际传播史,约占总记录数的6%。这些文章有的描写汉语在中国国内的传播历程,如王旭送《中古时期汉文史学在吐鲁番地区的传播》(2013);有的描写汉语在海外的传播历程,如刘海燕《日本汉语教学历史管窥》(2014);有的分时代描写,如傅丽莉《中国唐文化对日本的影响》(2014);有的按

地域(国别)描写,如翟媛媛《汉语在东南亚的传播史》(2014)、郑亮《汉唐中原西向求法对西域文化的影响》(2008);有的从受众的角度描写,如黄骅《乌托邦式的人间天堂——17世纪德国文学中的中国形象》(2009);也有从传播者的角度描写,如张晴《浅析不懂汉语的传教士对中西文化交流的影响——以〈中国之欧洲〉为例》(2014)、元青《中国文化走出去的一段经历——以20世纪上半期中国留英学生为中心的考察》等(2013);有的通过语言的变化和变异描写历史,如陶金《近代汉字新词对日传播的历史成因解读》(2014);有的从宗教的角度描写,如刘祥清《佛经汉译的历史和作用》(2006);有的从文艺作品的角度描写,如王雪娇《从马礼逊〈华英字典〉看〈红楼梦〉在英语世界的早期传播》(2013)、王治理《十至十二世纪汉文化教育影响下的契丹文学》(2010)、李新庭《冯梦龙"三言"在俄国》(2010);有的从政治经济、科学技术的角度描写,如王泽民《汉代西域屯田与汉语汉文的传播使用》(2003);有的通过特定人物研究汉语国际传播,特别是研究利玛窦、艾儒略等传教士对汉语传播的影响的文章(如郭宪春,2014;曹保平,2010;叶农,2009;邓章应,2007)等。张西平(2008)指出世界汉语教学史的研究对象应包括对外汉语教育史、少数民族汉语教育史、国外华文教育史、国别汉语教育史、国外汉学史;世界汉语教育史的主要研究方法有语言习得理论的研究方法、中国语言学史的研究方法、汉学史的研究方法、对比语言史的研究方法。罗骥、钱睿(2014)指出东南亚汉语传播历史的研究现状不能令人满意,主要体现在学术关注度低,独立的研究范式尚未形成。

可见,汉语国际传播史的研究内容除了文学、宗教、语言对汉语传播的影响,还应加大力度对历史上各时期政治经济、科学技

术、综合国力在汉语言文化传播中的作用进行研究;目前汉语国际传播史研究方法较为单一,应更多地尝试将其他学科的研究方法应用于汉语国际传播史的研究;汉语国别传播史研究涉及的国家太少,主要是日本、韩国、越南等东南亚国家,今后应加大汉语在亚洲以外国家传播史的研究;断代史的研究,汉唐时期汉语传播研究较多,其他时代研究较少。

(三)各国语言政策、汉语政策、法律法规等方面的研究

汉语的国际传播不仅仅是汉语的国际教学问题,还是汉语在国际交往中的地位和作用的问题,汉语的传播不可避免地要受所属国历史、经济、教育、宗教和军事等因素的影响,研究所属国的语言政策是汉语国际传播不可忽视的内容之一。本文在1753条记录中,通过手工检测发现66篇论文主要描写中国及世界各国语言政策、汉语政策、法律法规、对策措施等,占总记录数的4%,分为两类:面向国内的研究和面向国外的研究。

面向国内的研究:大多数学者围绕中国国内现有的语言政策展开对策性研究,比如国家汉办主任许琳(2007)提出汉语国际推广要"实施六大转变:一是发展战略从对外汉语教学向全方位的汉语国际推广转变;二是工作重心从将外国人'请进来'学汉语向汉语加快'走出去'转变;三是推广理念从专业汉语教学向大众化、普及型、应用型转变;四是推广机制从教育系统内推进向系统内外、政府民间、国内国外共同推进转变;五是推广模式从政府主导为主向政府推动的市场运作转变;六是教学方法从纸制教材面授为主向充分利用现代信息技术、多媒体网络教学为主转变"。围绕中国国内这一语言政策,学者们纷纷展开研究(如李建军,2014;太琼娥,2009,等)。除此之外,有的学者从

法律的角度研究汉语国际传播政策(如刘卫红,2012;李宝贵,2004),有的学者从经济学视角展开分析(如李翠云,2015),有的学者从国家软实力的构建提出建议(如窦丽奇,2015;陈美华等,2013;孙强,2012),有的学者从国家安全的角度思考对策(如曹晋,2015;李琳,2013;张国良等,2013),有的学者从国家形象的角度展开讨论(如哈嘉莹,2013),有的学者讨论中国当下语言政策(如罗美娜,2014;张西平,2011;太琼娥,2009),有的学者从具体问题着手提出对策建议(如陈永莉,2009;高增霞,2008,等)。

面向国外的研究:有的学者介绍国外语言传播政策。郑梦娟(2008)对联合国教科文组织制定的涉及语言权利、濒危语言、语言多样性三个方面的规约的总体情况进行概括,试图为我国语言政策的制定和对语言规划问题的探讨提供借鉴。陈永莉(2009)介绍英语、法语、日语、西班牙语等语言在全球传播过程中的法律体系、资助体系、管理运作机制等方面的成熟经验。央青(2011)以越南、缅甸为例,提出"顶层设计"对汉语传播具有自上而下的统领作用。黄德永(2012)从泰国外语政策变迁谈语言政策对泰国汉语传播的影响。同类的文章还有李琰(2015)、杨荣兰(2013)、胡庆亮等(2010)、张西平(2006)等。有学者比照英语传播能力探讨汉语的竞争力和话语权(如李建红,2014;史红梅,2010;王建勤,2010;谭学纯等,2006,等)。还有学者针对海外项目建言献策如志愿者项目发展对策(李东伟,2014)、孔子学院项目建设措施(杨德春,2013)等。

目前,各国语言政策、汉语政策的研究状况是以面向国内语言政策的研究为主,多角度多层次提供对策建议,但文章发表刊物级别不高,研究的深度不够。对国外语言政策、汉语语言政策方面的研究还很匮乏,学

者们要加大力度对所属国语言政策和汉语政策的研究。制定汉语国际传播的法律法规，不仅要遵循语言传播的普遍规律，也要考虑所属国的语言政策和汉语政策，才能有效制定汉语在所属国的传播策略，才能有效地进行语言规划，扩展汉语在国际交往中的应用领域。总之，所属国语言政策研究不仅不应被忽视，而且是事关各国汉语传播成败的关键问题。

（四）汉语国际传播模式研究

汉语国际传播模式是汉语国际传播的某种范式，可以作为标准进行模仿或仿效的传播形式。在 1753 条记录中，通过手工检测发现 147 篇论文主要描写汉语国际传播模式，占总记录数的 8％。汉语国际传播过程中比较成熟的汉语传播模式有：孔子学院项目、"汉语桥"项目、"志愿者"项目，学者们对这三个项目展开研究的论文也比较多，其中以"孔子学院"模式为研究对象占"模式研究"的 44％，如高莉莉《非洲孔子学院职业技术特色办学探究——以亚的斯亚贝巴孔子学院为例》（2014）、周延松《中医孔子学院的语言文化传播及其模式构建》（2014）、李湘萍《孔子学院与歌德学院比较研究》（2012）等；以"汉语桥"模式为研究对象占"模式研究"的 8％，如王巧娴等《"汉语桥"的语言文化传播探析》（2014）、贺海涛等《"汉语桥"世界大学生中文比赛海外传播影响力研究》（2014）、李滨等《借"势"传播 创造共赢——从湖南卫视"汉语桥"看公共类节目发展的新路向》（2013）；以"志愿者"模式为研究对象的占"模式研究"的 4.7％，如陈艳艺《"志愿者"与孔子学院完美结合》（2006）、吴建义《汉语教师志愿者在泰跨文化交际探析——以霍夫斯泰德的文化维度为导向》（2014）。除此之外，也有文章介绍国外的语言传播模式，如法语联盟课堂（关晓红，2015）、歌德学院（吴刚，2014）、印度汉语教

学（谷俊等，2011）、加拿大的汉语传播（高霞，2010）、美国 AP 项目（黄鸣奋，2005），埃及汉语教学（邓时忠，2004）、日本的"汉语热"（王顺洪，2003）等，尤其是对英语传播模式的研究较为全面和深入（如郑春香，2010；沈超英，2006；董希平，2006；寇福明，2006；王东坡，2004 等）。还有文章介绍汉语国际传播国内环境的构建，如杨锐《大连城市国际化语言环境建设思考》（2013）、蔡丽青《我国一线城市大语言环境建设的服务效果评析》（2012）等。吴应辉、杨吉春（2008）研究泰国汉语传播模式，指出汉语快速传播的五点启示：开展政府官员高层互访，争取对象国政府的政策支持；派遣汉语教学志愿者，重视师资和教材的本土化；重视中小学汉语教学；中外共同投入；在有需求的国家和地区开展汉语国际传播。周小兵、张静静（2008）以朝鲜、日本、越南为例，提出汉语的国际传播，应该考虑外国人的思维特点，重视文化载体、教育渠道、教学模式和教材编写。李洁麟（2013）从传播学视野将汉语国际传播类型分为四类：人际传播、组织传播、大众传播、网络传播，提倡结合微环境下自媒体的使用，研究语言传播的基本规律。余博（2015）指出我国海外文化传播的不足，对策是掌握文化传播市场，创新文化传播内容，拓展华文传播途径，培养跨文化传播人才。

现有文献对传播模式的研究主要采用个案分析、对比分析的方法。笔者认为今后研究的趋势就是加大对现有品牌模式的研究，发挥理论指导实践的作用，使品牌机构如孔子学院、品牌节目如"汉语桥"、品牌项目如"志愿者"项目等成为世界强势品牌，为汉语的国际传播发挥更大的作用。同时，加大力度创建新的品牌模式，特别是一些汉语节目如"舌尖上的中国""成长汉语""汉字听写大会""贺岁片"等，以适应受众的原则不断丰富

和完善,以世界的眼光创建世界的品牌。

(五)汉语国际传播过程中的汉语教学研究

汉语国际传播过程中的汉语教学研究包括汉语本体的研究、教学法的研究、教师的研究、教学工具的研究、教学环境的研究等。在1753条记录中,通过手工检测发现1284篇论文主要描写汉语国际传播中的汉语教学研究,占总记录数的73%。汉语教学本体研究已经比较成熟,涉及范围广,研究成果丰硕。在内容上,从共时平面描写所属国的社会语境,描写汉语在所属国的使用频度、使用层次,分析普通话在所属国发生语音变体、词汇借用、语法变异等现象,解释汉语方言在所属国形成的原因及分布情况,寻求所属国语言认同的同时,力求文化、交际、族群、观念、意识形态等方面的双向认同。在研究方法上,较多地运用汉语与所属国语言的对比,从功能角度对语音、语法、词汇、文字等要素进行汉外语用特征的对比,探讨各国人民在思维方式、认知方式、语言形式等方面的异同。

汉语国际传播过程中的教学研究属微观研究,本文对"微观研究"成果占比超过10%的三个小类——"翻译""多媒体教学""网络语言"进行了深入分析。研究发现主题为"翻译"类的文章最多,约占"微观研究"文献的21.8%,其中英汉互译的文章占绝大多数,尤其突出的是,学者大都介绍并运用各种理论对英汉互译展开研究,如"模因论""顺应论""语义翻译理论""交际翻译理论""目的论""动态对等理论""适应选择论""归化与异化理论"等。有代表性的论文如周一书(2014)从模因论的角度看汉语国际教学的过程就是利用模因复制的同化、记忆、表达和传播的特点实现汉语言的输入、内化、强化和输出。第二小类主题为"多媒体教学"类的文章约占"微观研究"文献的10.6%,汉语国际传播中的多媒体教学包括

电视、影视、电台、手机、报纸、互联网等媒体的教学。有学者研究国内教学媒体如张阳《我国优秀电视教学节目个案研究——〈成长汉语〉》(2014),有学者研究国外的教学媒体如郭艳梅《媒体融合时代泰国卫视中文教育节目的创新与发展——以中文教育节目〈你好BUT〉改版为例》(2014);有学者从受众的角度展开研究如陈青文《外国人对汉语教学节目的偏好分析——以北京、上海为例》(2011)。典型的论文如贺洁(2011)浅析全媒体时代对外汉语传播的有效途径,指出计算机通讯技术及视听设备得到大范围的推广及普及,网络教育及随时随地的互动教育成为可能;这可在很大程度上解决跨区域师资优化组合分配,实现资源共享。多媒体教学当然伴随着"网络语言"的出现,所以"网络语言"也成为学者们讨论的热点问题。

从研究方法上说,汉语国际传播过程中的教学研究的一般思路是,先确定某个研究角度,然后寻找相关理论或以量化统计的方式分析问题、提出建议。这种研究方法的优点是针对某个问题的研究较为深入,缺点是所提出的建议往往只考虑论文所涉及的一面,缺乏综合考虑,所以所提意见和建议普适性较差。从研究内容上说,汉语国际传播微观研究范围很广很细,研究重心不断发生变化,目前以"翻译"、"多媒体教学"、"网络语言"为研究热点,而翻译类的文章大都局限于英汉互译,笔者认为学者们应更多地展开针对英语以外的其他语种的翻译的研究,"多媒体教学"和与多媒体教学相关的"网络语言"研究仍将成为今后汉语传播微观研究的重点。

(六)其他

在1753条记录中,通过手工检测发现87篇论文与汉语国际传播密切相关却不在以上五个研究范围内,这类文献占总记录数的5%。本文把这87篇文献单列出来,因为

它们在汉语国际传播中发挥着不该忽视的作用：有文章介绍对汉语国际传播有着重大贡献的人物，如《架起文化传播桥梁的李平生》（邱凌，2015）、《晚清西洋汉学家》（徐春伟，2015）、《王韬的汉语国际传播思想》（冉彬，2015）、《用汉语诗歌抒写西域的契丹才俊耶律楚材》（马克章，2014）、《卫匡国〈中国语文文法〉对欧洲"中文钥匙"的影响》（陆商隐，2013）、《"老而不朽"周有光》（张森根，2013）、《陈独秀与文字改革》（王爱云，2012）、《中波文化史者马丁》（杜京，2011）、《洛夫诗歌在中国的引介与传播》（张志国，2011）、《马礼逊对汉语国际传播的贡献》（曹保平，2011）、《埃兹拉·庞德对李白诗歌的西化》（朱谷强，2010）、梁启超（石云艳，2007）、严复（李广荣，2007）、利玛窦（陈戎女，2001）等。有文章评介在汉语国际传播中发挥重要作用的著作，如评王建勤等《全球文化竞争背景下的汉语国际传播研究》（李宇明，2015），评金惠敏《全球对话主义：21世纪的文化政治学》（丛新强，2014），评中德文版《孔子这样说》（卢巧玲，2013），评《中韩词典》（吕观仁，2013），介评《汉语国际传播：新加坡视角》（王兵，2011），《语言教学与研究》30年回顾与展望：汉语国际传播视角（吴英成，2009），评《中国人的气质》（刘晓南，2008），为"世界汉语教育丛书"作序（李宇明，2007），评《中国语言生活状况报告》（郭熙，2007），海外华人文学述评（凌彰，2006），访谈美籍学者赵启光（宏磊，2006），评议《中国语言规划论》（陈前瑞，2006），评《古代汉语汉字对外传播史》（耿虎，2004），等。还有文章介绍助力汉语国际传播的优秀机构，等等。以介绍、评价对汉语国际传播有重要贡献的人物、机构、著作为主题的文章从无到有，是一个进步，每年出现的绝对数量也比较稳定，基本只占每年总文献数的5%左右。本人认为，此类文章数量虽少

但有利于激发、保持汉语国际传播的热情和动力，建议某些刊物可为此主题开辟专栏，鼓励学者们写出高质量的评价性的文章，宣传和激励读者对汉语国际传播做贡献。

二　汉语国际传播：对策与建议

汉语国际传播不仅要解决汉语的教学问题，还要想办法扩大汉语学习者的群体，拓展汉语在国际交往中的应用领域。尽管学者们从不同理论背景、不同视域、不同层次对汉语国际传播展开了研究，但根据本文对1753篇本领域的研究文献来看，有73%的文献是研究汉语教学等微观问题的，只有22%的文章从宏观的角度研究汉语国际传播，其中研究汉语传播理论约占4%、传播史约占6%、传播政策约占4%、传播模式约占8%。可见，汉语国际传播的微观研究较多，宏观研究较少；本体研究较多，与社会的联系研究较少；国内研究较多，国外研究较少；国别研究较多，区域研究较少。

基于现有研究成果，本文建议从以下几个方面加强本领域的研究。

首先，加强汉语国际传播理论研究的系统性和学理性。在理论研究过程中不能只停留在发现问题、描写问题、学术呼吁等层面，要能解释现象、提炼规律、解决问题，要在实践的基础上进一步展开系统而深入的理论研究。今后的研究趋势应该是更多地将定量分析方法运用于理论研究，同时借鉴国外语言传播理论、其他学科理论，不断完善中国人自己的汉语国际传播理论体系。

其次，加强汉语在海外传播历史和传播模式的研究。汉语国际传播史的研究内容除了文学、宗教、语言对汉语传播的影响，还应加大力度对政治经济、科学技术、综合国力在汉语言文化传播中的作用的研究；发挥理论指导实践的作用，加大对现有汉语传播品牌模式的研究，同时，以适应受众的原则，

加大力度研究新的传播模式，以世界的眼光创建风行于世界的品牌。

再次，加强所属国当前的语言政策、汉语政策的研究。所属国语言政策对语言传播的影响是重大的，了解和掌握所属国当前的语言政策、相关的法律法规，制定汉语在所属国的传播策略，进行语言规划，拓展汉语在国际交往中的应用领域，找到促使各国将汉语纳入所属国国民教育体系的政策和措施。

第四，汉语国际传播过程中的汉语教学研究应加强与社会的联系。从研究方法上说，更多地运用社会语言学的方法研究汉语教学，使研究成果更具有普适性和可操作性。从研究内容上说，加大对母语为非英语的研究，加大对"多媒体教学"和与多媒体教学相关的"网络语言"的研究。

最后，尤其值得一提的是，汉语得以顺利传播，与相关人员和机构是分不开的，应加大对汉语国际传播有着重要贡献的人物、机构、专著的宣传，应为他们立传著说。

参考文献

陈永莉.2009.汉语国际传播的制度建设问题.暨南学报(1).

崔希亮.2012.汉语国际教育与中国文化走出去 2012 .语言文字应用(2).

郭熙.2007.汉的国际地位与国际传播.渤海大学学报(哲学社会科学版)(1).

贺洁.2011.浅析全媒体时代对外汉语传播的有效途径.理论探讨(2).

贺阳.2008.汉语学习动机的激发与汉语国际传播.语言文字应用(2).

黄行.2012.论国家语言认同与民族语言认同.云南师范大学学报(对外汉语教学与研究版)(3).

李洁麟.2013.传播学视野下的汉语国际传播.新闻与传播研究（2）.

李泉.2009.关于建立国际汉语教育学科的构想.世界汉语教学(3).

李宇明.2007.明了各国国情，顺利传播汉语.世界汉语教学(3).

李宇明.强国的语言与语言强国.光明日报 2014 年 7 月 28 日.

林羽、王建勤.2011.日本汉语教育兴衰对汉语国际传播的启示.福建师范大学学报(哲学社会科学版)(5).

陆俭明.2013. 汉语国际传播中的几个问题.华文教学与研究(3).

罗骥、钱睿.2014.东南亚汉语传播历史研究：现状与思考.云南师范大学学报(对外汉语教学与研究版)(3).

马洪超、郭存海.2014.中国在拉美的软实力：汉语传播视角.拉丁美洲研究(6).

马庆株.2009.谈谈语文现代化和汉语国际传播.湖南第一师范学报(5).

史有为.2008.汉语教学与传播浅见一二.云南师范大学学报(对外汉语教学与研究版)(1).

孙强.2012.汉语国际传播提升文化软实力的策略与路径.南京社会科学(12).

王祖嫘、吴应辉.2015.汉语国际传播发展报告 2011—2014.新疆师范大学学报(4).

吴应辉、杨吉春.2008.泰国汉语快速传播模式研究.世界汉语教学(4).

吴应辉、杨叶华.2008.缅甸汉语教学调查报告.民族教育研究(3).

吴应辉.2010.国际汉语教学学科建设及汉语国际传播研究探讨.语言文字应用(3).

吴应辉.2013.关于国际汉语教学"本土化"与"普适性"教材的理论探讨.语言文字应用(3).

吴应辉.2011.国家硬实力是语言国际传播的决定性因素——联合国五种语言的国家化历程对汉语国际传播的启示.汉语国际传播研究(1).

吴应辉.2009.越南汉语教学发展问题探讨.汉语学习(5).

央青.2011.泰国汉语快速传播对其它国家顶层设计的启示.西南民族大学学报(2).

印京华.2008.汉语国际传播感言.云南师范大学学报(对外汉语教学与研究版)(1).

余博.2015.我国海外华文传播策略亟待调整.理论视点(6).

赵金铭.2008.汉语国际传播研究述略.浙江师范大学学报(5).

郑梦娟.2009.国外语言传播的政策、法律及措施会议.语言文字应用(2).

周庆生.2005.国外语言规划理论流派和思想.世界民族(4).

周小兵、张静静.2008.朝鲜、日本、越南汉语传播的启示与思考.暨南大学华文学院学报(3).

作者简介

刘香君，广西师范大学副教授，研究方向为对外汉语教学、汉语国际传播。

A Review of Research on Internationalization
of Chinese Education：2000—2014

Liu Xiangjun
Guangxi Normal University

Abstract：Using advanced retrieval of CNKI, with "Chinese" and "spread" as the theme words, the author searched literature of 2000—2014 and selected 1,775 literature records. With these serve as a database, the author conducted analysis on the Chinese international communication theories, the relevant history, policy and the related people and institutions, etc. The literature was summarized and classified. Through analyzing status quo of the research and its insufficiency, the author proposed the countermeasure and suggestion.

Key words：Chinese international communication, language policy, spread mode, TCSL (the teaching of Chinese as a foreign language)

日本"二战"后国家语言战略 70 年述要[*]

石　刚　邓宇阳

提　要："二战"之后的 70 年间，日本制定了一系列国家语言战略。这一过程中，国语审议会（文化审议会国语分科会）发挥了主导作用，成为审议和制定国家语言政策的中心。日本国际交流基金会、日本语教育振兴协会等参与了语言战略的贯彻实施。这些机构职责各异，互相配合，共同构建了日本语言战略的整体框架。本文按时间顺序以及工作性质，介绍战后 70 年日本国家语言战略的概况，并简要分析其特点。

关键词：国语审议会　文化审议会国语分科会　国际交流基金会　语言规划　日语普及

引言

第二次世界大战结束至今，已经过了 70 年。这段历史对于日本以及东亚都具有特殊的意义。由此日本从战前走侵略扩张的道路转而进入了和平发展时代，其国家形态与语言战略方面也发生了巨大变化。在近代东亚各国中，日本较早实施了大规模的国家语言战略规划。究其原因，大概可以举出以下两点。其一，日本作为亚洲诸国之中最早实现近代化也是唯一跻身列强的后起帝国，在其建立过程中，必然面临军事、政治、国家、国民统合以及对内对外关系等一系列紧迫的现实需求，这就凸显了采取语言战略的迫切性和重要性。其二，更深刻的原因，或许还必须从日本在建立近代国家的语言体系和文化范式的初始阶段，就较早导入了西方近现代国民国家，特别是德法等国的民族主义语言思潮这一语言思想史的脉络中去追根溯源。^①

从社会语言学角度，结合政治外交军事等其他因素，似可以将近代日本的语言规划史粗略划分为以下三个具有显著不同特色的阶段。

（1）自明治初年到明治二十八年（1895年）（计 28 年）。

（2）自 1895 年至 1944 年（计 49 年）。

（3）自 1945 年至 2015 年（计 70 年）。

以上三个大的阶段中任何一段，都可以再细分为几个小阶段，在此不赘述。本文叙述的对象仅限于其中的第三阶段，即战后日本的语言规划史。对这段历史，曾有日本学者做过如下分期^②。第一期：日本战败导入民主制度之后的国语改革的初创时期（1945—1966 年）；第二期：现代日语书写规范的重构时期（1966—1991 年）；第三期：国际化和信息化时代的语言规划对策的变革时期（1991 年至今）。承担日本语言规划任务的主要机构是"国语审议会"（国语审议会存在时间为 1934—2001 年，2001 年改组成为文部省文化审议会的"国语分科会"）。文字改革或书面文字系统的创制是语言规划的一项十分重要的内容^③，而国语审议会（文化审议会国语分科会）的主要职责就是负责日本的语言本体规划工作，如调查和审议日本语言状况，提供语言规划和改革方案等，

---

*　本文记述国语审议会的部分内容曾收入《中国语言生活状况报告（2015）》所载《战后日本语言规划》一文。

国语审议会(文化审议会国语分科会)在日本语言政策制定与实施过程中发挥着主导作用。

此外,在日本国家语言战略中,还有一个机构不容忽视,它就是"日本国际交流基金会"。与国语审议会不同,日本国际交流基金会成立较晚,其主要目的是向海外推广日语和日本文化,提高日语和日本文化在国际中的地位,提高日本在世界上的影响力。

除了国语审议会(文化审议会国语分科会)和日本国际交流基金会这些政府直属组织之外,还有大批民间机构参与日本的语言政策与规划方面的活动。它们有些是在政府方针的影响下"自发"出面承担一系列相关工作的,也有些是获得政府批准、委托或资助来开展活动。例如"日本语教育振兴协会"、"日本国际教育支援协会"、"国际日本语普及协会"、"日本语教育协会"等,有的机构在获得政府认可的情况下代行部分行政职能,辅助国家落实语言规划政策,贯彻国家的语言方针。

国语审议会(文化审议会国语分科会)、日本国际交流基金会、日本语教育振兴协会等在日本语言规划工作中职责各异,互相配合,为日本语言战略这一共同目标服务,从不同角度推动了语言规划事业,是日本制定推行语言政策的重要组成部分。

一 国语审议会·文化审议会国语分科会

"国语审议会"是政府设立的一个负责调查、审议与制定语言政策的部门,它最初成立于1934年,在1949年进行过改组,直至2001年,日本全面改组其政府机构,撤销"国语审议会",改由文部科学省(原文部省)中"文化审议会"的"国语分科会"承担原"国语审议会"的全部职责。

围绕"当用汉字"、"常用汉字"、"现代假名用法"等重要语言规划课题,"国语审议会"提出了一系列关于日本语言政策的蓝图,并保存下长达7500页的会议记录和报告原本。日本的语言政策在长达一百多年的历程中,具有较为明显的系统性和传承性。但是,在不同历史阶段又具有不同的特点和重大变化。从急于构筑近代国家和帝国体制的明治时期,实行殖民地统治,强制推行日语教育和普及日语,再到战败投降后构建民主国家和经济起飞,最后到国际化时代,都各具特色。又具有不同的特点和重大变化。本节主要通过梳理国语审议会(文化审议会国语分科会)的活动,了解"二战"结束后关于日本语言政策在规划方面的来龙去脉。

(一) 战后初期的主要活动与成果

日本战败后仅3个月,即1945年11月,就召开了"国语审议会"第八届总会,审议《标准汉字表》。其后在一年中,其下属的"汉字主查委员会"召开了数十次会议反复讨论,终于制定出了《当用汉字表》。值得注意的是,这个委员会的成员几乎囊括了当时日本最权威的语言学家、语言政策学家以及学界泰斗。[①]"国语审议会"在战后初期制定的主要语言规划有以下几项:

(1) 1946年11月制定并公布了"当用汉字表"(1850字,内收131个简化字)。

(2) 在制定"当用汉字表"的同时,确定并公布了"现代假名使用法"。

(3) 推动《当用汉字表》和《现代假名使用法》在各领域的普及。

战前,日本文部省于1921年设立过一个"临时国语调查会",该委员会于1923年曾经制定了一个《常用汉字表》,该表的规定基本上得到了当时各大新闻媒体、杂志报纸的遵守,但是政府机关等却几乎无视它的存在,仍然按照过去的方式书写和发布公文。1942年文部省又在国语审议会拟定的《标准汉字表》(2528 字,内收 142 个简化字)的基础上,制定了新的《标准汉字表》(2669 字,内收 80 个简化字)。但是受各种因素制约,新的《标准汉字表》并未能够在全国得到实质性实施。"二战"以后,"国语审议会"在参照原"常用汉字表"的基础上,开始了"关于标准汉字表的重新探讨"。但是在应该保留多少汉字的问题上争论不休,无法取得一致意见,到 1946 年 5 月第十次总会召开,仍然没有能够正式制定出统一的常用汉字表。经过近一年的酝酿和讨论,新设立的"汉字主查委员会",终于在 1946 年 11 月,制定出法定使用的汉字表,定名为"当用汉字表"并公布。

《当用汉字表》规定了 1850 个汉字为"当用汉字",即可以正式使用的汉字。其中简体字有 131 个。除前言和字表之外,还详细规定了"使用中的注意事项"。该字表排除了使用频率较低的汉字,限制了汉字的使用字数,明确了官方文书和传媒中应当使用的汉字的范围,并从此正式推行简化字。但是简化字并没有对汉字的构成要素进行体系化改变,仅仅参照惯例,将个别汉字作了部分省略。1946 年,这个《当用汉字表》出台之后,作为行政法规,得到了政府机关的重视和遵守,这象征着战后日本的语言规划在限制汉字和国语改革上迈出了决定性的一步⑤。

应该注意的是,1946 年 3 月驻日盟军最高司令部(GHQ)邀请第一届美国教育使节团来日本考察,并于 3 月 31 日发表了相关报告书,该报告书指出了学校教育中使用汉字的弊病以及使用罗马字之便利等。这个报告书对于战后日本语言规划的制定以及语文的改革走向产生了不容忽视的影响。

其次是《现代假名使用法》的确定。"假名"是相对于"真名"(即汉字)来说的,指日本在汉字基础上加以改造而独自创造的文字,它在日本文化史和语言生活史上具有重大意义。但是,假名在过去的一千多年中没有进行过权威规范,随着时代的变迁也发生了巨大的变化,各个时代用法各异,十分繁复。有鉴于此,作为语言规划的一项重要内容,在制定汉字使用规范的同时,假名使用方法的改革几乎也在同步进行着,这项工作主要由"假名使用法主查委员会"承担。这个委员会制订了新的假名使用表,称为"现代假名使用法"表。《现代假名使用法》以现代日语口语的发音和习惯为基础标注假名,一改旧有的复杂艰涩的假名标识方式,一般认为,这项改革可减轻学习者的负担,有助于提高国民文化水平和语言生活效率。

最后就是推动《当用汉字表》和《现代假名使用法》的普及。《当用汉字表》和"现代假名使用法"公布后,得到日本报纸杂志等媒体广泛使用,日本政府于是趁热打铁,发布命令将它推广到全国各个学校的教育中。《当用汉字表》和《现代假名使用法》适合现代日语口语的特点,在学校教育中容易被学习者接受。这样,《当用汉字表》和《现代假名使用法》的普及就像战后日本"民主化"的潮流一样,在推行和实施中几乎没有遭遇到大的抵抗,在全国各地学校迅速推广开来。

以上三项是战后初期"国语审议会"所制定并推行的主要语言规划。

在此前后,国语审议会提议设立一个"基础性调查机构"。文部省采纳了这一建议,于 1948 年设立了"国立国语研究所"。该研究所是一个专门负责对语言文字进行科学研究的部门,旨在为国语改革提供大规模的、科学性、基础性的调查资料和研究成果,为制定语言规划提供坚实的科学基础。国语审议会根据国立国语研究所的基础性研究,提出政策建议和语言规划方案,文部省的国语科则负责行政方面的实施工作。至此,日本形成了"三位一体"的国语政策体制,为语言政策和规划的制定进一步提供了制度方面的保障。

国立国语研究所成立后,日本政府于1949年又对国语审议会进行了改组,明确其作为政策立案审议部门的功能,审议会的委员来自政治、经济、文化等各个领域的组织和团体,委员的产生过程也完全来自上述组织和团体的推荐。至此,国语审议会蜕变为带有独立性质的、智囊型的审议决策机构,淡化了原有的官僚烙印,增添了民主色彩。

(二)国语审议会语言规划的系统构思与建树

改组后的第一期国语审议会,向文部省提交了一份题为"国语问题要领"的提案,提案的主要内容为:1. 关于国语改良诸问题。2. 关于振兴国语教育诸问题。3. 关于罗马字(拉丁拼音)诸问题。在这中间,政府公文和法令用语力求亲民化(让民众读得懂)和规范化,人名汉字用字力求规范,敬语使用力求简易等问题,都成为议论的重点。这个"国语问题要领"的积极意义在于,从民众接受的角度来提出探讨语言规划的方案,这也为其后几期国语审议会提供了继续深入讨论的重点课题。

第二期国语审议会制定的主要提案中,涉及日语罗马字拼写以及外来语标记的规范,町村合并后所产生的新地名的标记方法,改善法令用语的具体措施,以及当用汉字表的修改和补充等内容。特别是此次会议期间,初步形成了构建日语"标准语"的设想,而与"标准语"相对的"方言"文化问题也随之引起了日本社会的关注。

第三期国语审议会在 1954 年至 1956 年召开。这一期会议审议的议题和项目,主要围绕假名的教授方法、口语的改善、规范正字法、同音汉字的替换规范、罗马字教育、按学年教汉字等内容展开。

1956 年 12 月,第四期国语审议会召开。本期会议较为重要的议程之一,是制定"送

假名的书写方式"。然而在"送假名的书写方式"的审议之初,对于国语新政的意见分歧已经初见端倪。早在 1946 年政府公布了《当用汉字表》和《现代假名使用法》之后,就有不少学者对这个新的书写规范持怀疑态度,他们认为这样的新政策会破坏日语原有的历史文化底蕴,因此,在语言规划制定的过程中就出现了"改革推进派"(支持派)和"传统重视派"(反对派)的论战。

在 1961 年第五期国语审议会委员选举环节中,机构内部的"改革推进派"和"传统重视派"(俗称"表音派"和"表意派")的矛盾对立达到了高潮。1949 年改组后的国语审议会委员,是通过国语审议会内部的"推荐协议会"提名方式推荐产生,而"推荐协议会"的成员,又是由国语审议会内部成员通过"互选"的方式产生。这种选举方式表面上是民主的,然而当机构内部出现对立的派别时,情况就另当别论了。第五期国语审议会会议接近尾声时,按往常一样迎来了重组"推荐协议会"的"互选"环节。在这一环节中,"表音派"和"表意派"之间的矛盾终于彻底爆发,以至于五位委员当场退席。这一事件更是被日本各大媒体争相报道。

1961 年 11 月 9 日,文部大臣在第六期国语审议会(会期 1961 年至 1963 年)上出面调解双方的矛盾,这也促使国语审议会后来在语言政策和语言规划制定的过程中改换思路,谋求变革。基于此,第六期国语审议会提出,既要尊重传统,也要注重革新,要协调发展。此外,还提出要进一步细化语文改革的课题,比如要厘清语文改革在学术、文艺和社会教育上的不同作用,针对口语、书面语、文字、语句、文法、文体、发音、标记法、罗马字、地名、人名等方面都提出了更详细的规范要求。

自 1962 年起,国语审议会由原来自主性较强的审议部门转变为文部大臣的咨询

机构,委员的产生不再通过"推荐协议会"的方式,而是改由文部大臣直接任命。这标志着国语审议会由民间学者主导型机构向政府导向型机构的转变⑥。

1964 年的第七期国语审议会就是在这个新规则下举办的。50 年代末以来,表音文字化的呼声愈发高涨,这引起了表意派的警觉。1964 年,代表表意派心声的"吉田提案"就提出,"国语应该以汉字假名混合的方式为表记的正统规则",以对抗"全面废除汉字"论。这件事引起了政府关注,于是政府相关负责人员几次出面澄清,政府方面不会全面废止汉字的使用,直到中村梅吉文部大臣出面表态之后,表意派才如释重负。至此,日本政府在汉字的使用或废止的问题上已经给出了定论这一说法不胫而走。

召开第八期国语审议会时,正值国语政策的转变期,文部省·文化厅开始通过现场考查或问卷调查等方式,广泛收集基层关于国语改革的意见。这个时期,执政的自民党也开始展示出了要积极参与国语政策问题研究的姿态,并于 1966 年在党内成立了"关于国语问题的小委员会",对国语问题进行审议,表明其尊重传统、革新未来的语言施政观。

1966 年到 1972 年的六年中,相继召集了第八、第九和第十期国语审议会,主要完成了《当用汉字改定音训表》和《改定送假名的使用方法》的修订,提出了"关于振兴国语教育"的提案。

"关于振兴国语教育"的提案,目的在于构建一套"简明、准确、美丽、丰富"的国语体系。这标志着战后语言规划的重点逐步转向了对语言使用和社会语言生活的重视层面。提案认为,国语是日本人的人格形成和自我充实、社会进步与历史文化传承发展的基本条件之一,是国民思想与文化的基盘,是整个教育体系的基础。基于这样的认识,提案具体规定了家庭教育、社会教育等几个

领域的教育内容。在国语书写规范标准的大讨论吸引着全社会的目光的关头,可以说"关于振兴国语教育"的提案也占据了一席特殊的地位,在 2004 年文化审议会公布新的教育提案之前,"关于振兴国语教育"这一提案所传达的信息一直作为一个纲领性的教育思想,深刻地影响着日本。

从 1972 年召集的第十一期国语审议会,直到 1981 年的第十四期会议,设置了专门负责具体工作的汉字表委员会⑦,主要审议《当用汉字表》(包括别表)以及《当用汉字字体表》,旨在制定新的汉字表。在收集大量汉字使用状况调查资料的基础上,汉字表委员会对 4200 个汉字逐字分析,最终于 1981 年 10 月发布了《常用汉字表》,取代《当用汉字表》(1945 字)。这个新字表得到了高度重视和大力推广。

在《常用汉字表》制定以后,1982 年到 1986 年举办的第十五期、第十六期国语审议会将重点改革的矛头指向了《现代假名使用法》,制定了新版的《现代假名使用法》。

1986 年到 1991 年的第十七期、第十八期国语审议会重点制定了《外来语的书写规范》准则。这是因为一直以来国语审议会都没有制定过正式的日语外来语书写标准,这个标准的出台,标志着战后日语书写规范的制定和改革工作告一段落⑧。

(三)语言规划谋求在新时代与时俱进

1991 年到 2000 年的第十九期至第二十二期国语审议会,也是国语审议会活动的最后 10 年。在最后这 10 年里,国语审议会主要对第一期国语政策实施以来的各种问题进行了一次大总结和全面的审视,主要归纳出了三大层面的议题:语言层面、信息化层面、国际化层面。这三层面的问题的核心又暴露出了在"现代社会的敬意表达"、"表外汉字字体表"、"日语在国际社会中的定位"等方面亟待解决的矛盾,这就要求国语审议会在制定语言规划时尽快适应新的时代,使

得语言规划做到与时俱进。

在语言层面的问题研究中,由于受欧洲近代语言理论的影响,日本社会对语言进行结构性研究的倾向一直占据主流。针对这个倾向,有学者提出,结构性研究的弊端是将语言"系统化"或"制度化",这种研究方式无法根本解决语言(特别是日语里面的敬语)里所包含的"心"(情感)的问题,也无法真正解释语言的真谛,因此必须重视日语使用的特性,尤其是敬语方面的问题。

在信息化层面上,随着打字机和电脑的出现,人们能够很简单地输入一些"常用汉字表"以外的文字信息,但是当时日本对常用汉字表以外的汉字尚未进行统一管理和规范,所以,不同型号的打字机或电脑打印出来的"非常用汉字"字体也就会出现差异。

1991 年到 2000 年恰逢日本泡沫经济崩溃,这个时期也被许多日本人叫作"迷失的10 年",然而从国语政策和语言规划的制定角度来看,这十年却可以叫作"大改革的 10年"⑨,因为日本语言政策和语言规划在研究方向和观察角度上开始发生巨大转换,语言政策视野变得更加开阔。例如,在与国际文化接轨的过程中,如何提高社会语言生活的质量和语言能力,用英语表示日本人名时如何排列"姓"和"名"的顺序,如何规范拉丁字母(罗马字)的书写方法,如何对待外来语的使用,如何处理外文翻译,如何在海内外开展日语教育,如何完善电子媒体以及提高日语的主体性地位,等等,这些都被当作国际化层面的重要的问题——提上了中心议程。此外,在组织机构方面,政策转换的重要标志之一就是"文化审议会"的成立。

(四)语言政策决策机构改组后对形势的把握与新的动向

2001 年,日本的政府机构进行全面改组,原来的文部省与科学技术厅合并为文部科学省。如同其英文名 Ministry of Education, Science and Culture 所示,文部科学省全面掌管日本的教育、科学和文化方面的行政工作。省内设立了"文化审议会",接管了原来文化厅下属的四大分科会:"国语分科会"、"著作权分科会"、"文化财产分科会"、"文化功劳者选考分科会"。其中"国语分科会"则接管了原来国语审议会的全部工作。从此,国语政策就被人们当作文化政策的一部分来提及。2001 年,日本通过《文化艺术振兴基本法》,其中的第十八条就规定"国语是文化艺术的基础"。文化审议会强调,近年来日本社会的人性堕落问题严重,缺乏对他人的体恤之心,缺乏对美的感受、对家人的爱,对乡土的爱,对文化的爱,对祖国的爱,等等,因此需要通过国语教育来矫正这些问题。这表明,在文化审议会的语言观念中,国语就是人格形成的基础,里面包含着爱国爱家的文化、传统和基础,国语在统合国民价值观方面扮演着重要角色,具有重要的象征性作用,所以必须重视国语教育。

进入 21 世纪后,日本文化厅开始了一连串具有划时代意义的具体的国语政策推广活动。例如,面向广大民众开展"'语言'体验活动",并邀请活跃在第一线的导演、演员、朗读家、剧作家、诗人、和歌俳句创作家等为活动提供指导;发行"推荐美丽日本语"等包含有古典名作和现代名作的系列书籍,发行近代国语政策历史的详细资料集《国语施策百年史》,对国语政策的各种基础资料进行了系统化整理,并在文化厅的官网主页上予以公布,等等。这些具体措施较大提高了全社会对语言问题的关注度和注意力,也反映了语言规划活动从宏观的、政策性为主的方向进一步转向微观的、具体的、民众心理的层次。其中,提升国民语言能力特别是敬语的使用能力成为关注的重点。因为在日语中,敬语的存在不仅仅只是一个语言表达方式,而是涉及传统价值观与社会意识在语言结构层面的沉淀与建构这一具有根本性的问题。

21世纪初期，在日本年轻人中出现了日益疏远书本和文字的倾向，中小学生学习能力也有所下降，这引起了广泛关注。鉴于此，2001年国会甚至制定了"关于推进儿童读书活动的法律"。2002年文部科学省大臣发表鼓励学习、补习和做作业的"劝告多学习"的文章，同时文科省也研究制定了相应的具体促进措施。

当时文化审议会提出，提高语言能力"最有效的手段"莫过于开展"读书活动"和推进"国语教育"这两个方面。在"读书活动"方面，提出了要充实学校图书馆，加强读书指导，学校、家庭以及相关的团体要紧密配合等建议。在"国语教育"具体推进方面，从日本的行政系统自身特点来看，文化政策部门只是负责政策的制定，政策的执行则全权交给教育机构去处理，这在实行过程中难免会出现一些与原政策制定的初衷有所出入之处。

与此同时，书写规范的制定方面也出现了新的动向。由于打字机和电脑的普及，"常用汉字表"以外的部分汉字日益成为民众常见的汉字，于是日本的各大新闻媒体相继呼吁扩大"表外汉字字体表"的范围。面对这种现象，日本文化厅国语科曾表示，各领域根据自己的实际情况适当调整汉字字体表的范围虽然无可厚非，但还是希望国民能尊重"常用汉字表"的精神原则。但是，在新形势下，人名专用汉字的字数也出现了大幅增长。这些都促使对原来的限制使用汉字的政策进行适时调整。2010年11月30日日本公布了《改定常用汉字表》(2136字)，新增了196字（如鬱、璧），删除了5个使用频率不高的常用汉字。这是继1946年、1981年以来，第三次改定汉字表字数，以适应网络时代。

此外，早在2000年国语政策应该解决

社会语言生活中的"敬意表达"问题的提案就被提出来了，但是具体解决方针并没有被提及，直到2005年，相关机构才开始真正着手解决这一问题。另一方面，随着国际化的推进，外来语渗透进日语的脚步愈发势不可挡，外来语的使用现象甚至泛滥成灾。这也让许多人感到无所适从，连当时的首相小泉纯一郎也对铺天盖地的滥用外来语风潮颇有微词。针对这些困扰，在原国语审议会的提议下成立的国立国语研究所在2002年又专门成立了一个"外来语委员会"来研究应对方案，并于2003年到2006年，四次提出了"外来语替代词"提案，专门创造了一些汉字词来取代原来以片假名书写的外来语。自此以后，许多人和不少机关团体等也都开始有选择性地使用这些"外来语替代词"，外来语泛滥的风潮也多少得以抑制。

针对学校教育中的外语教育问题，近十年来，日本文部科学省的"中央教育审议会"每年都对初中、高中等英语教育的现状进行详细调查，从课程设置到外语教育时间、内容等方面进行改进，并且从2011年起在小学全面实施"新学习指导要领"，即新的教育大纲，规定从5、6年级起作为小学生的必修课，每年要开设35课时的"外语活动"时间。这也是经过社会各界激烈争论后做出的一个重大政策调整。这些动向显示出日本政府对英语教育的重视。文部科学省提出的口号是，要培养"会使用英语的日本人"，并提出了一系列具体的操作方针，例如根据各学年教学内容设定英语水平考试合格达标比例，通过开展演讲比赛等活动提高学生学习英语的兴趣，增加校内以及授课中使用外语的机会，提高教员的外语水平以及增加英语母语教员数量等等，其具体的调查数据、调查结果等都会公布在文科省的官网上。在政策的引导下，全民对英语这个"国际共通语"的热衷程度也与日俱增。2000年，当时的首相小渊惠三的咨询机构甚至在一份报告中打出了"英语第二公用语论"的牌子，声称是为了让遭受泡沫经济打击的日本经济尽快重新复苏，提高其国际竞争力。当然这一论调也招来了诸多质疑。

二　日本国际交流基金会

战后不久，日本实现了经济起飞，到 70 年代已跻身世界经济大国之列，经济总量仅次于美国，国际化的浪潮也随之到来。这时的日本已经不满足于单纯的经济扩张，同时开始谋求在国际上拥有更大的政治、文化影响力，这就离不开在国际上扩大其语言的使用范围和认知程度，力图成为语言大国，甚至谋求与其他大语种抗衡，成为真正的"国际国家"。在这种战略构思之下，日本政府在 1972 年设立了"国际交流基金会"（The Japan Foundation），隶属于日本外务省，到了 2003 年，变更为独立行政法人。日本国际交流基金会是日本在全球范围内，推进日本和国际间文化交流的专门机构。它在国内设有东京本部、京都分部和两个附属机构（日语国际中心和关西国际中心），在海外 21 个国家和地区设有 22 个事务所，和世界各国的驻外使馆、日语教育机构、文化交流机关等都保持着密切的联系和合作关系。2012 年至 2016 年其预算接近 1000 亿日元，单是"海外日本语事业费"这一项目的预算支出就有 240 多亿日元。

日本国际交流基金会主要在文化艺术交流、海外日语教育、日本研究和专业知识交流这三大领域里开展工作。基金会设立后，努力将日语向海外推广。下面对"海外日语教育"做一简介。

为增加日语学习者的数量，提高日语的国际地位，增进世界各国对日本的好感，日本国际交流基金会开展了"学日语"、"教日语"、"关于日语教育的调查"等活动，将日语推向全球。

为了在日语学习方法、教学方法和学习效果评估方法方面为日语学习者或日语教育工作者提供实用有效的参考标准，日本国际交流基金会制定了一套"日语教育标准"，也被称作"JF 标准"。根据这一标准，日本国际交流基金会开发了日语教材『まるごと日本のことばと文化』、多媒体学习网站"アニメ・マンガの日本語"、网络影音教材『エリンが挑戦！にほんごできます。』等。日本国际交流基金会在 2013 年为全球 53 个国家提供了日语教材、日语学习奖金等支助，同时，分别在全球 31 个地方举办了 JF 讲座，其中有 16000 人左右通过该活动学习日语。鉴于日本国内劳动力不足，尤其是护士、护理行业的劳力匮乏，自 2008 年日本与东南亚一些国家签署经济合作伙伴协议以后，日本国际交流基金会在雅加达、马尼拉等地为即将赴日担任护士、护理师工作的东南亚人提供日语研修服务。另外，日本国际交流基金会和日本国际教育振兴会等，每年举办外国人日语辩论大赛，截至 2015 年，已经累计举办了 56 届外国人日语辩论大赛。针对外国人日语学习效果评估和日语能力资格认定的问题，日本国际交流基金会和日本国际教育支援协会联合实施了"日语能力考试（JLPT）"。日语能力考试是以非日语为母语的人为对象的全球最大规模的日语能力测试，始于 1984 年。项目开始实施之初在 15 个国家设立了考点，当时约 7000 人参加了考试。到 2011 年，来自全球 62 个国家和地区的 61 万人参加了该考试。该考试项目的资格认定书为外国人在办理日本出入境手续和留日工作等方面提供了一定程度的便利。日本国际交流基金会还专门设立了用于支持海外日语学习者的附属机构"关西国际中心"。日本国际交流基金会在开发教材、开展讲座、提供资助、提供研修、举办活动、统一考试、设立机构等方面下功夫，保障日语学习的环境和质量，提升外国人学日语的热情，以求吸引更多外国人学日语。

1989年，作为日本国际交流基金会第二个附属机构的"日语国际中心"成立，它是一个综合性的海外日语教师支援机构。到2014年为止，日本国际交流基金会在全球各大洲设立了146个海外日语教育派遣岗，另外还为外国日语教师提供2周到3年不等的日语研修活动，截至2015年，参加日语研修活动项目的外国日语教师已超1万人次。同时，日本国际交流基金会还制定了详细的公开招聘项目，为有意参加海外日语教育活动的个人或者团体提供平台，并给予培训费、研究奖学金等支持。日本国际交流基金会通过设立机构、海外派遣、活动赞助、提供研修、积极招聘等方式来确保"教日语"工作的顺利开展。

此外，日本国际交流基金会还大力开展"关于日语教育的调查"业务，该业务的内容主要涉及全球日语教育状况调查、全球日语教育机构检索、全球日语教育精英组织机构介绍等。

三　政府直属机构之外的有关民间组织

除了政府语言政策规划机构，还有不少具有一定影响力的民间机构组织参与到日本国家语言战略的组织实施之中，为日本语言政策的制定、执行和推广服务。

20世纪80年代，随着日本经济起飞，许多亚洲国家的留学生开始大量涌入日本。日本则适时提出将来日的留学生数量增加到10万人的计划（后来又提出了30万人的目标）。其用意是通过增加日语学习者的人数来扩大其国际影响力，增加对日本的亲近感，提升其所谓的"软实力"。在这一国策之下，日本国内迅速出现大批"日本语学校"，

几乎全部为民办。其中有的具有较好的设备及教育资质，但也有很多滥竽充数，仅以牟利为目的，鱼龙混杂，也造成了一定的社会问题。针对这种乱象，1989年5月，日本语教育振兴协会应时而生，在文部省的授权委托下开展对日语教育机构的资质审查、认定等工作，其设立的目的在于"提高和保证日本国内的日语教育机构的质量，以振兴面向外国人的日语教育事业，增进国际间的相互理解"。

日本语教育振兴协会主要开展了九项工作。概述如下。

（1）对日语教育机构资质进行审批。

（2）监督日语学校合法合理地接收留学生。

（3）提供并发行关于日语教育机构和日语教育的信息、资料。

（4）开展与日语教育有关的调查、研究和开发。

（5）举办研究会或研修会，提高日语学校教学水平。

（6）促进日语教育机构和大学、专科学校等的合作。

（7）为留学生等提供修学、生活指导和福利等支持。

（8）为学日语的外国人提供关于入境和留日的建议。

（9）为各地区的维持会会员活动提供支持。

除了日本语教育振兴协会，还有其他各类组织，例如日本国际教育支援协会、国际日本语普及协会、日本语教育协会，等等，分别担任各有特色的工作。日本国际教育支援协会主要处理与留学生相关的福利问题，还参与留学生交流、语言能力考试等其他事务。国际日本语普及协会的工作重点在于日语的教学。提出了"学习者第一主义"的主张，宣称要根据学习者的不同特点和需

要,打造多样的日语学习项目,以提升外国人的日语水平。日本语教育协会的工作重点则放在日语教育和学术交流、研修等方面。这些机构分别从不同的角度出发,致力于推广日本语言活动及日本文化,从不同的层面去推进国家语言政策的施行,可以说它们都是日本制定和推行语言政策的辅助性机构,最终形成了日本国家语言战略规划的重要组成部分。关于这些机构的详细情况,限于篇幅,在这里不一一详述。

四 结语

明治维新之前,在日本甚至连"日本语"和"国语"这样的名称都不存在[⑩]。作为近代的产物,日本的语言思潮和语言政策直接服务于近代日本国家的建设和帝国的扩张。在某种意义上说,近代日本的历史中如果缺失了语言政策方面的记述,将无法正确把握它的全貌。例如,在日本海外殖民地统治过程中的语言战略以及语言观念,对于日本国内的语言问题也发生了极大影响。就连"国语"这个词,也是在其占领台湾之后,通过伊泽修二在台湾开办"国语讲习所"(1895 年),使用了"国语"一词之后,才直接促使日本国内频繁使用该词,并于数年(1900 年)之后,通过立法规定,在小学校正式开设了"国语"课程。也是在这之后,这个词也传入中国,影响了中国国内的语言思想变革。类似这样的例证表明,日本的殖民地统治,其意义远远超出了单纯的政治经济军事等方面,在语言、文化思想等方面也与日本国内以及东亚地区有着深刻的互动作用。日本在殖民统治过程中对内和对外的语言战略,相互之间究竟具有何种关系,对日本战后的语言规划和社会语言意识变化又有着怎样的影响,这些都是应该关注的重要问题。

日本明治维新以后,语言规划工作一直被认为是国家制度建设中不可或缺的一环。

例如法律法规、军令、国民教育用语,等等,都涉及标准用语的问题。作为一个近现代的产物,一种"标准语"或者"国语"可以说是统合日本国民意识的"想象的共同体",因此,多年来日本政府不厌其烦地在标准语的制定、标记法的统一等方面做着大量的工作。甚至有人扬言,只要提高日本国民的"国语能力",日本社会的所有裂缝将会得到修补,一切社会问题都可以得到很好的解决。这也是所谓的"国语万能主义"。[⑪]这种国语一边倒的思维方式,以及对少数语言的忽视和歧视的思想,当然都带有时代的烙印和局限性,这些在日本的学术界也受到了严厉的批评。

近年来,一些日本的有识之士也开始逐渐关心起对日本境内的外国人进行日语教育及其母语教育的问题。他们所关心日语教育对象主要涉及定居日本的外国人及其后代这两个层次的群体。日本文化厅也在此情况下,于 2010 年提出了"关于对'定居日本的外国人'进行日语教育的标准性课程方案",但是在如何对"定居日本的外国人之后代"进行日语教育的问题上,日本政府却始终未能拿出妥善的解决方案,这也是为诸多日本学者所诟病的一个地方。[⑫]另外一个遭人诟病的地方,便是指日本政府"尚未意识到对日本境内的外国人进行母语教育的重要意义",认为日本在该领域落后于加拿大和澳大利亚等国家。这里所说的"母语"是指在日本定居的外国人的原居住国的语言。关于对日本境内的外国人进行母语教育的重要意义,有日本学者强调,其中的关键一点就在于这些外国人的母语所具有的"资源性",这个外国人母语资源性的概念最早来自加拿大。因为对此缺乏认识和尊重,所以导致行政方面执行有关政策不力。引用一位日本学者的话说,就是"外国移民为我们国家带来了他们国家的母语,这些语言资源充实了我们国家的语言环境,我们应该积极评价这些语言的到来","做好外国人的母语再教育工作不仅对他们自身(少数派)有好处,而且对我们(多数派)也有好处,因为它们是一种无形而宝贵的资源"。⑬对于这些问题的思考动向,也值得我们关注。

2001 年以前的国语审议会以及 2001 年以后的文化审议会国语分科会主要承担着语言本体规划工作,而日本国际交流基金会则主要承担着日本语言在海外的推广、应用等方面的活动工作。日本语教育振兴协会等非官方组织,多由学术界和政界的重要人物出面组织,拥有大量政府资助,协助政府开展具体工作,因而,形成了官、民、学相结合的架构,以推行国家语言战略实施。可以说,这些不同的机构或组织,从语言内部层面和外部层面出发,合力推动了日本语言工作的发展,共同构建了日本语言战略的整体框架。

纵观日本战后 70 年的国家语言战略可以得知,日本在语言政策规划工作上取得了不少成果,留下了大量值得深入探讨的资料和实践经验,也存在许多被世人所诟病之处。语言政策的中枢机构——国语审议会所制定的方针和所做的工作,就受到过不少学者的尖锐批评⑭。在日本语言规划和语言政策的制定与推进的过程中,人们对日本政府相关工作的评价可以说是毁誉参半。但是,在与时俱进的思维方式、绵密详尽的科学研究方法以及适时应对社会语言多元化等新课题方面,也不乏可圈可点之处,可作为他山之石,以资参照。

附 注

① 参照石刚《殖民地统治与日本语》三元社,1993 年;《日本殖民地语言政策研究》,明石书店,2005 年。

② 野村敏夫《国语政策的战后史》,大修馆书店,2006 年,第 276—281 页。

③ 陈章太《语言规划概论》,商务印书馆,2015 年,第 4 页。

④ 委员会 18 名成员中,包括著名中国哲学家宇野哲人,汉学家诸桥辙次,语言学家安藤正次,时枝诚记以及语言政策专家保科孝一等各界有识之士。

⑤ 作为"当用汉字表"的补充,1951 年又制定了《人名用汉字别表》,专门用于人名使用。

⑥《国语施策百年史》文化厅编 ぎょうせい出版。2006 年。

⑦ 国立国语研究所所长岩渊悦太郎担任主查。

⑧《国语施策百年史》文化厅编 ぎょうせい出版。2006 年。

⑨ 野村敏夫《国语政策的战后史》,大修馆书店,2006 年。

⑩ 石刚〈東アジアの近代と言語認識〉,『成蹊人文研究』第 22 号,2014 年 3 月。

⑪ 安田敏朗〈国语和日本语政策〉,出自多语言化现象研究会编《多语言社会日本:现状及课题》,三元社,2013 年。

⑫ 参照平高史也〈日本语教育〉,出自多语言化现象研究会编《多语言社会日本:现状及课题》,三元社,2013 年。

⑬ 高桥朋子〈移民的母语教育〉,出自多语言化现象研究会编《多语言社会日本:现状及课题》,三元社,2013 年。

⑭ 安田敏朗《国语审议会 迷茫的 60 年》,講談社,2007 年。

参考文献

田中克彦.1981.语言与国家.东京:岩波书店.

石刚.1993.殖民地统治与日本语.东京:三元社.

野村敏夫.2006.国语政策的战后史.东京:大修馆书店.

陈章太.2015.语言规划概论.北京:商务印书馆.

日本文化厅编.2006.国语施策百年史.ぎょうせい出版.

多语言化现象研究会编.2013.多语言社会日本:现状及课题.东京:三元社.

安田敏朗.2007.国语审议会:迷茫的 60 年.东京:講談社书店.

作者简介

石刚,博士,广东外语外贸大学云山学者,讲座教授,日本成蹊大学教授。

邓宇阳,广东外语外贸大学南国商学院教师。

A Review of Japan's National Language Strategies in the Past 70 Years after World War Ⅱ

Shi Gang①② & Deng Yuyang①

Guangdong University of Foreign Studies① ; Seikei Uiversity② ,Japan

Abstract: In the past 70 years after the World War II, Japan has taken a series of significant national language planning actions. The Japanese Language Council or Council for Cultural Affairs plays a leading role in examining and establishing the relevant language policies. The institutions such as The Japan Foundation, Association for the Promotion of Japanese Language Education are also involved in the implementation of the language policies. All of these institutions cooperate with each other, building up the network of the language planning of Japan. This paper introduces the work of the Japanese national language planning in the past 70 years in chronological order, and in different categories according to the nature of the work.

Key words: The Japanese Language Council, Council for Cultural Affairs, The Japan Foundation, language planning, the popularization of the Japanese language

日本社会语言学的兴起、发展和现状

包联群

提　要：本文主要介绍日本社会语言学的兴起、发展与现状。日本社会语言学的研究要早于美国的社会语言学研究，可以追溯到 20 世纪 50 年代。它主要是以"语言生活"调查研究作为起始点而得到迅速发展。"社会语言学"这一概念于 1973 年引进，加速了日本社会语言学的发展。加之 1987 年创建的社会语言科学会和与之相关的研究会、学术刊物等，把日本社会语言学研究推向了高潮。此外，在 20 世纪末和 21 世纪初成立的诸多研究会和学会又推进了对"语言与社会"的研究步伐，从多方面、多角度去研究社会语言现象，从而使日本社会语言学的研究内容更加广泛，更具有深度。

关键词：社会语言学　语言生活　日本社会语言学　语言与社会

前言①

本文主要介绍日本社会语言学的兴起、发展与现状。日本社会语言学研究以日本国立国语研究所对全国进行的"语言生活"调查研究作为起始点而得到迅速发展。国立国语研究所在 20 世纪 40 年代末期就已着手进行了语言调查研究工作。日本的有关社会语言学的研究要早于美国 50 年代中期兴起的社会语言学研究。日本社会语言学是以研究"语言生活"作为出发点而逐步发展为具有独自特征的研究领域，它把语言与社会关系作为研究对象。

本文通过对日本社会语言学不同时期的描述，明确其发展轨迹。在此，本文首先讨论社会语言学研究在日本是何时起步、其研究情况又是如何等问题。其次，在第二节中着重探讨日本社会语言学的发展状况。并把日本社会语言学分为初期阶段，概念引进阶段和发展阶段等三个不同时期。在第三节中主要考察日本社会语言学所包括的内容、研究方法和研究对象等。在第四节中介绍日本有关社会语言学方面的学会（或研

究会）及其杂志（或会刊）的创建和发展、现状等，最后做小结。下面我们就此问题进行详细说明。

一　日本社会语言学的兴起

社会语言学是把语言与社会关系作为研究对象。社会语言学的特征之一在于它不仅关心语言的共性，而且关心语言的个性；它不仅关心每个共同体所具有的差异，而且重视每个共同体内的每个人的语言所具有的不同特点。这有利于对语言本质的认识。研究和解决从宏观（语言政策、语言规划）到微观（语音、词义等）的语言问题，是社会语言学的又一个特征。那么，日本社会语言学是何时兴起的呢？对此学者们各持己见，说法不一。

日本著名社会语言学家真田信治（San-ada shinji）认为，日本社会语言学研究始于 40 年代末期，并认为这种研究源于"语言生活"的概念。他在《日本社会语言学》(1996) 的序言中谈到："从世界范围来看，日本社会语言学是独自发展的，而且比 50 年代中期才开始的美国社会语言学（the sociology of language)要早好几年。这一点,戴尔·海姆斯(D.Hymes)和威廉·拉波夫(W.Labov)都承认。"但是学者樱井隆(Sakurai Takashi,2007)主张,在日本,早在 19 世纪就已经出现了有关社会语言学内容的研究。据包联群(2012)可知,樱井隆(2007)认为由前岛密在 1866 年提出"废除汉字的建议",森有礼在明治六年(1872 年)"Education in Japan"的序文中强调要引进英语,他们虽然都不是语言学家,但是提出的这些是属于语言政策范围之内,属于语言规划。即便如此,在当时这些研究几乎没有被人们意识到是社会语言学问题。同时,樱井隆也认为,如果按照真田信治的分类的话,这些与语言政策有关的语言规划研究也应该包括在社会语言学范围之内。也就是说,根据樱井隆(2007)的话,日本社会语言学研究比真田信治(1996)所提倡的 20 世纪 40 年代还要早一个世纪。

关于日本社会语言学的发展情况,真田信治(1996)提出了具有两个转折性意义的时期。第一个是,日本国立国语研究所②于 1949 年 12 月在福岛县白河市进行的有关普及共同语的调查。他认为这是一个有划时代意义的调查。日本国立国语研究所对 635 名被试进行了面对面的调查。在测试他们的共同语水平的同时,国立国语研究所把其语言水平与社会属性联系到了一起;并在 1951 年以《语言生活现状——白河市及其附近农村语言调查》为题出版成书。真田信治(1996)认为,此书的出版是日本社会语言学史上具有划时代意义的事情。在此次调查中,国立国语研究所不是采用传统方言学的研究方法,而是采用了统计学的方法。南不二男(Minami Fujio,1971)③出版了题为《敬语使用的现状——松江 24 小时调查资料报告》,它是采用统计学方法,以真实材料作为分析基础。对此,真田信治(1996)认为,这

种研究在日本还是第一次,它是受到了美国社会语言学影响。并且认为,这个报告的出版,是日本社会语言学史上第二件具有划时代意义的事情。

但是,20 世纪 60 年代诞生的社会语言学到 1972 年,在日本还没有正式以"社会语言学"这个词出现。据樱井隆(2007),在日本,"社会语言学"这个词最初是以"国立国语研究所的历程——社会语言学"(野元菊雄·江川清,1973)为题出现在此杂志的 262 号上。可是,其论文的内容与当时在美国兴起的社会语言学并不相同。"国立国语研究所的历程——社会语言学"只是作为一个副标题出现,论文主题是"有关语言调查"。其内容是有关国立国语研究所进行的调查记录,是讨论语言生活方面的问题。美国的社会语言学被介绍进来的时间是在 1974 年。Fishman 的 *The Sociology of Language*(1972)被引进日本。当时其书名被翻译为《语言社会学入门》,社会语言学的名称虽然在此未被使用,但是,其内容是有关社会语言学方面的。

如上所述,要是看其研究内容的话,在日本很早就出现过有关方言、方言与标准语之间在社会功能等方面的差别研究以及民族与国家、民族与语言、差别语等方面的研究。还有日本语教育的政策性研究等。而当今在日本社会语言学学者当中,有许多先辈曾经从事过或正在从事有关这方面的研究。如,日本著名的语言学学家田中克彦(Tanaka Katsuhiko)、铃木孝夫(Suzuki Takao)、语言学(方言学)家井上史雄(Inoue Fumio)和真田信治等。这些学者也是当今日本社会语言学的先导者④。如日本著名的社会语言学家真田信治从他 1968 年开始出版的《五个山地方方言地图》到 1976 年发表的介绍文章("语言社会学和方言意识",《言语》5—3)的将近十年间,从事的几乎都是有

关方言方面的研究。社会语言学这个词在他论著中最早出现是在 1982 年，即出现在以《日本社会语言学的动向》(共编)为题目的科学研究成果报告书中。除此之外，井上史雄在 1983 年曾以"有关〈新方言〉和〈语言的乱用〉社会语言学研究——东京·首都圈·山形·北海道"为题，发表了研究日本方言变化的文章。可是，在日本正式以研究"社会语言学"为目的的学术团体的出现，是在 1987 年。随着"日本语言学会"于 1987 年成立，"社会语言学"小组(研究会)就伴随着"日本语言学会"诞生，并在此会议上作为其中一个小组进行了有关"社会语言学"研究成果的发表以及讨论等活动。1994 年，有人正式发起了"社会语言学研究会"。但是，随着"社会语言科学学会"的诞生，1996 年 6 月，"社会语言学研究会"也宣告自然消亡。除此以外，又出现了作为社会语言学一个研究领域的有关变异理论研究会。它是以理解在海外盛行的"变异理论"为目的的有志者在 1987 年 7 月组成的一个组织。"变异理论研究会"从成立的那天起一直到现在仍旧坚持一年召开 5 至 6 次的会议，以促进学者之间的信息交流。会议目的已经逐渐由当初的主要介绍西方的变异理论演变为倾向于以发表研究成果为主。其后，在日本又先后成立了许多与社会语言学有关的学会或研究会。主要包括："多语言社会研究会"(1999 创刊《语言与社会》杂志)、"多语言化现象研究会"、"日本语言政策学会"(2005 创刊《日本语言政策学》杂志)、"母语·传承语·双语教育研究会"(2003 年成立、2005 年发行杂志)、"语言管理研究会"等(第 4 节中分别介绍这些学会，故在此不再赘述)。

二 日本社会语言学的发展

如上所述，日本学者主张日本社会语言学研究要早于美国社会语言学研究。根据真田信治(1996)的话,有关日本社会语言学方法论最早出版的文献是菊沢季生(Kikuzawa Sueo, 1933)的《国语位相论》,接着还有时枝诚记(1949)的"有关国语中的奇怪现象"、柴田武(Sibata Takeshi, 1951)的"语言区域社会研究及其方法"、池上祯造(Ikeue, 1957)的"语言生活结构"等。正如真田信治(1982)所述,日本社会语言学研究并不是因为"社会语言学"这一名称的出现才开始的。其所指内容虽然与现代"社会语言学"有所不同,但是它的存在却是事实。日本社会语言学是从研究"语言生活"这一点出发,始于 1951 年。美国的 sociology of language 是从 20 世纪 50 年代后期开始兴起的。因此,他们认为日本社会语言学研究要早于美国好几年。我们在参照这些知名学者的观点的同时,基于其研究情况把日本社会语言学的发展分为以下几个阶段。

(一)初期阶段:1948—1972 年

有关语言生活研究是属于社会语言学范畴之内的研究。日本的有关语言生活方面的正式研究始于国立国语研究所成立(1948 年)之后。据南不二男(1982)的话,可以得知,从 1948 年到 1963 年是研究有关语言生活方面的旺盛期。据此,我们可以把研究语言生活的起始阶段作为日本社会语言学的起始阶段。真田信治(1982)也这么认为。更具体地说,在 1950 年,日本国立国语研究所进行了语言生活现状的调查,并且 1951 年 10 月《语言生活》(月刊)杂志创刊。大家普遍认为这对"语言生活"这一名词的普及作出了贡献。真田信治(1982)认为,1951 年兴起的日本社会语言学具有以下几个特征:

● 通过田野调查收集有关语言变化的资料。

● 运用统计学的方法对(调查研究)的对象进行了分析与总结。

不过,也有与上述研究方法不同的采用 24 小时跟踪调查之方法。这种调查方法也曾与研究"语言生活"同步进行。

真田信治(1982)认为,与外国的社会语言学相比,在日本不存在如多语言国家中存在的以哪一个语言作为"公用语"等诸多问题。即使有双语等问题也不会涉及与宗教、政治、经济等关联的重大问题。因此,相对来说,存在的都是比较细腻的问题。他认为,有关研究主要集中在以下 4 点,即"敬语"、"国语国字问题"、"方言和标准语"和"外来语"。

当然,我们从社会语言学的角度可以对其进行更详细的分类。但是,这期间的研究主要以方言调查和"语言生活"方面的研究为主。例如,北村甫(Kitamura Hajime, 1952)的"儿童的语言因迁移会发生什么样的变化"、国立国语研究所(1953)的《地域社会的语言生活——鹤冈的现状调查》、柴田武(1958)的"什么是集团语"、城野光一(Jyono Kouichi, 1959)的"北海道第一代、二代、三代人的语言"、德川宗贤(Tokugawa Munemasa, 1963)的"集团和语言"、野元菊雄(Nomoto Kikuo, 1967)的"回国者的语言生活"、"在伦敦的日本人儿童的语言生活"、野元菊雄(1968)的"在英国的日本人儿童的语言能力"、柴田武(1971)的"语言的规范意识"等。这期间的科研成果主要是以国立国语研究所科研人员的研究成果为主。

(二)"社会语言学"这一概念的引进与运用阶段:1973—1986 年

如上所述,"社会语言学"这一概念在日本最早出现于日本国立国语研究所科研人员野元菊雄、江川清(Egawa Kiyoshi)的《国立国语研究所的历程—社会语言学》(1973)这一文章中。同年,江川清又以"多变量解析对社会语言学的适用例"为题在《语言研究》(4)上发表了论文。次年,井上

史雄、江川清等人又以"现代日语研究——特别是用社会语言学的观点"为题发表了论文,接着陆续发表的论著有铃木孝夫(1973)的《语言与文化》和《语言与社会》(1975),野林正路(Nobayashi Masamici, 1975)的《方言研究——以接受社会语言学的方法为中心》,J. V. Neustupný(1976)的《社会语言学入门》,野元菊雄(1978)的《社会语言学调查》,柴田武(1978)的《社会语言学课题》,国立国语研究所主编(1981)的《大都市的语言生活》,真田信治、柴田武(1982)的《日本社会语言学动向》,南不二男(1982)的《日本社会语言学》,杉户清树(Sugito Seijiu, 1983)的《社会语言学》,真田信治(1986)的《社会语言学的方法》,等等。以上大多是涉及理论和研究方法方面的论著。此外有关社会属性和语言方面的论文有野元菊雄的《年龄阶层和语言》(1975),《语言中的社会和个人》(1978),渡边友左(Watanabe Tomosukei)的《阶层和语言》(1977),《日本的社会阶层和语言》(1982),生越直树(Ogoshi Naoki)的《在日朝鲜人的语言生活》(1983),等等。另外,在此期间,还陆续出版和发表了多数有关语言行为(日本人的语言行为和非语言行为、地域社会的敬语)、语言接触(日语和外国语的接触、电视以及都市对语言形成带来的影响)、语言变化(语言生活的现状、地域社会的标准语化、语言使用的变迁)、语言意识(差别语、语言的规范意识)、语言教育(语言习得的诸相、语言和国家——语言规划以及语言政策的研究)等方面的论著。

除此之外,有关方言与其变化及社会语言学方面的研究有井上史雄的"交通频度和语言变化"(1966)、"敬语表现的语言社会学"(1971)、《最上地方方言图集》(1980)、"从庄内方言中 r 脱落看形态变化的近代史"(1981)、"语言变化与语言社会学"(1982)、《有关〈新方言〉和〈语言乱用〉的社

会语言学研究——东京·首都圈·山形·北海道》(1983)、《新日本语——〈新方言〉的分布和变化》(1985)、《日语教育的社会语言学基础》(1995)、《日语能生存吗——从经济语言学的观点》(2001)等。

另外值得一提的是:在日本语言学界颇具影响力的语言学家田中克彦的有关研究。在日本社会语言学界,他出版的著作与真田信治、井上史雄等人的研究风格并不相同,与大家普遍认同的社会语言学研究内容也有所差距。这种研究倾向于语言与民族、语言与国家、语言政策等方面的内容。因此,他的有关著作也未被收录在真田信治(1982)等学者编写的社会语言学的论著目录中。但是,语言学家田中克彦以及从事其类似研究的学者们也普遍认为,他们的研究是属于社会语言学范畴内的研究。由此可想而知,社会语言学所包括的内容之多、范围之广。语言学家田中克彦在此期间的著作有《语言之思想——国家和民族的语言》(1975)、《语言之差异》(1980)、《语言和国家》(1981)、《法庭语言》(1983)等。可以说,一桥大学的语言社会学研究科的有关研究人员所从事的语言学研究方向在很大程度上是受到了田中克彦的研究风格的影响。在日本,也有相当一部分人在从事有关这方面的研究,比如下面要提到的《语言与社会》杂志上大多刊登有关这方面的文章。而2002年成立的"日本语言政策学会"(由2000年成立的"日本语言政策研究会"演变而来)的会报(第1号)的卷头语("语言政策与语言法·语言权")是由田中克彦执笔撰写(2003年5月)。

(三)发展阶段(有关"社会语言学"研究会或学会的诞生):1987年至今

随着1987年"日本语言学会"的成立而诞生的"社会语言学"(小组研讨会)给许多从事此项研究的人员提供了讨论和发表意见的平台,起到了相互交流思想和传达信息的目的。1987年发起延续至今的"变异理论研究会"、1994年成立的"社会语言学研究会"及随之成立的"社会语言科学学会"(1996年)等更是把日本社会语言学的研究推向了高潮。通过在学会以及研究会上的口头发表,出版和登载论著的数量也趋于逐年增加。其研究范围由原来的只研究日本国内的语言现象发展到了研究国外语言及少数民族语言等。其研究内容也从局限于语言生活走向了有关语言接触、语言变化、濒危语言及理论的介绍和运用等方面。

在此期间,真田信治整理了日本有关社会语言学方面的文章,并出版了《日本社会语言学研究文献目录1981—1986》(科学研究成果报告书)。接着他出版的书籍和论文有:《处在关西中央部年轻人的语言使用动向》(1987)、《语言生活·社会语言学》(1990)、《地域语言的社会语言学研究》(1990)、《从社会语言学看到的语言变化》(1991)、《社会语言学》(合著1992)、《社会语言学·方言学》(1993)、《社会语言学的展开》(合著1993)、《敬语/社会语言学/方言》(1995)、《关西方言的社会语言学》(1995)、《围绕大阪语言的变容》(1995)、《新方言在地区的独自性》(1995)、《社会语言学图集——日语·英语解说》(合编1997)、《社会语言学》(1998)、《变容的大阪语言》(2000)、《日本社会语言学研究文献目录1993—2000》(合编,2002)、《日本濒危方言的研究课题》(《国立民族学博物馆调查报告》,2003)、《语言的接触和混合:残留在台湾的会话资料》(合编,报告书,2005)、《社会语言学的展望》(2006)、《韩国人的日本社会语言学研究》(2006)、《关于台湾的日语克里奥耳语》(共著,2008)等。

井上史雄的有《语言使用的新风景(敬语和方言)》(1989)、《日本列岛方言丛书》

(1—33)集(1994—2001)、《东北方言的变迁——庄内方言的历史语言学贡献》(2000)、《变化的方言、动态的标准语》(2007)、《社会方言学论考——新方言的基础》(2008)等。

另外还有井出祥子(Ide Sachiko)、杉户清树等人在《语言研究》(93)上发表的《社会语言学的理论和方法》(1988),本名信行(Honna Nobuyuki)的《社会语言学》(1989)、柴田武的《日常用语和专门用语》(1989)、Daniel Long 的《居住在大阪和京都的其他地区出身的人所接受的方言之差异》(1990),真田信治、涩谷胜己等人的《社会语言学》(1992),J.V.Neustupný的《关于日本的社会语言学》(1994),黄镇杰的《在日韩国人的语言行为——在语码转换中看到的语言体系和语言运用》(1994),德川宗贤的《社会语言学》(1995),荻野纲男(Ogino Tsunao)《持大阪方言的人因移居引起的语言变容》(1995),东昭二(Azuma Syouji)的《社会语言学入门》(1997),Daniel Long 的《小笠原诸岛的混合语》(2002),等等。

近期发表的论文有田中 Yukari 等人的《东京圈的语言的多样性——东京圈百货商店的语言景观调查》(2007),还有 2008 年 3 月发行的以"在相互行为中的语言使用:运用会话资料的研究"为主题的《社会语言科学》杂志论文集。

此外,与社会语言学紧密相关的论著或翻译的著作有神鸟武彦(Kandori Takehiko)译的《语言间接触——其状态和争论点》(Weinreich 著,1976),冈秀夫(Oka Hideo)1996 年编译的《双语教育和第二语言习得》(Colin Baker 著,1949),山本雅代(Yamamoto Masayo)的《双语-其实像和争论点-》(1991)和《双语的世界》(1999),冈本雅享(Okamoto Masataka)的《中国的少数民族教育和语言政策》(1999),大角翠(Osumi Midori 2001)翻译的《语言之兴亡》(Dix-on.R.M.W 著,1997),Mashiko Hidenori 的《语言之政治社会学》(2002)、《语言/权力/差异——从语言看信息弱者的解放》(2006),原圣(Hara Kiyosi)、糟谷启介(Kasuya Keisuke)等人的《新版 社会语言学方法》(Schlieben-Lange Brigitte 著,1996),土田滋(Zuchida Shigeru)译著《社会中的语言——现代社会语言学入门》(Suzanne Romaine 著,1997),木村護郎 Christoph(Kimura Goro Christoph)《对语言来说〈人为性〉是什么?——语言构筑和语言意识形态:以 Kernow 语和 Sorben(英语 Sorbian)语为个案研究-》(2005),等等。

三、日本社会语言学之研究内容与方法

(一)研究内容

根据日本社会语言学界目前的情况来看,日本社会语言学所包括的研究内容与范围相当广泛。它包括的内容有社会语言学理论方面的研究、语言交际论、语言意识领域、语言生活、语言接触、语言教育、语言政策、语言规划,等等。如果根据真田信治(1982,1996,2006)的话,可以把日本的社会语言学的研究内容概括为以下几点:(1)学科史与方法论,包括"社会语言学"、"语言生活"的研究史与展望以及方法论等。(2)语言行为研究,包括语言策略、语码转换(不同文化背景下的交流),如语言行为的日韩对照研究等。(3)语言接触研究,包括方言接触、与其他语言的接触(移民和语言、在国外的日本人的语言生活、外来语、双语教育等)。如新方言、年轻人语言、不同年代语的性格等方面的研究。(4)语言变异与变化研究。语言变异的研究还包括属性与语言、场面和语言以及语言生活的现状·概观等的研究。如生活和语言、民俗社会和语言等。语言变化的研究包括语音的变化、语法和词汇的变化等。(5)语言意识研究,包括

语言意识、语言评价、语言印象、语言心理以及语言和认同等。(6) 语言习得研究,包括幼儿语、中间语言等的研究。(7) 语言规划研究,包括国语政策、日语(语言)政策的研究等(参见包联群,2012)。

其中也包括对在日外国人语言情况的研究。但是,社会语言学这一学科所包括的内容与研究的领域相当广泛,具有很大的拓展空间。如上所述,在日本还有相当一部分研究人员从事探讨语言权及语言差别、语言政策、语言意识形态等领域的研究。

除此之外,许多杂志也经常以特集的形式登载有关社会语言学研究方面的论文。如《语言》(月刊)杂志 1982 年的专辑"社会语言学的动向"(Vol.11,N.10)和 2003 年的专辑"移民社区的语言"等。《语言与社会》(1999 年创刊)杂志 2007 年第 10 号特集是"社会语言学再考"。由上可知,日本社会语言学包括的研究对象也具有多样化的性质。

(二) 研究方法

重视田野调查、基于第一手资料。20 世纪 50 年代兴起的有关社会语言学研究的"语言生活"调查是由日本国立国语研究所牵头带起并逐步向全国推广起来的。有关"语言生活"的调查是属于田野调查,国立国语研究所的研究人员下乡到各个调查据点,通过录音等方式收集资料,并对通过调查得到的第一手资料采用分析和统计学等研究方法,进行了全面的分析和考察。在本文开始时提到过的野元菊雄、柴田武、江川清、南不二男、真田信治等学者都是或曾是国立国语研究所的研究人员。他们发表过许多有关语言生活调查方面的论著。重视田野调查的研究方法就是在今天也备受欢迎。许多年轻学者也大多基于各种田野调查,用得到的第一手资料对语言或语言的各种社会现象进行分析和探讨。

重视个案研究的同时,注重理论与研究方法的探索。日本社会语言学在注重对个案研究的同时,也重视对理论问题的探索与研究。比如,许多学者的选题都具有针对性,限于一个地区的一个语言或仅限于对一个学校的一部分学生进行抽样调查(如生越直树 1982"在日韩国语·朝鲜人的双语-抽样调查-")、或限定时间进行分析研究(如柴田武 1951"语言生活的 24 小时调查"、川又瑠璃子 1975"一天的语言生活-主妇一天的语言")等。但也发表过有关如何进行社会语言学的调查等方面的论文(如野元菊雄 1978"社会语言学的调查"、柴田武 1978《社会语言学的课题》)等。还有通过语言个案调查进行理论探讨的论著。如木村護郎(2005)通过对个案的研究,探讨了有关语言的"人为性"等方面的理论框架的可能性等问题。除此以外,也有许多相关的论著。

(三) 研究对象

日本社会语言学不仅以国内的语言,而且以世界各国各地区的语言为研究对象。日本的有关社会语言学方面的研究在 50 年代大多局限于国内的语言生活等方面的研究。但是到 20 世纪 70 年代就出现了研究美国夏威夷的日系人的语言生活方面的论著。如野元菊雄的"夏威夷日系人的语言生活"(1973)、"夏威夷日系人读写能力"(1973)、"夏威夷日系人日语能力"(1974)、比嘉正范(Higa Masanori)的"夏威夷日语社会语言学研究"(1974)、铃木英夫(Suzuki Hideo)的"巴西日系社会外来语"(1979)等。

随着 1987 年开始的有关社会语言学研究会或学会的成立,人们也开始介绍国外的社会语言学理论或研究方法等。通过研究会上的文献介绍等方式及时地了解国外的社会语言学动态,从而使其学术队伍不断壮大。同时由于留学生中也有许多人从事社会语言学方面的研究,逐渐出现了许多以国外某个地区的语言为研究对象的论著。如韩国的学者任荣哲(Imu Yonchoru)的"两个语言并用的社会语言学研究-对在日·在美韩国人的现状调查的结果-"(1992)及《在日·在美韩国人及韩国人的语言生活现状》(1993)等。此外,《语言与社会》杂志上登载的论著中,包括以印度、中国、俄罗斯、美国、澳大利亚等国家和港台地区的语言及语言现象为研究对象的论著。

四 日本社会语言学学会(研究会)及期刊

日本社会语言学研究之所以取得了令人瞩目的成就,除了与学者们平时的辛勤耕耘密切相关以外,还与日本社会语言学界及其他学界中普遍存在的一种"重视交流科研成果和信息"的做法分不开。这种做法使研究者共享科研成果的同时,也起到了培养一大批年轻学者的作用。在日本先后成立的有关社会语言学研究诸多研究会每一个月或两个月就召开一次研究会。其学会也是每年至少召开一次甚至两次研讨会。而这些学会或研究会也是为社会语言学者以及正在走向研究之路的硕士生或博士生提供发表自己研究成果的平台。下面扼要地介绍一下对日本社会语言学的发展具有一定影响力的有关社会语言学方面的学会或研究会等的建立和发展情况。

(一)社会语言科学学会

有关"社会语言学"的小组研讨会是随着 1987 年"日本语言学会"的成立而诞生的。经过有关学者的多次讨论,"社会语言科学学会"(Japanese Association of the Sociolinguistic Sciences)在 1994 年创建的"社会语言学研究会"之基础上于 1996 年正式成立。随之,"社会语言学研究会"也宣告解散。"社会语言科学学会"把语言和交流同人类、文化、社会相关联,并以解决在此存在的问题作为宗旨。广泛关注现代社会内部

存在的诸多问题。它的初任会长是德川宗贤先生。如今,"社会语言科学学会"设有"德川宗贤优秀论文奖"。

"社会语言科学学会"的会员在 1998 年已经超过了 300 多名。目前,其会员有 1000 人左右。"社会语言科学学会"每年召开两次会议。每年的 3 月和 9 月(或 10 月)在不同的大学举行,以便给更多的年轻学者提供相互交流信息以及发表研究成果的平台。

此学会的会议一般包括以下四个程序:招待演讲、主题演讲、讨论会、研究会等。在此学会上可以发表的内容主要包括:社会语言学、社会心理学、社会学、心理学、交际论、语言学、语言人类学、文化人类学、语用论、语言教育、语言政策、信息科学、认知科学、人口知能以及其他有关语言与文化、认知等关系的研究等。此学会的发起人是各个大学或研究机构的有关研究社会语言学、社会心理学、语言行动论、交际论、日本语学等方面的专家或学者。其中,有原学会会长德川宗贤先生,社会语言学家井上史雄、真田信治、井出祥子、日比谷润子等知名学者。把多门跨学科的研究综合起来进行探讨和研究也是此学会的一个特色。

此学会每年发行学会杂志《社会语言科学(*The Japanese Journal of Language in Society*)》(1998 年创刊)。在此杂志上登载的有关社会语言学方面的论文主要包括:语言政策和语言规划、语言消亡、语言接触、语言使用、双语问题、语码转换、濒危语言、语言交际等内容。

(二)变异理论研究会

"变异理论研究会"由对语言变异(linguistic variation)有兴趣的学者发起,以其理解在海外盛行的"变异理论"为目的,在 1987 年 7 月成立。最初的名称是"变异理论学习会",是由原大阪大学文学部助手宫治弘明和研究生院的 Daniel Long(现任教于

首都大学东京）发起的。每年召开 6 至 7 次研究会。发表内容主要以方言学和社会语言学领域为中心的广义的有关语言变异研究。

研究会对会员并没有特殊的要求。有关研究会的日程和程序的信息可与研究会的办公室联系，并通过网络、电子邮件以及邮寄的方式取得信息。研究会的特点是每个月或每两个月召开一次学术讨论会或学习会，并分为关东或关西地区召开，为出席会议者提供方便。第一次研究会于 1989 年 7 月 14 日召开，由在 University of Pennsylvania 大学研究生院学习并拜社会语言学创始人威廉·拉波夫为师的松田谦次郎（Matuda Kenjiro，现任神户松荫女子学院大学教授）介绍了自己的题为"围绕东京语中的'mireru'（能看见）·'tabereru'（能吃）'等一段动词的可能形的变化"的论文，并介绍了变异理论研究的现状。其后，在同一年又召开了四次会议，主要介绍了西方的语言学理论。如：由 Daniel Long 介绍了 W. Labov(1989)的题为"The Child as Linguistic Historian"（《作为语言历史家的孩子》）的论文[5]。1990 年初召开的几次会议也先后介绍了 M. Kyto (1986)、E. Schneider (1988)等文献。从同年 5 月召开的会议开始，由 Daniel Long 发表了"方言认知地图的写法和读法"（《日本方言研究会第 50 会研究会论文集》）、永田高志（近畿大学）发表了"巴西日系社会的日本语-以 Parana 州 asai 为例-"为题目的论文。该氏调查了巴西日系社会的三代人的语言状况，并说明了在巴西日系社会中，年轻人的语言在强烈地受到葡萄牙语影响而在发生变化，使得他们的母语（或方言）处在日渐消失的境地中。该氏又介绍了 C. Daswani(1989)的"印度诸语言的现代化"等论文。

此研究会从成立的 1989 年起到 1992 年之间，主要是以介绍国外的理论为主[6]，但是从 1994 年开始出现了个人研究发表次数占优势的趋势，同时介绍当年出版的论文的频度也趋于增加。比如，在 1994 年 7 月 30 日召开的暑期集中会议上，由宫治弘明介绍了 W. Labov (1994)。在 1995 年召开的第 51 次到第 54 次会议主要是以个人的研究发表为主。从第 54 次以后，虽然有文献介绍，但是个人的有关社会语言学和方言学的发表其数量明显增多。到 20 世纪末及 21 世纪初时，每年除了有少数的文献介绍外，研究发表论文明显增多（如 2002 年召开的第 100 次会议上主要发表了研究成果）。此外，研究生和博士生的研究发表数量也有显著增加。可以说，"变异理论研究会"从当初的文献介绍已经转移到了以研究发表为主的研究会。

到了 21 世纪之后，也有人以"海外社会语言学展望"为题介绍了海外社会语言学现状。此外中间也穿插个人研究发表。2002 年中井精一（Nakai Seiichi）教授发表过有关"从城市语言的视点"为题的论文。

此研究会从成立至今，也曾邀请国内外著名学者发表过演讲。如 2003 年邀请了著名的社会语言学家 Peter Trudgill 教授和真田信治教授，2009 年又邀请徐大明教授作过演讲。

（三）多语言社会研究会

"多语社会研究会"于 1998 年 5 月初旬由女子美术大学的原圣教授等人发起而成立。此研究会成立时的背景和宗旨是：面对语言问题被社会重视程度的提高，人们对"英语帝国主义论"的争论持续不断。三浦信孝的《什么是多语言主义》（Miura NobuTaka,1997）一书的出版引起了许多人的关注。在法国也有学者强调语言问题的社会重要性并撰写有关语言思想史的论著等受到了好评。本研究会并不是要赶时代潮流,但是认为探讨社会语言问题的时机已经成熟,并以此而提供发表意见之平台为目的。此研究会探讨过的具体内容为:地区民族之少数派、移民·外国籍工人的语言文化问题·要求/复权运动、语言政策;Linguistic Imperialism, Francophonie 这一语言霸权主义和多语言主义、国际组织上的语言使用;语言侵略史、殖民地(时代)以及其后的殖民地居民的语言问题;国语·标准语的形成/与历史、方言·民众语言等的权利关系、语言政策;多语言社会的形成/现实、其语言纠纷及语言政策/战略;多语言媒体·交际论、双语教育及有关多语言社会的诸多问题等。

此研究会于 1999 年始创办了《语言与社会》杂志。此杂志的研究主题有:语言的少数派之权利被得到保护、探寻多数语言、各种繁多的语言和谐共存的可能性。随着世界上的许多语言逐渐消失,出现了濒危语言数量逐年增加的倾向。而持濒危语言的人也具有保存母语的强烈愿望,这也是事实。在这样的情况下,此杂志尊重其意愿,并如实地记录其语言。并且不只局限于把调查对象作为调查者,而是让他们作为权利的主张者登场,进而积极探讨有关保护权利的宣言和法律。

在《语言与社会》杂志上登载的有关社会语言学的论文主要包括语言政策、少数民族语言、国外的语言问题、濒危语言、克里奥尔语以及语言使用等问题。

(四)多语言化现象研究会

多语言化现象研究会是由位于日本大阪市的国立民族学博物馆研究员、教授庄司博史于 1999 年发起。其成立的背景和宗旨是:随着各种各样的可以称作多语言化现象的发生,以及因定居的外国人数急剧增加,不管在任何地方都可以听到外语,而且民族媒体的出现、行政上的多语言服务等以此为

背景的多语言现象逐渐明显。与不同语言之接触的日常化,语言权·多语言·多文化主义的普及,正在改变着日本人对语言和文化的意识及价值观。与此同时,虽然也开始主张少数语言、方言、手语等共存但被忽视的各种语言的存在,我们不得不承认自身语言的多样性。近代以后,抱有以国家、民族和语言相平等的幻想并把在默认中作为理想发展而来的日本社会,可以说现在随着多语言化正在迎接着一个转机。此研究会综合考虑如此的多语言化现象与社会关系,通过讨论来探索更加发展的多语言化所带来的问题和可能性。

研究会主要研究对象包括以下内容:东道主社会的多语言化现象(意识、语言活动、多语言能力、语言政策、语言教育、多语言服务)、民族·集团的语言现状(语言使用·活动、母语习得·教育、语言保持、语言态度等)、语言接触现状的个案研究和理论化、探讨"多语言性"、"多语言化""多语言主义"等概念、多语言社会的少数语言(手语、方言、地区语言、移民语言等)、多语言化与相关领域等。

(五)日本语言政策学会

日本语言政策研究会(Japan Association for Language Policy, JALP)于 2000 年 4 月 22 日在樱美林大学召开了第一次会议。直到 2002 年 11 月份正式成立日本语言政策学会为止,每年约召开过两次研究会。日本语言政策学会第一次会议也在樱美林大学召开。从 2006 年开始变为每年召开一次会议。除此以外,还分为关东和关西地区,每年召开日本语言政策研究会分会。日本语言政策学会由 2003 年起发行了学会"会报",2005 年又创刊了《语言政策》杂志。

此学会成立的宗旨是:对人类来说,没有比语言更重要的东西。我们意识到语言问题而对此进行评论、建立调整计划并付诸

行动。这种行动源于个人或各种团体,以全国的标准来实施。而且,其问题的种类以日语及有关日语问题、在日本使用的其他语言,或者是就连日本人与外国人接触中所使用的语言也包括在研究范围之内。此研究会不是不关注世界语言问题。进一步说的话,不仅是狭义的语言问题,而且也有必要考察一般的交际和行为的问题。本研究会为提高对语言问题的认识,进而为讨论在语言政策、语言教育关系的团体和个人行为中它是如何表现,或者是为探讨如何应对等问题提供研究讨论之平台为目的。

在日本语言政策研究会或学会上发表的内容主要包括日语教育、语言政策、语言管理、少数民族语言、外国语、语言态度、语言生活等。日本语言政策学会从 2005 年 3 月 31 日起发行《语言政策》杂志。主要登载有关日语教育和日语政策以及国外其他语言政策等方面的内容。

(六)母语・传承语・双语教育研究会

"母语・传承语・双语教育研究会"〔Mother Tongue, Heritage Language, and Bilingua Education(MHB)Research Association〕成立于 2003 年。办公室设在樱美林大学。会长是中岛和子教授。以有必要对其进行双语教育的学生为研究对象。主要包括以下内容:

・原住民、定居居民以及刚到日本的中小学生的母语・传承语教育

・作为日本人・日系学生传承语的日本语教育

・聋哑人的双语教育

・海外・归国子女、国际学校子女以及其他的各种教育

其目的是促进对此领域研究的活跃性,以及研究质量的提高和相互之间的信息交流、资料收集等。此研究会从双语・多语教育的角度对传承语教育・母语教育进行研

究,力图在研究和实践两方面对该领域作出贡献。主要围绕母语、传承语、双语教育等课题展开研究讨论。其中包括讨论归国・海外子女以及在日定居的朝鲜人和中国人、日系巴西人等问题。

此外、研究会从 2006 年开始召开过几次读书会。主要以学习有关西方的研究理论为主。并且也召开以演讲为主的研究会,如第 3 次会议的主题以"研究母语丧失应具备的基础知识"、第 4 次会议围绕"在日本的母语・传承语教育-其现状和可能性-"这一主题进行了讨论。第 18 次研究会又与大阪府教育委员会共同举办,并以"多文化共存・多语言社会中的孩子・学校・教师"作为主题。同时还邀请过美国学者 Ofelia Garcia 进行过演讲。

研究会 2005 年创刊了《母语・传承语・双语教育研究》杂志。主要登载有关研究双语者的语言丧失、日本国内的母语・传承语教育、母语能力、日语能力、母语保持等。

(七)语言管理研究会

1998 年,J. V. Neustupny 教授在千叶大学牵头主持过"接触场面的语言管理研究"的课题。2000 年和 2002 年,几个大学的学者联合成立过"接触场面的语言管理过程"课题小组。2004 年 9 月村冈英裕教授在千叶大学成立了"接触场面与语言管理研究会"。2006 年 10 月改称为"语言管理研究会"(Society of Language Management),由村冈英裕教授任会长。并于 2007 年 3 月在千叶大学召开了第一次年会。

作为一个小型研究会的宗旨是:以语言管理理论作为基础研究的学者互相交换意见,通过探讨语言管理理论为其发展作出贡献为目的。语言管理研究会召开过多次研究会。2004 年 9 月召开的第一次会议主要介绍了 20 世纪 70 年代—90 年代的语言管

理研究之概况。

（八）《社会语言学》杂志

此杂志是以毕业于名古屋大学研究生院的年轻学者为主于 2001 年创办的，是对"少数民族语言和差别·权利"等问题持有兴趣的人组成的团体，并对此进行讨论、互相交流信息等。创刊词是：不管某一个人意识到或没有意识到，本杂志对其语言采取的态度是否具有意义等问题进行彻底的追究。认为这才是社会语言学的使命，所以此志命名为《社会语言学》并祈愿经常思考"为什么研究社会语言学"这一问题。此杂志的编辑责任者主要包括大阪大学语言文化部和上智大学外国语学部等大学学者。登载的内容主要包括语言政策、语言差别、语言权、濒危语言、文字学、语言调查、语言交际等。

五 结束语

综上所述，日本社会语言学从它的兴起到发展，虽然出现过衰退阶段，但是到目前为止已经取得了令人瞩目的成就。其研究内容也从当初的以"语言生活"为主，发展到了包括语言生活在内的社会语言学所涉及的大多数领域。它不仅表现在有关社会语言学方面取得的科研成果方面，也体现于拥有多种研究会以及学会等。

本文通过对日本社会语言学发展轨迹的回顾和对现状的考察，描述了日本社会语言学所走过的历程和目前的状况。日本社会语言学研究要早于在美国兴起的以威廉·拉波夫为代表的有关社会语言学研究。日本最初的有关社会语言学研究是从国立国语研究所的研究人员对语言生活进行调查研究开始起步，诞生于 20 世纪 50 年代初期。有关语言生活方面的研究虽然曾在 1963 年到 1967 年间衰退过，但是"社会语言学"这一概念在 1973 年被语言学家引进之后，出现了研究社会语言学之热潮，也出版

了许多学术著作。到 1987 年时，又创建了有关"社会语言学"、"语言变异理论"等方面的研究会等，进而又逐渐发展为"社会语言科学会"等庞大的学会。而在 20 世纪末和本世纪初成立的诸多研究会或学会又推进了对"语言与社会"的研究步伐，出现了从多方面、多角度去研究社会语言学的现象，从而使日本社会语言学研究内容变得更加广泛、更具深度。而以《社会语言学》来命名的杂志立志专门讨论"为什么研究社会语言学"这一问题，并登载有关语言差异、语言政策、语言观及语言使用等论著。《社会语言科学》杂志所包含的内容更加广泛。由此可知，这些研究会或学会的成立恰恰为研究社会语言学的学者及时地提供了相互交流信息的平台，为日本社会语言学的发展提供了机遇。

附 注

① 本文资料收集截止日期为 2008 年，其后的相关信息待"续篇"中另论。

② 国立国语研究所成立于 1948 年。是为制定实施日语政策提供基础资料而进行语言调查和研究的科研机构。真田信治(1996)认为，日本的社会语言学研究，是伴随着国立国语研究所的工作而展开的。

③ 真田信治、柴田武(1982)的 1973 年出版为误写。

④ 随着日本社会语言学的发展，研究者对社会语言学所包括的内容也有所侧重或增训。如真田信治(2006)中把"语言规划"这一项作为一个章节来介绍。在此之前"语言规划"被划分在语言教育这一项目里。真田信治(1982)中把有关国语国字问题、读写能力等划分在语言政策项目之中。

⑤ 此后，又由宫治弘明分两次介绍了 Milroy, J. and L. Milroy (1985) "Linguistic Change, Social Network and Speaker Innovation"(语言变化、社会网络、发话人的语言改新)、由田原広史(大阪樟蔭女子大学)介绍了 Cichocki, W. (1988) "Uses of Dual Scaling in Social Dialectology: Multidimensional Analysis of Vowel Variation"(有关社会方言学的两次层次尺度的适用——元音变异的多角度分析)等论文。

⑥ 如，除了介绍如上所述的文献以外，还介绍了 Romaine, S. (1989), Bailey, C. - J. N. (1987), Schneider, E.

(1988), Kyto, M. (1986), Bailey, G., T. Wilke, J. Tillery and L. Sand (1991), Sture Ureland, P. (1989), Bailey, G. N. Maynor & Cukor-Avila, P. (1989), Labov, W. (1988,1989,1994,1996,2001), Butters, R (1990), Stein, D. (1989), Platt, J. (1977), Dorothy, A. Rissel(1989), Lonna J. Dickerson (1975), Blackshire-Belay, C. (1991), Giles, H. (1992), Preston, D. (1988), Trudgill, P. (1986, 2002), Milroy, L. and J. Milroy (1992), Horvath, B. & D. Sankoff (1987), Chambers, J. K. (1992), Maria Marta Pereira Scherre and Anthony J. Naro (1991), Matsuda, Kenjiro (1993), Dorian, N. (1993), Bortoni, Stella Maris (1991), Bailey, G. Tom Wikle, Jan Tillery and Lori Sand (1993), Kerswill, P. (1996), Winford, D. (1994), Arto Anttika, Young-mee Yu Cho (1998), Britain, D (1997)等文献。

参考文献

【汉语】

真田信治. 1996. 日本社会语言学. 北京:中国书籍出版社.

真田信治. 2005. 日本社会语言学的发展轨迹.语学教学与研究.北京语言大学语言研究所.

包联群. 2012. 日本语言规划. 中国语言战略(1).

【日语】

東昭二. 1997. 社会言語学入門. 東京:研究社.

ダニエル・ロング(Daniel Long). 1990. 大阪と京都で生活する他地方出身者の方言受容の違い. 国語学(162).

ダニエル・ロング. 2002. 小笠原諸島に生まれた混合言語. 現代日本語の音声・語彙・意味・文法・談話における変異と日本語教育.115—134頁. 東京:絢文社.

江川清.1973. 多変量解析の社会言語学への適応例ー鶴川市における共通語化の調査資料を用いて. ことばの研究(4).

原聖, 糟谷啓介, 李守.1996. 新版 社会言語学の方法 (Schlieben-Lange, Brigitte 著). 東京:三元社.

比嘉正範. 1974. ハワイの日本語の社会言語学的研究. 学術月報(26—11).

本名信行. 1989. 社会方言学. 講座日本語と日本語教育 11 言語学要説(上). 東京:明治書院.

井出祥子, 杉戸清樹等. 1988. 社会言語学の理論と方法-日本と欧米のアプロチ. 言語研究(93).

池上禎造. 1957. 言語生活の構造. 講座現代国語学 I ことばの動き. 東京:筑摩書房.

任栄哲. 1992. 二言語併用の社会言語学的研究ー在日・在米韓国人の実態調査の結果からー. 日本語学(11巻

13号)第102—116頁. 東京:明治書院.

任栄哲. 1993. 在日・在米韓国人及び韓国人の言語生活の実態. 東京:くろしお出版.

井上史雄. 1966. 交通頻度と言語変化. 都立大学方言学会会報(12).

井上史雄. 1971. 待遇表現の言語社会学. 都立大学方言学会会報(42).

井上史雄. 1981. 庄内方言のr脱落にみる形態変化の近代史. 東京外国語大学論集(31).

井上史雄. 1982. 言語変化と社会言語学. 言語(11—10).

井上史雄. 1983.「新方言」と「言葉の乱れ」に関する社会言語学的研究. 東京・首都圏・山形・北海道(編著、科研費報告書).

井上史雄. 1985. 新しい日本語ー「新方言」の分布と変化ー. 東京:明治書院.

井上史雄. 1989. 言葉づかい新風景(敬語と方言). 東京:秋山書店.

井上史雄. 1995. 日本語教育における社会言語学的基盤. 科学研究費報告書.

井上史雄. 2000. 東北方言の変遷-庄内方言の歴史言語学的貢献-. 東京:秋山書店.

井上史雄. 2001. 日本語は生き残れるかー経済言語学の視点から. 東京:PHP研究所.

井上史雄. 2007. 変わる方言、動く標準語. 東京:筑摩書房.

井上史雄. 2008. 社会方言学論考 新方言の基盤. 東京:明治書院.

井上史雄, 江川清 等.1974. 現代日本語研究ー特に観点から.国語学(99).

井上史雄, 永瀬治郎, 沢木幹栄. 1980. 最上地方新方言図集. 科研費報告書.

井上史雄, 荻野綱男. 1985. 新しい言葉の伝播過程ー東京中学心理調査ー. 科研費報告書.

井上史雄, 小林隆, 大西拓一郎, 篠崎晃一. 1994. 日本列島方言叢書 全35巻(1994〜). 東京:ゆまに書房.

城野光一. 1959. 北海道第一世、二世、三世のことば. 言語生活(92).

J.V.ネウストプニー(J.V.Neustupný). 1976. 社会言語学入門. 言語(5—4).

J.V.ネウストプニー. 1994. 日本の社会言語学について. 日本語学(13—10).

神鳥武彦. 1976.「言語間の接触」ーその事態と問題点ー (U. Weinreich 著). 東京:岩波書店.

菊沢季生.1933. 国語位相論. 国語科学講座(3). 東京:明治書院.

木村護郎 Christoph. 2005. 言語にとって「人為性」とはなにか―言語構築と言語イデオロギー、ケルノウ語・ソルブ語を事例として. 東京：三元社.

北村甫. 1952. 子どものことばは移住によってどう変わるか. 言語生活(8).

国立国語研究所. 1953. 地域社会の言語生活-鶴岡における実態調査. 川崎：秀英出版.

国立国語研究所. 1974. 地域社会の言語生活-鶴岡における20年前との比較. 川崎：秀英出版.

黄鎮杰. 1994. 在日韓国人の言語行動―コード切り替えに見られる言語体系と言語運用. 日本学報(13). 大阪大学日本学研究室.

ましこ・ひでのり(Mashiko Hidenori). 2002. ことばの政治社会学. 東京：三元社.

ましこ・ひでのり. 2006. ことば/権力/差別-言語権からみた情報弱者の解放. 東京：三元社.

南不二男. 1971. 待遇表現の実態―松江二十四時間調査から. 国立国語研究所報告書. 川崎：秀英出版.

南不二男. 1982. 日本の社会言語学. 月刊 言語(特集・社会言語学の動向. Vol.11No.10.).

野林正路. 1975. 方言研究―社会言語学の受け取り方を中心にして. 方言研究年報(18).

野元菊雄. 1967. 帰国者の言語生活. 言語生活(184).

野元菊雄. 1967. ロンドンにいる日本人の子どもの言語生活. 言語生活(189).

野元菊雄. 1968. 在英日本人の子どもの言語能力. 計量国語学(45).

野元菊雄. 1973. ハワイ日系人の読み書き能力. 国語研論集(4).ことばの研究(4). 川崎：秀英出版.

野元菊雄. 1974. ハワイ日系人の日本語能力. 計量国語学(68).

野元菊雄. 1973. ハワイ日系人の言語生活. 数研研究リポート(33).

野元菊雄. 1975. 年齢階層と言語.新・日本語講座10ことばと文化・社会. 東京：汐文社.

野元菊雄. 1978. 社会言語学の調査.言語(7―9).

野元菊雄. 1978. 言語における社会と個人. 言語生活(320).

野元菊雄，江川清. 1973. 国立国語研究所の歩み―社会語言学. 言語生活(262).

野呂香代子，山下仁. 2001.「正しさ」への問い―批判的社会言語学の試み. 東京：三元社.

荻野綱男. 1995. 大阪方言話者の移住による言語変容. 関西方言の社会言語学. 京都：世界思想社.

生越直樹. 1983. 在日朝鮮人の言語生活. 言語生活(376).

東京：筑摩書房。

岡秀夫. 1996. バイリンガル教育と第二言語習得(コリン・ベーカー著). 東京：大修館書店.

岡本雅享. 1999. 中国の少数民族教育と言語政策. 東京：社会評論社.

大角翠. 2001. 言語の興亡(Dixon, Robert. M. W 著 1997). 東京：岩波書店.

桜井隆. 2007. 日本の社会言語学-その歴史と研究領域―.ことばと社会(10). 東京：三元社.

真田信治.1986. 社会言語学の方法.日本語学(5―12).

真田信治. 1987. 関西中央部の若年層における言語使用の動向. 関西方言の動態に関する社会言語学的研究. 科学研究費成果報告書.

真田信治. 1990. 言語生活・社会言語学. 日本語教師読本(14).

真田信治. 1990. 地域言語の社会言語学的研究. 大阪：和泉書.

真田信治. 1991. 社会言語学から見た言語変化. 日本語学(10―4).

真田信治. 1993. 社会言語学・方言学. 日本語要説. 東京：ひつじ書房.

真田信治. 1995. 敬語/社会言語学/方言. 発達心理学辞典. 東京：ミネルヴァ書房.

真田信治. 1995. 大阪ことばの変容をめぐって. 関西方言の社会言語学. 京都：世界思想社.

真田信治. 1995.「ネオ方言」で地域の独自性を. 頑張りまっし金沢ことば. 金沢：北国新聞社.

真田信治. 1998. 社会言語学. 新しい日本語研究を学ぶ人のために. 京都：世界思想社.

真田信治. 2000. 変容する大阪ことば. 言語(29―1).

真田信治. 2003. 日本における危機に瀕した方言の研究課題. 国立民族学博物館調査報告(39).

真田信治. 2005. 言語の接触と混交 台湾残存日本語の談話データ(共編).大阪大学21世紀COEプログラム「インターフェイスの人文学」報告書.

真田信治. 2006. 社会言語学の展望(編著). 東京：くろしお出版.

真田信治，柴田武. 1982. 日本における社会言語学の動向. 特定研究(1)「学術研究動向の調査研究」報告.

真田信治，徳川宗賢. 1989. 関西方言の社会言語学. 京都：世界思想社.

真田信治，渋谷勝己，陣内正敬，杉戸清樹. 1992. 社会言語学. 坂東：桜楓社.

真田信治，任栄哲. 1993. 社会言語学展開. 時事日本語社(韓国).

真田信治，ダニエル・ロング. 1997. 社会言語学図集―日本語・英語解説―. 東京：秋山書店.

真田信治，鳥谷善史. 2002. 日本における社会言語学研究文献リスト（1993―2000）.

真田信治，簡月真. 2008. 台湾における日本語クレオールについて. 日本語の研究（4―2）.

柴田武. 1951. 言語地域社会の研究とその方法. 国語学（7）.

柴田武. 1958. 集団語とは. NHK講座「日本語の常識」. 東京：宝文館.

柴田武. 1971. ことばの規範意識. 言語生活（236）.

柴田武. 1978. 社会言語学の課題. 東京：三省堂.

柴田武. 1989. 日常言語と専門言語. 東京：専門語研究会.

杉戸清樹. 1983. 社会言語学. 言語生活（376）.

鈴木英夫. 1979. ブラジル日系社会における外来語. 名古屋大教養部紀要A（23）.

鈴木英夫. 1982. 日本の社会階層と語彙. 講座日本語語彙（2）. 東京：明治書院.

鈴木孝夫. 1973. ことばと文化. 東京：岩波書店.

鈴木孝夫. 1975. ことばと社会. 東京：中央公論社.

田中克彦. 1975. 言語の思想：国家と民族のことば. 東京：日本放送出版協会.

田中克彦. 1980. ことばの差別. 札幌：農山漁村文化協会.

田中克彦. 1981. ことばと国家. 東京：岩波書店.

田中克彦. 1983. 法廷にたつ言語：田中克彦エッセイ集. 東京：恒文社.

田中克彦. 1999. クレオール語と日本語. 東京：岩波書店.

田中ゆかり，上倉牧子，秋山智美，順藤央. 2007. 東京圏の言語的多様性―東京圏デパート言語景観調査から―. 社会言語科学（10巻1）.

時枝誠記. 1949. 国語に於ける変の現象について. 国語学（2）.

徳川宗賢. 1963. 集団とことば. 講座現代語（1）現代語の概説. 東京：明治書院.

徳川宗賢. 1995. 社会言語学. 国語学の五十年. 東京：武蔵野書院.

土田滋，高橋留美. 1997. 社会の中の言語-現代社会言語学入門（Suzanne Romaine 著）. 東京：三省堂.

渡辺友左. 1977. 階層と言語. 岩波講座日本語（2）言語生活. 東京：岩波書店.

山本雅代. 1991. バイリンガル―その実像と問題点―. 東京：大修館書店.

山本雅代. 1999. バイリンガルの世界. 東京：大修館書店.

【英語】

Arto Anttika, Young-mee Yu Cho. 1998. Variation and Change in Optimality Theory. *Lingua* 104.

Bailey, C.-J.N. 1987. Variation Theory and So-called "Sociolinguistic Grammars" *Language & Communication*. vol.7.

Bailey, G. N. Maynor & P. Cukor-Avila. 1989. Variation in Subject-verb Concord in Early Modern English. *Language variation and change*. vol.1.

Bailey, G. T. Wilke, J. Tillery and L. Sand. 1991. The apparent time construct. *Language Variation and Change*. vol.3.

Bailey, G. T. Wilke, J. Tillery and L. Sand. 1993. Some patterrns of linguistic diffusion. *Language Variation and Change*. vol.5 No.3.

Blackshire-Belay, C. 1991. The Pidgin Hypothesis. *Language Contact*. chap 4.

Bortoni, Stella Maris. 1991. Dialect Contact in Brasilia *International Journal of the Sociology of Language*. 89.

Britain, D. 1997. Dialect contact, forcusing and honological rule complexity: the koineisation of Fenland English. *University of Pennsylvania Working Papers in Linguistics*, vol.4 No.1.

Butters, R .1990. Some Current Issues in Variation Theory and Practice.

Cichocki, W. 1988. Uses of Dual Scaling in Social Dialectology: Multidimensional Analysis of Vowel Variation.

Chambers, J. K. 1992. Dialect acquisition. *Language* 68 (3).

Daswani, C. 1989. Aspects of Modernization in Indian Languages. Paper presented at a Conference on Vernacular Languages for Modern Societies, Bad Homburg, West Germany, June 11 15, 1985.

Dorian, N. 1993. Internally and externally motivated change in language contact settings : doubts about dichotomy. *In Charles Jones (ed.) Historical Linguistics: Problems and Perspective London: Longman*.

Dorothy, A. Rissel . 1989. Sex, attitudes, and the assibilation of /r/ among young people in San Luis Potosi, Mexico. *Language Variation and Change*. 1.

Giles, H. 1992. Current and Future Directions in Sociolinguistics : A social psychological contribution. *Sociolinguistics today. International perspectives*. London/New York: Routledge.

Horvath, B. & D. Sankoff. 1987. Delimiting the Sydney Speech Community. *Language in Society*. vol.16.

Kerswill, P. 1996. Children, adolescents, and Language

changeLanguage Variation and Change vol.8 No.2.

Kyto, M. 1986. On the Use of the Modal Auxillaries "Can" and "May" in Early American English. In Martin Harris and Paolo Ramat (eds.) Historical development of auxiliaries Berlin: Mouton de Gruyter.

Labov, W. 1988. The judicial testing of linguistic theory. D.Tannen (ed.)Language in Context: Connecting Observation and Understanding.

Labov, W. 1989. The Child as Linguistic Historian. *Language Variation and change*.vol.1.

Labov, W. 1989. The Limitations of Context: Evidence from Misunderstandings in Chicago. CLS 25 – 2.

Labov, W. 1994. The Study of Change in Progress : Observations in Apparent Time. *In Willam Labov Principles of Linguistic Change*.vol.1 Internal factors.

Labov, W. 1996. When Intuitions Fail.*CLS*32: *The Parasession on Theory and Data in Linguistics*. Chicago Linguistic Society.

Labov, W. 2001. Principles of Linguistic Change Vol. 2. Social Factors. Oxford: Blackwell.

Lonna, J. Dickerson . 1975. The Learner's Interlanguage as a System of Variable Rules. TESOL Quarterly. vol.9. No.4.

Maria Marta Pereira Scherre and Anthony J. Naro. 1991. Marking in discourse : Birds of a feather. *Language variation and change*.vol.3.

Matsuda, Kenjiro. 1993. Dissecting Analogical Leveling Quantitatively: The Case of the Innovative Potential Suffix in Tokyo Japanese. *Language variation and change*.vol.5(1) .

Milroy, J. and L. Milroy . 1985. Linguistic Change, Social Network and Speaker Innovation. *Journal of Linguistics*, vol.21.

Milroy, L. and J. Milroy. 1992. Social network and social class : Toward an integrated sociolinguistic model. *Language in Society*. vol.26.

Platt, J. 1977. A Model for Polyglossia and Multilingualism (with special reference to Singa-pore and Malaysia). Language in Society.vol.6(3).

Preston, D. 1988. Methods in the Study of Dialect Perceptions. *A. Thomas (ed.) Methods in Dialectology*.

Romaine, S. 1989. The Role of Children in Linguistic Change. *Language change: contribution to the study of*

its causes.Berlin: Mouton de Gruyter.

Schilling-Estes, N. 1998. Investigating "self-conscious" speech: The performance register in Okracoke English. *Launguage in Society* .vol.27 No.1 Cambridge university press.

Stein, D. 1989. Markedness and Linguistic Change. *In O. Tomic (ed.) Markedness in Synchrony and Diachrony*. Berlin: Mouton de Gruyter.

Sture Ureland, P. 1989.Some Contact Structures in Scandinavian, Dutch, and Raeto-Romansch: Inner-linguistic and/or contact causes of Language Change.

Schneider, E. 1988. Informants' Response Ratings in the Survey of English Dialects. *Methods in Dialectology*.

Trudgill, P. 1986. Accomodation in Dialects. *Dialects in Contact*. Oxford: Basil Blackwell.

Trudgill, P. 2002. Ausbau sociolinguistics and the perception of language statusin contemporary Europe. *Sociolinguistic Variation and Change*. Edinburgh: Edinburgh University Press.

Winford, D. 1994. Toward a model of morphosyntactic variation in a creole continunm. CLS vol.30.

【网络文献】

日本"社会语言科学会"及《社会语言科学》杂志网址：http://www.jass.ne.jp/

日本《语言政策》杂志及"日本语言政策学会"网址：http://homepage2.nifty.com/JALP/

日本"变异理论研究会"网址：http://www.interq.or.jp/orange/nicky/heniriron/homepage/

日本"多语言化现象研究会"网址：http://www.r.minpaku.ac.jp/hirshoji/tagengo/

日本"多语言社会研究会"网址：http://tagengo-syakai.com/xoops/html/

日本"母语·传承语·双语教育研究会"网址：http://www.mhb.jp/

日本"语言管理研究会"网址：http://languagemanagement.blogspot.com/2008_06_01_archive.html

日本《社会语言学》杂志网址：　http://www.arsvi.com/m/sl2.htm

作者简介

包联群，日本大分大学经济学部/经济学研究科副教授，中国语言战略研究中心兼职研究员。主要研究方向为社会语言学。

The Rise, Development and Present Situation of Sociolinguistics in Japan

Bao Lianqun

Oita University, Japan

Abstract: This article mainly introduces the origination and development, as well as present situation of sociolinguistics in Japan. In Japan sociolinguistics-related research has a history dating back to the mid-20th century and it commenced with studying primarily in "language life". It is earlier than the US in this type of study. It is no doubt that the introduction of the concept of sociolinguistic in 1973 has accelerated the development of sociolinguistic studdies in Japan. The number of sociolinguistics-related professional bodies (academic and institutional) which have been established since 1987 bring the Japanese sociolinguistics research to a climax. In addition, the establishment of various academic societies and research institutions in the late 20th century and the beginning of this century have given not only fresh impetus to 'language and society' studies, but also enhanced a more comprehensive and detailed understanding of the Japanese sociolinguistics realities.

Key words: sociolinguistics, "Language Life", Japanese sociolinguistics, language and society

日本医疗临床方言学方法简介

岩城裕之

包联群 [译]

提　要：通过问卷调查和访谈调查，我们得知在日本各地还存在医疗工作者不能完全理解患者方言（语言）的一些情况。这种情况根据职业和地区有所不同。我们还研究了医生和护士所熟知的专业领域的词汇及方言中的对应词汇。对患者的调查发现，外来人口占多数的城市医疗机关的状况以及问题的普遍性和类型化是我们今后需要解决的课题。

关键词：医疗工作者　患者方言　地区差异　问题的普遍性和类型化

前言

我们于 2006 年 4 月成立了医疗现场方言（语言）问题研究课题小组。具体而言：（1）对在医疗现场从事医疗的相关人员听不懂患者所说的方言之现状实施调查；（2）为了理解患者所说的方言需要什么样的方言教材？并实施开发了该教材。而且，因为在研究期间发生了东日本大震灾，所以我们也制作了在发生灾害时，从事医疗的相关人员为理解受灾者方言的专业用语小册。

本文简单地介绍这些研究成果，把在医疗现场中与患者的沟通问题定位为"医疗临床方言学（医疗临床语言学）"，并对此研究课题和研究方法作些总结。

一　在医疗现场对患者方言的理解度

在医疗现场，不懂患者说的地方方言的个案并不少见。比如，在青森县深浦诊疗所，护士给看病患者和医生当翻译（电视也播过）。2007 年，笔者在富山大学医学部进行调查时，包括富山出生的有 32％的学护士的学生回答说，他们在实习时有过听不懂患者方言的经历。而且，在医疗现场有许多不

同职种员工在工作。所以，也很难认为因不能理解患者的方言而为难的个案在哪一个职种中都是均等地发生。以下是分别表示因方言而困窘的医生和医生以外人员（主要是护士）的表格。

表 1　大震灾时，有过听不懂患者方言的时候吗？（网络调查）

因方言而困窘	医生	医生以外
有过	27％	43％
没有过	73％	57％

从表 1 的资料可知，"比起医生来，医生以外的医疗人员具有对患者方言为难的经验"。还有，医生以外的职种包括各个种类，主要是护士、药剂师和护理师等。在对护士和医生实施面接调查时，我们也得知具有同样的倾向，也就是说，护士对理解患者方言的关注度有居高的倾向。其理由是：我们认为，比起医生来，护士和药剂师需要与患者进行长时间的沟通（如与住院患者进行日常会话的量，比起医生来护士的要多一些，护士和药剂师跟患者可以很轻松地沟通）。

我们有必要知道像这种情况是否在日本全国都在发生。标准语与方言之差过于

大的话,会很难进行意志疏通吧。还有,在地方即使主要使用方言,但是,如果要是有许多人能够把它与标准语进行区分使用之地区的话,在医院,患者即使说标准语,沟通也应该是没有问题的吧。包括简易调查在内,我们在青森、富山、广岛、关西、冲绳等实施了调查。由此,我们得知日本的地区类型主要有以下几种。

(1)双重语言型:如东北地区

语言特征:发音,语法,词汇等多数与标准语差别很大;社会语言情况:高龄者的共同语运用能力并不那么高,但是年轻人已经标准语化,听不懂方言。

(2)方言·共同语切换型:如冲绳

语言特征:发音、语法、词汇等多数与标准语差别很大;社会语言情况:高龄者能说标准语和方言,年轻人说标准语。

(3)方言优势型:如关西地区

语言特征:发音、语法、词汇等多数与标准语差别很大;社会语言情况:高龄者和年轻人都保持着能用方言进行会话程度的方言。

(4)方言和共同语接近型:如与首都圈邻近地区

语言特征:发音、语法、词汇等多数与标准语差别不是很大。社会语言情况:高龄者和年轻人都能说方言和标准语。或者是虽然不全面,但是能说近似于标准语的语言。

其中,在医疗现场发生的问题如类型1。从事医疗工作的年轻一代人由于难于理解患者的方言而引起沟通难的局面。还有,如在类型2中,因高龄者得了认知症引起记忆障碍等,难于转换成标准语的时候就发生同样的问题。在类型3和4中,地区出身以外的从事医疗的工作者会很辛苦吧。

不过,在发生灾害时救援小组和受灾者之间可能引发沟通问题的是从类型1到类型3的地区。而且,即使在类型4的地区,

当医疗中必要的关键词与标准语具有不同词形时,也有可能发生一些问题。比如,在广岛,认为如果不懂方言的话,不会发生马上不能交际的问题。但是,把特别的"痛"说成"nigaru"〔如腰痛(nigaru)、腹部痛(nigaru)等说法〕,我们认为,这些说法对不懂方言的人来说是无法理解的。

二 有必要理解的词汇

到某个地区从事医疗的工作人员,如果不是其本地出身,完全习得当地方言(语言)需要一段时间。可是,作为从事医疗的工作人员面对患者不能不工作。因此,我们语言研究者有必要考虑提供信息的手法:对从事医疗的工作人员来说,掌握什么样的词或表达方式的话比较好呢?

我们在调查中明确了以下的对诊断必要的信息。

阶段1:用肉眼看难于懂的东西、事情

1)应答(是、不是)和问候 2)症状
3)程度 4)频度 5)感情

阶段2:实演,能用手指的东西、事情

6)身体部位名 7)动作 8)亲戚名称,地名

阶段3:在紧急场合不太重要的东西(如住院患者等须知的信息等)

9)食品 10)生活用品

也就是说,患者来到医院时,我们对其实施"意识确认",知道"哪儿,是什么样的状态"。如果不知道是"从什么时候开始,其程度如何,发生得有多强烈"等就不能进行正确的诊断。如果在各地区作成表达这些意义领域的词汇集的话,认为会对基本诊断起到促进作用。

而且,如果考虑医疗现场的冲突,就避不开交际模式的问题。在"腹部疼痛的问诊场面",委托当地的护士(扮演)进行录像。通过比较两个地区,比如在青森方言中明确

了没有出现太强的敬语（方言中没有太多的敬语），当地有看病时患者不太说话的文化等。通过明确平时在进行什么样的交际，对此患者是如何考虑的等问题，也可以对医疗工作者提供教育模式。

三　医疗临床方言学（语言学）的方法与课题

为了防止从事医疗工作者和患者之间的冲突，首先从事医疗的工作者必须理解患者的方言（语言）。在此基础上，医疗工作者能说一些患者的方言的话就更好，即使这个很难采取地区固有的交际模式，这也是很重要的。站在这个立场上，医疗临床方言学需要明确的问题：

（1）在医疗现场，医疗工作者对患者的语言理解到什么程度等现状实施调查。

如通过问卷调查等，询问"有没有过不能理解患者语言的情况？"。还有，需明确是完全没有懂的程度呢？还是产生误解或分歧的程度？产生误解或分歧的要比完全没有懂更容易使患者和医疗工作者的精神压力大。此调查通过举例传统的方言词形，调查年轻一代的医疗工作者对每个词语的理解度有多少等就可以一目了然。

A. 职业差异：是医生还是护士，其他的职业呢？

B. 地区差异：共同考虑地区语言特征和社会语言情况。

（2）在此地区实施医疗行为时进行必要的语言信息的整理和调查

首先选定为实施医疗行为而使用的领域词语（不能漏掉），对此，要从当地医师、护士等询问"掌握什么样的方言会有用呢"等开始，遵循医师诊断指南的形式，可制作"×
×地方为医疗工作者的方言（语言）手册"。

而且，设定"腹部疼痛的问诊场面"等

时，也可以委托现场的护士，进行地区间的比较。这样，可以明确交际方式的地区差别。还可以通过讨论冲突个案，使现场交际上的冲突类型化，而且为防止冲突也可向医疗工作者提供"当地所具有的方式"。

（3）患者意识调查

对患者实施意识调查（是否希望医生和护士理解方言，在沟通上需求什么等），并收集和分析患者满足度高的例案。

（4）国际比较

通过用同样的方式方法进行国际比较，明确在医疗现场中的普遍存在的问题和地区独自的问题。而且，通过人口流动，出生于地方的人在城市会成为高龄者。那时，不知道患者出生地的方言（语言）的医疗工作人员和出生于地方的患者之间会出现难于沟通的局面。在东京我们已经散见如上所述之例。我们把它作为都市所共有的问题，想实施国际比较研究。

四　结语

作为医疗现场方言（语言）问题的系统研究，这只是一个开端而已。考虑到现状调查和其解决对策（语言研究者提供信息），这正好是具有现场性（换言之为临床性）的研究课题，从这个意义上来讲，我们想建构临床方言学（临床语言学）这一研究领域。本文涉及了了医疗，如即使在法院和公共服务时也可以考虑到同样的问题。受到服务方和提供服务方的使用语言是否存在理解上的困难等，考虑解决此问题需要做什么更好等是在临床语言学的射程之内。

谢辞：

This survey was supported by JSPS KAKENHI Grant Number 24520519, 21520489, 18652044 and 24320084.

参考文献

日高貢一郎. 2007. 福祉社会と方言の役割.シリーズ方言学(3),方言の機能. 東京：岩波書店.

今村かほる. 2010. 医療福祉と方言—津軽の社会問題として—.地域学(8).

今村かほる. 2012. 医療と方言,日本語学(Vol30－2).東京：明治書院.

今村かほる.2012. 看護・福祉の現場と方言の今後.弘学大語文(vol.38).

今村かほる,岩城裕之,武田拓,友定賢治,日高貢一郎. 2013. 東日本大震災災害派遣医療関係者を中心とした方言コミュニケーションの問題と効用.第97回日本方言研究会発表原稿集.

岩城裕之. 2008. 富山県における体長を表す語彙の地域性—看護実習生へのアンケートと臨地調査にみる富山方言の「問題」—.第87回日本方言研究会発表原稿集.

岩城裕之.2009. 医療現場で利用できる方言データベースの開発.呉工業高等専門学校研究集録(71).

岩城裕之.2012. 医療従事者のための方言の手引き.日本語学(Vol31－8). 東京：明治書院.

岩城裕之,今村かほる,武田拓,友定賢治,日高貢一郎. 2013. 災害時・減災のための方言支援ツールの開発.第97回日本方言研究会発表原稿集.

作者简介

岩城裕之,博士,高知大学教育学部副教授,主要研究方向为日本语学、方言学、社会语言学。

译者简介

包联群,博士,日本大分大学经济学部/经济学研究科副教授,主要研究方向为社会语言学。

A Brief Introduction on the Research Methods of Medical Clinical Dialectology in Japan

Iwaki, Hiroyuki

Kochi University, Japan

Translated by Bao Lianqun

Abstract：From questionnaire (written) and interview surveys, it has become clear that in various parts of Japan there are still cases in which medical practitioners (doctors, nurses, health care workers and pharmacists) are unable to fully understand regional dialects spoken by their clients (patients and their family). Furthermore, it has become clear that there are differences according to region and occupation (doctors and other practitioners) in the difficulty and needs of communication in dialects. Moreover, some fields of meaning have a high degree of difficulty for doctors and nurses in dialects communication. Besides, the differences in the difficulty is related to the expansion of topics, which also varies by dialect and by region. Future challenges include a survey of patient awareness, to clarify the situation at urban medical institutions where there are many rural migrants. Classification and universalization of the problems will be done through comparisons between studies in China and Japan.

Key words：Dialects spoken by patients, medical practitioners, regional differences, universalization and classification of the problem

语言政策研究的政治经济学视角

——《语言政策和政治经济：全球化语境下的英语》评介 *

奚 洁

提 要：托马斯·里森托的《语言政策和政治经济：全球化语境下的英语》一书从理论层面探讨全球化语境下政治经济学的研究框架，并且结合英语在不同地区的使用案例，针对当前语言政策领域的争议，讨论政治经济学在语言政策研究中的应用，以及英语作为通用语的利弊、成本及未来发展。本文对该书的理论发现、研究内容、研究方法、意义做简单的介绍和评述。

关键词：语言政策 全球化英语 政治经济学 语言政治学 语言经济学

前言

随着全球化进程中英语在各个领域的广泛传播和使用，语言政策的研究逐渐聚焦于从政治、经济角度来描述和阐释英语这一世界通用语的特殊地位，及其对社会经济流动性的促进作用（Phillipson，2001；Brutt-Griffler，2005；Van Parijs，2011；Ricento，2013）。源于自由主义意识形态的语言观把市场、国家和社会看作遵循各自规律的独立、自治的客体和领域，然而沃勒斯坦（Wallerstein，2004）等学者认为这种过时的语言观简单割裂了知识体系，并不能恰当地解释语言的兴起、传播以及衰落。为了更好地理解在不同地区和语境下中，政治和经济因素对语言政策，特别是和英语相关的语言政策的作用，牛津大学出版社于 2015 年推出由加拿大卡尔加里大学教授托马斯·里森托（Thomas Ricento）教授主编的《语言政策和政治经济：全球化语境下的英语》（*Language Policy and Political Economy*：

English in a Global Context)。该书对全球化语境下英语的使用和语言政策进行历时的回顾与共时的分析，试图回答"英语是否真的是世界通用语？""英语的使用是否推进了发展中国家可持续的经济及社会发展？"等问题，从而了解易变的、通过语境实现的语言实践，及语言政策形成的背后驱动力，指出政治经济学为当前语言问题的解析提供了合适的理论框架。

一 全书框架结构及主要内容

除去里森托教授所作的引言，全书由三大部分构成，共包括 12 位学者撰写的 12 篇文章。第一部分包括四章，从理论层面探讨全球化语境下政治理论和政治经济学的研究框架；第二部分包括五章，结合英语在不同地区的使用案例，讨论政治经济学在语言政策研究中的应用；第三部分针对当前语言政策领域的争议，探讨英语作为通用语的利弊、成本及未来发展。

* 本文为"中央高校基本科研业务费专项资金资助"（Supported by the Fundamental Research Funds for the Central Universities）（项目编号：2062014295）的一般项目阶段性成果。

（一）第一部分

第一部分题为"英语全球化背景下的语言政策研究中的政治理论及政治经济学"，包括四章内容，主要研究古典自由主义理论中"国家"这一概念对语言政策制定的模式及其方法的影响，以及从政治经济学角度分析"国家"在英语广泛应用的经济全球化中发挥的重要作用。

第一章"政治经济学和英语作为全球性语言"，由该书主编里森托撰写。基于之前学者们对非英语国家中英语地位的不同观点，他认为应从政治经济学角度研究较长历史阶段内、更大范围中的影响因素，并总结英语首先是一种语言帝国主义的形式，也是承载社会和经济流动的工具，并且是为了获得全球性的公平所必需的世界通用语。他认为随着时间的推移，源于16世纪的现代世界体系已经到了结构转型期，不同于以往的资本主义世界经济体系，世界经济、政治、文化和历史潮流不再整齐划一，而是充满了变动、循环、反常和不均。因此鉴于这些变化和差异，就语言使用而言，他提出新自由主义的政治和经济政策促生了新的语言获利趋势，即掌握世界性语言比如英语的一些国家和人群获取了不成比例的利益，而更多缺乏这样语言技能的人即便在当今的世界体系中仍略占优势，也必将落后于发展的潮流。

在第二章"全球化的英语和自由主义的局限：正视全球化资本主义及单一民族国家面临的挑战"中，加拿大温尼伯大学的政治学教授彼特·艾维斯（Peter Ives）比较了政治理论家威尔·金利卡（Will Kymlicka）和安东尼奥·葛兰西（Antonio Gramsci）的语言政治学观点，指出主流的政治自由主义和金利卡提出的更缓和的民主多元文化主义不适用于当代各国的语言、文化、认同的研究分析，提出语言学研究应该着眼于熟悉的葛兰西的政治观点，即每当语言问题浮出水面，意味着一系列其他问题也随之涌现，比如统治阶级的形成和壮大，又如统治团体和普通大众关系的建立和稳固，也就是文化霸权的形成。

加拿大多伦多大学的杰夫·贝尔（Jeff Bale）所写的第三章旨在把语言政策和近期的马克思主义以及激进的全球化政治经济学的研究联系起来。他认为面对当前的阶级不平等以及不可避免的资本主义，尤其需要在全球化政治经济（GPE）的框架下分析语言政策。目前的经济全球化非但没有解决，反而加剧了资本主义的基本矛盾，而语言有时体现了这些地区性矛盾和社会矛盾，而有时则处于这些矛盾的前沿。因此，他提出要面对和解决这些矛盾，正式的语言权利具有重要的战略意义。对于英语而言，他认为这个政治经济学的框架可以避免把英语的全球化看作完全是压迫性和危险性，也可以避免把个人语言使用当作解决矛盾的理想化手段。总的来说，他认为资本主义影响着国家的行为，而国家通过社会控制在复杂的世界体系中发挥决定性的作用，目前来看全球化的统治不可能实现，也很难如单一民族国家（nation-state）那样提供稳定的资本积累条件。

第四章由西班牙拉曼·鲁尔大学的社会学家格林·威廉姆斯（Glyn Williams）撰写，题为"语言、霸权和经济"。他认为在新自由主义的经济政策下，单一民族国家在世界上继续发挥举足轻重的作用，但是新自由主义同样对经济、社会和政治结构的重组影响重大。而英语作为全球性语言，并不能像某个国家的语言一样被管理，因此它对于民族认同的形成和稳固不起什么作用，也不会对相关的国家语言构成威胁。他认为随着霸权调整，与跨国机构相关的语言群体的基础是由英语发展而来的混合语形式。

(二) 第二部分

该书的第二部分"政治经济学与全球化的英语:案例分析"包括五章,主要考察在特定地区和国家,全球化的英语对语言态度和语言政策的影响。这些案例使用各种研究方法和大量数据,详细地讨论语言政策中的争议,揭示正式和非正式的语言政策和语言实践是对经济和政治压力的反应,这些反应纷繁不一,不可预测。

在第五章"欧洲的英语经济学"中,瑞士日内瓦大学的经济学教授弗朗索瓦·格林(Francois Grin)从语言经济学的角度,以欧洲为例,讨论了英语全球化的市场效应,特别是在语言政策层面的利弊和成本。格林报告了在加拿大魁北克省、瑞士、乌克兰、卢森堡、以色列以及印度的调查数据,认为对外语或二语技能的投资可以带来丰厚的回报。但是数据同时也显示英语并非唯一值得投资的语言,语言的一致性固然可以使交流更为顺畅,但是语言的多样性对创造力和创新力起着积极的作用。

美国南加州大学的语言学家保罗·布吕蒂奥(Paul Bruthiaux)撰写了第六章"大湄公河次区域的语言教育,经济发展和合作",审视了湄公河流域包括老挝、柬埔寨、越南、泰国、缅甸以及中国云南省的复杂的语言、商业、文化和政治历史,指出到目前为止,使用英语参与全球化经济对这些地区的人口来说仍然是一个空洞的概念。但是随着这些地区和国家经济交流的增长,在未来英语将成为少数人进行经济交流的手段。他认为当地的语言教育政策制定者面临的选择是,向所有人提供英语语言教育,即便他们以后不会使用,还是为了保证稀缺资源的效率最大化,仅仅培养以后最有可能使用英语的人群的语言技能。他认为最为合理的做法是为所有人提供基础的英语教育,不要求达到交流的流畅性,但是一旦将来机会

出现,他们有可能继续发展英语语言技能。但是布吕蒂奥指出英语教育绝不能代替地方性语言教育,而且必须区别于僵化的、传统的语言与认同的关系。

在第七章"作为语言政策的新自由主义"中,澳大利亚麦考瑞大学的应用语言学家英格丽德·皮勒(Ingrid Piller)和赵金运(Jinhyun Cho)把韩国的经济政治政策与英语热相联系,指出英语在韩国的发展并非自由语言市场发展的结果,而是系统的、有组织的、精心安排的语言政策造成的,其中使用英语授课是通过一系列相关的社会经济事件中强加的、隐性的操作形成的。在韩国,英语想当然地被强制当作中立的学术语言媒介,因此新自由主义与隐性的语言政策的竞争势在必行。

第八章"英语在中央经济中的主导地位:经济学视角下的'精英封闭'与南非语言政策"中,南非的语言政策和英语使用与第七章相形成鲜明对照。南非西北大学的劳伦斯·莱特(Laurence Wright)教授指出在南非,无论是否从新自由主义角度来看,英语都是不可或缺的商贸和行业通用语,在中央经济中长期发挥着重要的作用。精英阶层由于控制了语言政策的决定权,使得其他阶层鲜有机会获得政治地位和社会经济利益。而且,英语作为通用语的地位是根深蒂固的,这主要是因为南非语言政策中,其他官方语言不能像英语一样带来切实的经济利益。所以,由上而下地改变语言政策从而改变整个语言使用是不太可能的。虽然有些学者指责南非现行的语言政策让城市中产阶级享有特权,而使乡村的穷人边缘化,但是莱特却认为缺乏优质的英语教育以及相关的语言教育才是主要问题,因此必须对现存的语言范式进行复制、转化、扩大以及设计。

由美国洪堡州立大学的塞尔玛·桑塔

格（Selma K. Sonntag）撰写的第九章"印度语言政治学的全球化叙事"主要探讨了印度卡纳塔克邦的"硅谷"班加罗尔的语言政治学：即全球化和由下而上的全球本土化（glocalization）共存。在全球化的叙事中，英语作为一项关键技能使个人社会地位或经济地位向上爬升，而在全球本土化的叙事中，坎那达语（Kannada）的使用既是对抗全球单一文化的手段，又是对人性共性的诉求，坎那达语与当地人的认同紧密联系。从政治经济学角度来说，国家因素比如联邦制、自由宪法基础等，以及市场因素例如印度作为新兴市场以及私营产业的繁荣，造成了班加罗尔当前的语言使用图景。

（三）第三部分

该书的第三部分"全球化的英语：发展与民主"主要探讨当前围绕英语作为通用语而产生的争论。

第十章"世界的有利地位：关于语言全球化的社会经济后果"由比利时鲁汶大学的经济学家和政治理论家菲利浦·范派瑞斯（Philippe Van Parijs）撰写，他乐观地认为，英语必然成为全球通用语，但是全球化的再分配、追求效率而不致加剧不公平、培养忠诚度这三个手段可以有效地保持民族语言活力，缓解英语作为通用语对民族和属地原则的压力。

而与范派瑞斯的乐观态度相左，牛津大学的语言学家苏珊娜·罗曼（Suzanne Romaine）更多地关注非洲和亚洲一些贫困国家中英语的作用和影响。第十一章"语言多样性和全球化的英语：语言政策和政治经济学的双头怪物"主要聚焦于贫困国家中语言政策的缺陷，作者认为这些国家的社会语言现实严重地遏制了英语对教育和经济发展的良性作用，是社会经济的不平等而非英语造成了贫富、社会的巨大差异。同时，罗曼认为语言多样性，尤其是教育领域的语言多样性，不仅有助于社会公平，也能促进经济增长。因此，面对在非洲和亚洲贫困国家由上而下推广英语教育的压力，研究者需要提供更多的实证研究结果来证实语言多样性对教育、经济和社会的积极作用。

最后一章中，该书主编里森托教授讨论了"英语是否真的成为世界通用语"这一问题，他认为作为通用语的英语不只是一种语言形式，而是包括了一系列具有本土化特征的英语变体。不管广泛使用的英语被冠以何种名称，其经济价值都不能脱离习得和使用英语的社会经济、社会政治、社会文化的范畴。

二　简评

这部著作中的政治经济学理论视角有助于了解非英语国家中英语的地位、功能、利益和局限性，其成就主要表现为以下几个方面。

从研究内容看，该书从现象和实例出发，超越了对表面现象的探讨，为全球化语境下语言政策的研究提供了新的视角和理论框架，即从政治经济学角度揭示了语言政策的结构及其作用的机制。以往的关于语言变化和消失的论著往往着眼于文化和全球化的驱动力，而该书带领读者切入了语言问题的核心：经济实力与政治控制。该书吸取了当代政治政治经济学的研究理论和成果，对 19 世纪的新古典主义经济理论提出了批驳。新古典主义经济理论强调竞争市场对配置经济资源的良性作用，并且认为资本主义经济是稳定的、自我平衡的系统。该书所采用的全球性政治经济学的理论框架能够有效地分析、阐释跨国界语言的发展轨迹和影响力，有助于我们理解英语的形式、地位、交流效力、工具性、象征意义和物质价值，而不是把语言政策、使用与其根植的政治和经济背景相割裂。英语作为外语或二语带来的利益是非常不均衡的,对其的理解和衡量不能脱离个人和社会因素,而这些因素都和广义上的经济相关联。

其次,关于语言问题,普遍的看法是在许多非英语国家,使用英语进行教育,或是把英语作为核心课程,都使个人和社会受益匪浅,无论是在物质、心理上,还是战略性的、象征性的利益。但是支持这些看法的数据往往模棱两可,或者直接得出相反的结论。因此,该书所采用的当代政治经济学为理解和应对现实的政治、经济问题提供了新的选择,因为语言在人类的社会、经济、政治生活中发挥着中心作用,这些问题必然包括语言问题。

此外,尽管之前发表的很多学术论文和专著都认为世界上的很多语言在不久的未来就将消失,该书中对语言政策和英语全球化的政治经济学反思却指出,语言多样性将长期存在,本土语言和经济发展呈正相关。该书对全球性语言的中立性也进行了反驳,认为广泛的英语教育并不能缓解政治冲突,也没有像所期望的那样在后殖民主义国家和贫困国家带来可持续的社会、经济发展。从政治经济学角度进行的讨论也指出,单一民族国家在语言决策中继续发挥着决定性的作用。经济的全球化影响着由上而下的、国家认可的语言政策,单一民族国家仍旧在语言政策的制定和执行中担当重任。

其次,该书集结了当代不同国家和地区的学者,这些作者学术背景丰富,分别致力于社会语言学、应用语言学、经济学、政治理论、社会学、教育学等领域的研究。在研究方法上,该书的论文采用了民族志学、批评话语分析、资本主义和马克思主义经济模型、历史、地理和语言分析相结合等方法。因此该书集合了多个学科领域的研究成果,高屋建瓴,具有高度的跨学科性。该书的三大部分分别从理论、实例、比较研究,从抽象

到具体、从理论到实践,既有历时研究又有共时比较,来探讨英语全球化背景下的语言政策。既从理论高度论述了政治经济学框架用以分析语言政策的适用性,经济和政治理论中的概念成为解析富有争议的语言问题的工具,又通过案例分析和比较提供了世界经济转型期英语作为全球性语言在不同国家、地区的使用图景。

但是该书也存在一些缺陷。例如,书中所有论文的著者都来自欧美等西方主要国家的大学或科研机构,书中所涉及的案例都为非英语国家的语言政策和使用。而在全球化语境下,与英语相关的语言政策研究必须包括所有具有代表性的国家,以及更多学术和地域背景的学者。此外,该书主要比较了自由主义和新自由主义、古典主义与新古典主义的政治经济学理论对语言政策的解释力和影响力,但是政治经济学理论包括不同流派,不仅限于上述的理论框架,因此政治经济学视角下的语言政策研究应纳入更多的主流理论框架。

从研究成果看,全书的所有章节都指明了当前语言政策研究的新方向,即根植于政治经济学,从而来理解世界各地对英语褒贬不一的态度,英语在全球化的经济中将继续作为通用语使用的可能性,以及英语不利于许多低收入国家的经济发展的根本原因。因此这本书对语言政策的研究者、制定者、语言教育者都意义重大,将显著推进这一领域的研究。

参考文献

Brutt-Griffler, Janina. 2005. Who Do You Think You Are, Where Do You Think You Are?: Language Policy and the Political Economy of English in South Africa. n C. Gnutzmann and F. Intemann (eds.). *The Globalization of English and the English language Classroom.* Tubingen: Gunter Narr Verlag.

Gramsci, Antonio. 1985. *Selection from Cultural Writ-*

ings, ed. David Forgacs and Geoffrey Nowell Smith, trans. William Boelhower. Cambridge: Harvard University Press.

Kymlicka, Will. 2001.*Politics in the Vernacular: Nationalism, Multiculturalismand Citizenship.* Oxford: Oxford University Press.

Phillipson, Robert. 2001. English for Globalization or for the World's People?. *International Review of Education.*

Ricento, Thomas. 2013. The Consequences of Official Bilingualism on the Status and Perception of Non-Official Languages in Canada. *Journal of Multilingual & Multi-cultural Development,* 34/5.

Ricento, Thomas. 2015.*Language Policy & Political Economy: English in a Global Context.* Oxford: Oxford University Press.

Van Parijs, Philippe. 2011.*Linguistic Justice for Europe and for the World.* Princeton: Princeton University Press.

Wallerstein, Immanuel. 2004. *The Uncertainties of Knowledge.* Philadelphia: Temple University Press.

作者简介

奚洁,博士,南京大学大学外语部讲师。主要研究兴趣为语言政策与语言规划,英语作为通用语,语言态度与认同等。

A New Political Economic Approach to Language Policy Studies: A Review of *Language Policy and Political Economy: English in a Global Context*

Xi Jie
Nanjing University

Abstract: *Language Policy and Political Economy: English in a Global Context* presents readers an intellectual and academic tour of globalized use of English and language policy. It advances a new political economic research approach in analyzing the cases of global English and language policies. This paper briefly reviews the collection of essays in terms of their research content, research significance and methodology as well as theoretical innovations.

Key words: language policy, global English, political economy, political linguistics, language economics

《语言教育政策:关键问题》(第二版)介评*

方小兵

提　要: 詹姆斯·托尔夫森新近主编的《语言教育政策:关键问题》(第二版)汇集了多国学者对不同国家语言教育状况的评价和分析,涉及语言政策的多个层面,资料丰富,案例翔实,在后(民族)国家、后现代和后殖民的研究范式中,采用了话语分析、民族志研究、批判研究、行动研究等研究方法,代表了该领域的最新研究成果。本书中文版的翻译质量很高,将对我国语言教育政策理论的完善和语言规划学科建设的发展起到一定的借鉴作用。

关键词: 语言教育政策　研究范式与研究方法　书评

《语言教育政策:关键问题》(第二版)由香港大学教育学院教授、美国华盛顿大学荣誉教授詹姆斯·托尔夫森(James Tollefson)主编,收录了与语言教育政策相关的 15 篇研究性论文,于 2012 年由 Taylor & Francis 出版集团旗下的 Routledge 出版公司出版。第二年,中国语言战略研究中心兼职研究员、华东师范大学俞玮奇博士就将该书译为中文,成为徐大明、吴志杰主编的"语言资源与语言规划丛书"的一个重要组成部分。中文版经过上海海事大学语言政策和语言规划研究所所长张治国教授审定,由外语教学与研究出版社于 2014 年 9 月出版。

该书作者托尔夫森多年来一直从事语言政策与语言规划的研究,出版了 10 多本专著,发表了近百篇学术论文,并且担任多家学术刊物编委会的委员。本书汇集了多国学者对不同国家语言教育政策、立法过程、实践推行等方面的评价和分析,涉及语言政策的多个层面,资料丰富,案例翔实,对我国语言教育政策理论的构建和发展将产生积极的借鉴作用。本文将首先介绍该书的主要内容,然后对该书的写作背景、关键思想和学术成就进行评述,最后对该书中译版的质量进行简评。

一　内容简介

全书分为六个部分,分别是第一部分"语言教育政策",第二部分"冲突的计划",第三部分"后殖民教育中的本土语言",第四部分"语言和全球资本主义",第五部分"语言和社会冲突"和第六部分"语言政策和社会变化"。

第一部分"语言教育政策"包括最前面三章的内容。第一章是本书的概述部分,主编在这里交代了全书的主要结构和主题,阐述了语言教育政策中的关键问题。在第二章,托尔夫森探讨了影响语言教育政策的关键性因素,分析了民族主义、全球化和身份观念转变对语言政策的影响,商业和其他非政府组织对学校语言政策的影响,以及适用于当前语言政策研究问题的主要方法,等

　　* 本文为国家语委"十二五"科研规划年度委托项目"语言在国家安全中的战略地位和作用研究"(项目编号:WT125-37)和南京晓庄学院 2015 年度科研项目"联合国教科文组织语言观念变迁研究"(项目编号:2015NXY10)阶段性成果。

等。第三章题为"语言政策演进中的多重影响因素与领域",作者玛丽·麦克格罗蒂(Mary McGroarty)探讨了全球化、私有化、教育方式多元化等对语言教育体制的影响,提出应该充分发展学习者在民主性参与、批判性意识和想象力拓展方面所需的语言能力。

第二部分"冲突的计划"由第四、第五和第六章组成。在第四章"美国语言权利的发展简史及评价"中,特伦斯·威利(Terrence G. Wiley)总结了美国公民两项主要权利:享受教育的权利和享受用母语接受教育的权利,认为这两项权利都是必不可少的。作者分析了隐性的、未公开的和非正式的惯例(包括关键性联邦判例)中的语言教育政策,认为这与官方政策有着同样的影响力。简·弗里兰(Jane Freeland)撰写的第五章题为"多语环境下语言政策纠错:尼加拉瓜加勒比海岸地区的语言政策与实践",该章阐述了自1979年桑地诺革命以来,加勒比海岸地区少数族群多语社区语言权利政策的实施情况。作者调查了针对该地区三个土著民族和两个非裔少数民族的跨文化双语教育政策,发现以语言权利为基础的语言意识形态与现实的语言实践和语言教育政策之间存在巨大鸿沟。在经历数百年的语言接触后,这些少数民族在复杂的多语实践之中已经形成了动态多元的身份认同。第六章是"语言政策决定者的定位:美国费城学区的治理与立场"。作者戴维·约翰逊(David C. Johnson)发现,由于受到多种解读和具体实施措施的影响,语言政策自身就可能是变化不定的。通过历时三年对美国费城学区双语教育政策的民族志研究,作者发现,由于语言政策的理论研究与语言政策实践之间存在着不一致,应该将对政策文本的批评话语分析与对语言政策实施的民族志研究结合起来。

第三部分是"后殖民教育中的本土语言",包括第七和第八章两章的内容。在第七章"肯尼亚的语言与教育:殖民遗产与新宪法秩序"中,阿拉明·马兹瑞(Alamin Mazrui)指出,肯尼亚2010年通过的新宪法赋予斯瓦希里语和曾经作为该地区殖民地语言的英语以同等的地位,这一语言政策变化具有重大的历史意义。在后殖民时期,两种语言共同作为官方语言,实际上是经历了纷繁复杂的竞争与适应,这将成为新双语教育政策的核心。在第八章"非洲莱索托和斯威士兰单语王国里的语言教育政策及规划"中,作者卡姆万咖马鲁(Nkonko M. Kamwangamalu)运用语言经济学以及博弈论的理论框架,分析了在斯威士兰和莱索托两个国家,英语分别与斯瓦特语和塞索托语共同作为官方语言的背景下,土著语言经济价值受限,英语霸权地位日益明显,公立学校教学媒介语选择困难等所带来的一系列问题。作者还预测了教育领域对非洲土著语言进行地位规划的前景。

第四部分是"语言和全球资本主义",包括第九和第十章两章的内容。日本学者桥本加代子(Kayoko Hashimoto)撰写的第九章"英语教育的日本化:在外语中推进本民族语言发展的政策"细致分析了日本的外语教育理念,认为日本政府竭力培养"能够使用英语的日本人",以便在全球化经济中保持竞争优势。作者指出,尽管新的课程大纲强调了英语在当前语言教育政策中的地位,但并没有尝试扩大英语的用途,也没有追求在早期教育中推广英语,而是要通过日语教育来推动与其紧密相连的民族认同的再次复兴。安纳马莱(E. Annamalai)在第十章"印度经济转型中的英语教育:代价与收益"中讨论了印度政府基于经济因素在公立学校推广英语的教育政策。作者指出,近年来,印度政府相信英语能够创造大量的中产阶级,有利于国家向市场经济转型。这意味着公立学校的语言教育内容主要是由商业领域的交际需求来决定。由此,全球市场一体化取代民族文化认同成了主要教育目标。但是,通过英语教育来推动经济转型也带来了隐性的社会问题,包括社会经济不平等的扩大、教育受众逐渐狭窄,等等。

第五部分"语言和社会冲突"由第十一和第十二章组成。第十一章题为"卢旺达转用英语后的冲突、认同以及语言教育政策",作者贝丝·塞缪尔森(Beth Lewis Samuelson)指出,语言因素与经济不平等以及社会不公正一样,有时会诱发暴力。卢旺达的种族大屠杀是一种社会危机,但在一定程度上也与语言因素相关。本族语(卢旺达语)、前殖民地语言(法语)、当今全球化语言(英语)之间的竞争与固有矛盾有很大的关系,导致目前卢旺达语言教育政策的重心在卢旺达语、法语和英语三种主要语言之间徘徊。在第十二章"重访重要村民:所罗门群岛语言和教育的持续转型"中,作者戴维·基迪欧和卡伦·沃森-基迪欧(David Welchman Gegeo and Karen Ann Watson-Gegeo)在时隔25年之后再次回访了所罗门群岛中的马莱塔村民。他们发现,由于大量难民涌入马莱塔岛带来了社会混乱和教育危机,使得新建立学校的语言教育规划难以实施。同时,刚刚到达该岛的孩子们面临母语认同与马莱塔岛学校语言教育政策之间的冲突。在艰难的环境下,孩子们对语言霸权进行了自发的集体性反抗,在一定程度上有利于本土文化的传承。

第六部分是"语言政策和社会变化",包括第十三章到第十五章的内容。在第十三章"美国土著人的语言规划与文化传承"中,作者特蕾莎·麦卡蒂(Teresa L. McCarty)运用语言人类学以及批评语言学的理论,对北美土著人的语言转用现象进行了批评分

析。麦卡蒂基于对土著青少年参与文化传承的民族志研究,分析了土著青少年所面临的语言选择难题:虽然祖裔语言是身份认同的核心要素,但在一定程度上也妨碍了他们的社会经济流动。在第十四章"克丘亚语和艾马拉语的新功能域:大众传媒和社会媒体"中,塞拉菲尼·科罗内尔-莫利纳(Serafin M. Coronel-Molina)以安第斯山脉地区的土著语言为例,探讨了手机、脸书、网络聊天等新兴媒体对语言保持和语言复兴的积极意义。作者指出,土著语言可以运用于电子书、电子词典、电脑软件、电影、录像之中,这有助于将自上而下和自下而上的语言规划相结合,有利于减缓濒危语言的衰退。

在最后一章"语言政策与民主多元化"中,主编托尔夫森对前面各章进行了总结,并探讨了限制性语言政策与其他相关政策之间的关系,民主政策制定之间的关系。这一章详细总结分析了语言权利运动、社会政治斗争的作用,并总结了本书所研究内容对于语言教育政策理论、语言政策研究方法、语言政策实践多元化和语言教育政策制定的民主化进程的意义。

二 简评

本书各章所探讨的各种语言教育规划议题虽然各自具有不同的特定背景,但是其大的时代背景几乎是相同的,那就是自20世纪80年代以来的日益深入的经济和文化全球化的影响。由此带来的移民潮、城市化、跨文化交际、超国家(supranational)组织等加速了语言消亡和语言转用,也同时催生了各种新的社会认同、新政治运动和群体性抵制活动。

不难发现,与经典的语言政策和语言规划研究范式相比,贯穿全书的语言政策研究范式已经发生一些较大的变化。语言教育政策研究不再局限于教育主管部门的法规、

文件,学校和课堂的课程大纲和教学模式,而是与宏观的社会、历史、政治、经济和文化背景息息相关。全球化在一定程度上提升了人们对本土语言和文化的敏感度,产生所谓的"全球在地化"(glocalization)效应,民众对于语言教育在经济、文化等方面的殖民倾向开始产生警惕,对语言教师、学习者在全球化社会中的多元身份建构重新进行思考,并开始关注作为跨文化交流工具的语言所附带的政治文化价值。

通过对全书的梳理,不难发现,各章在探讨语言教育政策时所采用的新的研究范式主要体现在以下三个视角之中,而且都与全球化息息相关。

第一个是"后民族(国家)视角"。产生于18世纪的单一民族国家(nation-state)的概念对于人们的思想、生活和学术研究等都产生了巨大影响,以至于至今我们很难想象一个没有国家归属的人,也无法想象一个没有国旗、国歌、国界线和中央政府的国家。我们总是想当然地认为同一个国家的人们通过共同语言和民族特性凝聚在一起,并与其他国家的人区分开来。人们总是有意无意地把国家、民族、语言三者紧密联系在一起,国家的语言政策也就自然反映民族认同、政府治理、经济社会发展和文化教育等方面。然而在全球化趋势的冲击下,民族国家的概念受到了巨大挑战。国家的界限正在逐渐被削弱,国际资本、区域联盟、超国家组织的势力正在削减许多主权国家的权力,连续多国移民,以及文化的全球化重塑了公民身份认同,国际英语的经济价值和传播强势压制了本土语言的发展,这些都对各国、各地区语言教育政策的制定带来了巨大的影响。本书第四部分"语言和全球资本主义"的几章对此话题进行了深入的探讨,其中一些案例发人深省。读者会进一步思考,联合国(包括联合国教科文组织)、欧盟、世界银行等超国家组织对一般主权国家的语言教育政策产生过哪些影响?中国的读者可能还会进一步思考,亚投行、"一带一路"等对于中国和沿线周边国家的语言教育政策的调整又会起到什么样的影响作用?这些都是今后值得研究的话题。

第二是"后现代视角"。后现代视角最大的特点是否认有一套完整的逻辑知识体系的存在,强调事物的多样性和现象的复杂性,认为对世界的描述和阐释可以有多种叙事方式,不同群体对于权威话语可以有着不同的解读。后现代视角尊重差异,承认英语的复杂性和多元性,认为"内圈国家"(即WASP)不再享有英语的所有权,所有的英语世界变体都是平等的成员,全球化应与本地化并重,作为第二语言的英语变体也应该纳入语言教育政策研究中。后现代视角面对土著社会、移民社会、后殖民社会、经济转型社会、多语冲突社会等不同情况,不再拘泥于经典的语言规划论述,而是尝试寻求多种解决方案,积极致力于危机与变革时代下的语言政策探索。建构论是后现代主义的强大理论武器。建构论认为,个人语言身份并不是由公认不变的社会准则决定,不是完全由外界因素塑造的,而是在历史、文化、权力等因素作用下,由个人在话语实践中持续不断地进行自身构建而成的。由于语言环境复杂性和多样性的存在,建构起来的语言身份认同是动态的而非一成不变的,是多重的而非单一的。因此,语言教育政策应该关注语言身份建构的过程,而不是像传统实践中仅仅关注语言本体的规划。本书的第二章"危机和变革时代的语言政策"、第五章"多语环境下的语言政策纠错:尼加拉瓜加勒比海岸地区的语言政策与实践"、第六章"语言政策决定者的定位:美国费城学区的治理与立场"、第十三章"美国土著人的语言规划与文化传承"和第十四章"克丘亚语和艾马拉语的新功能域：大众传媒和社会媒体"等，都或多或少地采用了后现代主义的研究视角。

第三是"后殖民视角"。英语已经成为世界通用语(English as Lingua Franca)，但这掩盖不了它作为殖民语言的身份。有学者指出，英语是"骑在殖民主义背上的语言"(Pennycook,1998)，具有"语言帝国主义的潜在本质"(Phillipson,1992)。根据后殖民视角的语言规划理念，英语的普及虽然为人类交流带来便利，但其形成的"语言黑洞"会加剧世界语言的濒危和消失(De Swaan,2010)，语言霸权会导致弱势英语国家的身份困境，其附带的意识形态会破坏世界文化的多样性。后殖民视角的系列研究挑战世界语言霸权，呼吁让英语回归到国际交流的"纯工具"领域，认为英语教育应该出于交流而非塑造文化身份的目的。语言教育规划要重视母语，避免贬低本地语言声望和变相推广英语认同的做法。本书第三部分"后殖民教育中的本土语言"的几章，以及第十五章"语言政策和民主多元化"，都部分采用了后殖民主义的研究视角。

伴随研究范式的改变，是语言教育政策研究方法的更新。本书涉及的多个研究案例成功使用了各种较为新颖的语言政策研究方法，对读者具有较大的启示和引领作用。主编托尔夫森指出，"语言政策作为一门学科始于20世纪60年代"(2014)，从那时起，语言政策就开始发展出一整套成体系的研究方法，来处理该领域各种复杂的问题。如今的语言教育政策已经从关注学校和课堂扩展到关注更为广阔的社会(如语言政治、语言立法、社会治理、语言意识形态、经济发展，等等)，因此该领域的研究者需要具备政治话语分析、社会分层与社会网络研究、法律文本解读、经济计量统计，以及文化人类学的民族志研究等方面的技能。从本书汇集的十多篇论文看，其中既有对显性的法律条文的话语分析，也有对隐性的社区惯例的解析；既有对费城学区的民族志研究，也有对日本英语教育的语言意识形态调查；既有对加勒比海地区社会分层和社会网络的分析，也有对"双言制"语言教育政策在语言保持和语言复兴中的作用的统计分析，等等。主编非常重视语言政策研究领域的方法论问题，在书中专门就这一问题进行了探讨。

语言教育规划是语言政策研究的重要组成部分。《国家语委"十二五"科研规划2014年度项目指南》中专门设置了"语言教育规划研究"。主要研究内容是："从全球背景和国家战略高度出发，深入调研我国语言教育面临的形势和存在的问题，研究现实和未来对国民语言素质和国家语言能力的需求。基于全面提升国家语言实力和民族素质的战略目标，科学谋划新形势下我国语言教育的顶层设计、整体布局和实施办法，为有关部门制定国家语言教育战略规划提供参考。"本书所关注的许多议题都与上述研究话题密切相关，这促使我们思考：教学语言政策怎样才能同时满足学生的教育需求和社会政策目标？母语教育和外语学习的最佳平衡点在哪里？全球化背景下，如何应对日益增长的英语学习需求？什么样的语言政策会有利于国家经济发展计划？等等。可以预计，这些将成为本领域今后研究的热点。笔者认为，本书将为中国语言教育规划研究提供合适的横向对比的对象，有助于开阔语言教育政策研究的视野，汲取各国语言政策制定和实施中的经验教训，启示学界在语言教育政策研究方法上进行更新，从而在一定程度上促进中国语言教育规划研究的发展。

三 本书中译本简评

正如本书译者俞玮奇博士在"译后记"

中所言,《语言教育政策:关键问题》(第二版)的 10 多篇论文,研究视角多样,语言风格迥异,有的理论深度较高,有的语言比较晦涩,因此理解和翻译都存在不少难度。另外,除了语言学知识外,许多论文还涉及了法律、教育、历史、经济等学科的内容,某些章节还夹杂了西班牙语、日语、法语,甚至一些民族土著语的表述,这些都更加增添了翻译的难度。好在译者具有合理的专业知识结构、很强的语言驾驭能力和丰富的学术翻译经验,最终呈现出的译文表述准确、语言地道、语意通畅,总体质量较高。本书审定者张治国教授曾经翻译过《语言政策:社会语言学中的重要命题》(商务印书馆,2011),不但谙熟该领域的研究内容,而且跨学科知识丰富,治学严谨认真,工作细致周到,保证了全书翻译的质量。

"语言资源与语言规划丛书"的每一册都在书后设置了"译名表",这既保证了丛书中各册书籍术语译名的一致性,也为读者和其他译者提供了参考使用的模板,还可以更好地推动术语规范和术语传播。应该说,本书中文版所附的"译名表"做得非常精细,许多术语的汉语翻译十分到位,如美国语言规划学经常出现的一个术语 heritage language 在我国经常被译为"传承语"或"继承语",本书则将其译为"祖裔语言",更准确地反映了原术语的内涵;本书英文版涉及三个容易混淆的术语 language reclamation、language recovery 和 language revitalization,中文版将它们分别译为"语言再生""语言复活"和"语言复兴",措辞非常准确;为了便于读者理解,中文版的许多译名都使用了括号加注的形式,如 Colonial Office 译为"(英国)殖民部",Central Advisory Board of Education 译为"(印度)中央教育咨询委员会",等等。显示出译者的良苦用心。

当然,本书的某些翻译也存在一些瑕疵。比如,术语 empathic imagination 原译为"同理的想象"。这里"同理的"与原意不符,也很难理解,建议改成"移情想象";术语 self-determination 原译为"民族自治",建议译为"民族自决",因为"自治"通常使用的是 autonomy 一词,"自治"和"自决"所强调的内容是不一样的;LinkedIn 误译为"邻英",应改译为"领英"(一个专业的社交平台);YouTube 原译为"优管"。笔者没有见过这一译法,更推荐下面括号加注的译法:"优图(视频分享网站)";人名 Holliday 误译为"韩礼德",应该译为"霍利迪"。原译名所对应的是另外一位功能语言学家 Halliday。中文版 197 页引用了霍利迪的专著:Holliday, A. R. (2005). *The struggle to teach English as an international language*. Oxford: Oxford University Press。可见,两者不是同一人。

当然,瑕不掩瑜。应该说,本书的中文版是一部总体质量较高的译本,值得推荐。相信本书的翻译将对新世纪的中国语言规划起到重要的学术借鉴作用,对于我国正在蓬勃发展的语言规划学的学科建设起到积极的推动作用,对于政府机关和社会组织进行科学的语言规划起到政策参考作用。

参考文献

Abram De Swaan, A. 2010. Language Systems. In Nikolas Coupland (Ed.). *The Handbook of Language and Globalization*. Blackwell Publishing Ltd.

Kaplan, R. B., & Baldauf, R. B. 2003. *Language and language-in-education planning in the Pacific Basin* (Vol. 2). Springer Science & Business Media.

Kumaravadivelu, B. 2012. *Language Teacher Education for a Global Society: A Modular Model for Knowing, Analyzing, Recognizing, Doing, and Seeing*. New York / London: Routledge.

Pennycook, A. 1998. *English and the Discourses of Colonialism*. London: Routledge.

Tollefson, J. W. (Ed.). 2013. *Language policies in edu-*

cation: *Critical issues* (2nd ed.). Routledge.

Van den Berg, Marinus & Daming Xu. 2010, Industrialization and the Re-structuring of Speech Communities in China and Europe. Newcastle: Cambridge Scholars.

方小兵. 梳理语言意识,优化语言规划.中国社会科学报 2014 年 7 月 7 日.

托尔夫森.2013.语言教育政策:关键问题(第二版).俞玮奇 译.北京:外语教学与研究出版社.

徐大明、陶红印、谢天蔚. 1997/2004. 当代社会语言学.北 京:中国社会科学出版社.

徐大明. 2015. 语言交换理论初探. 琼州学院学报(1).

作者简介

方小兵,博士,南京晓庄学院副教授,中国语言战略研究中心兼职研究员,中国语言学会语言政策与规划研究会理事,研究方向为英语教育、社会语言学与语言规划。

A Review of *Language Education Policies*: *Key Issues*（2nd Edition）

Fang Xiaobing

Nanjing Xiaozhuang University

Abstract: *Language Education Policy*: *Key Issues* (2nd Edition) is edited by James Tollefson and it brings together the evaluation and analysis of language education policies at multiple levels with informative cases. The multi-national scholars on language education in different countries employ multiple research methods including discourse analysis, ethnography, critical research, and action research. The collection of papers represent the latest research in post-national, post-modern and post-colonial paradigms. The quality of Chinese rendition of this book will provide the Chinese readers inspirations for the development and improvement of language planning disciplines and the theory of language education policies.

Key words: language education policy, paradigms and research methods, book review

·简　讯·

第13届城市语言调查国际学术研讨会
在陕西师范大学成功举办

　　2015年8月11日至13日，由南京大学中国语言战略研究中心和陕西师范大学校文学院、陕西师范大学学报编辑部联合主办的第13届城市语言调查国际学术会议在陕西西安成功举办。来自南京大学、中国人民大学等28所高校和科研单位，以及荷兰、日本、美国、马来西亚等国和港澳台地区的80余名专家学者参加了此次会议。会议围绕"一带一路"战略下国家语言政策和语言研究、城市化背景下语言调查与语言服务、少数民族语言与跨境语言研究、汉语国际传播等主题展开。其中澳门大学徐大明教授的"什么是语言学的城市化"、美国罗格斯大学史皓元教授的"明清时期官话社区边界"、荷兰莱顿大学范德博教授的"工业化、语言扩散和方言活力"、陕西师范大学邢向东教授的"'下数'与'解数'同源考"、荷兰弗里斯兰研究院汉斯·范德韦尔得研究员的"荷兰语边音 r 上升过程中女性的领导作用"、香港城市大学邹嘉彦教授的"没有城市是孤岛：社会、语言与文化相互影响差异初探"、中国社科院民族研究所黄行研究员的"我国与一带一路核心区国家跨境语言文字状况研究"等大会主题报告引起热烈反响。

　　首届城市语言调查学术研讨会于2003年在南京大学召开，历届会议在中国、德国、荷兰、日本等国的十余个不同城市先后召开，近20所高校及科研单位主办或联合主办了各届会议，来自21个国家及地区的700余名学者参加了历届会议。第14届城市语言调查国际学术研讨会将于2016年在南京晓庄学院召开。

（陕西师范大学供稿）

[News]

The 13th Urban Language Seminar (ULS – 13)
Held at Shaanxi Normal Univeristy, Xi'an, China

The 13th Urban Language Seminar (ULS – 13) was held at Shaanxi Normal University, Xi'an, China. Over 80 scholars from China, Japan, Malaysia, the Netherlands, and the US attended the meeting. The first Urban Language Seminar (ULS – 1) was held at Nanjing University, Nanjing, China and the annual meeting was subsequently held at over a dozen different places in China, Germany, the Netherlands, and Japan, being sponsored by over 20 different institutions. Totally over 700 scholars from 21 countries have attended the meetings. The 14th Urban Language Seminar (ULS – 14) will be held at Nanjing Xiaozhuang University, Nanjing, China in 2016.

Contents

Contents

图书在版编目(CIP)数据

中国语言战略. 2015.2 / 沈阳,徐大明主编.——
南京:南京大学出版社,2015.11
　ISBN 978 - 7 - 305 - 16240 - 4

　Ⅰ.①中… Ⅱ.①沈… ②徐… Ⅲ.①语言规划—研
究 Ⅳ.①H002

中国版本图书馆 CIP 数据核字(2015)第 281522 号

出版发行　南京大学出版社
社　　址　南京市汉口路 22 号　　　　邮　编 210093
出 版 人　金鑫荣

书　　名 中国语言战略(2015.2)
主　　编　沈　阳　徐大明
责任编辑　经　晶　荣卫红　　　　编辑热线　025 - 83593963

照　　排　南京紫藤制版印务中心
印　　刷　盐城市华光印刷厂
开　　本　787×1092　1/16　印张 14　字数 315 千
版　　次　2015 年 11 月第 1 版　2015 年 11 月第 1 次印刷
ISBN　978 - 7 - 305 - 16240 - 4
定　　价　36.00 元

网址:http://www.njupco.com
官方微博:http://weibo.com/njupco
官方微信号:njupress
销售咨询热线:(025)83594756